浙江省高校思想政治工作研究文库

浙江省教育厅宣传教育与统战处 组编

大数据时代
00后大学生思想政治教育
创新的路径分析

夏志良　陈雪珍◎著

ZHEJIANG UNIVERSITY PRESS

浙江大学出版社

·杭州·

图书在版编目(CIP)数据

大数据时代 00 后大学生思想政治教育创新的路径分析/
夏志良,陈雪珍著. —杭州:浙江大学出版社,2024.5
ISBN 978-7-308-24923-2

Ⅰ.①大… Ⅱ.①夏…②陈… Ⅲ.①大学生－思想
政治教育－研究－中国 Ⅳ.①G641

中国国家版本馆 CIP 数据核字(2024)第 090623 号

大数据时代 00 后大学生思想政治教育创新的路径分析
DASHUJU SHIDAI 00HOU DAXUESHENG SIXIANG ZHENGZHI JIAOYU
CHUANGXIN DE LUJING FENXI
夏志良　陈雪珍　著

策划编辑	吴伟伟
责任编辑	陈　翩
文字编辑	刘婧雯
责任校对	丁沛岚
封面设计	雷建军
出版发行	浙江大学出版社
	（杭州市天目山路 148 号　邮政编码 310007）
	（网址:http://www.zjupress.com）
排　　版	浙江大千时代文化传媒有限公司
印　　刷	杭州宏雅印刷有限公司
开　　本	710mm×1000mm　1/16
印　　张	17
字　　数	270 千
版 印 次	2024 年 5 月第 1 版　2024 年 5 月第 1 次印刷
书　　号	ISBN 978-7-308-24923-2
定　　价	78.00 元

序：新时代大学生思想政治教育的守正与创新

岁月沧桑，时代变迁。新一轮科技革命和产业变革突飞猛进。党的十八大以来，以习近平同志为核心的党中央高度重视网络安全和信息化工作，全面布局、统筹推进网络强国、数字中国建设。2023 年 2 月，中共中央、国务院印发了《数字中国建设整体布局规划》，从党和国家事业发展全局的战略高度，提出了新时代数字中国建设的整体战略。当前，我国社会各个领域都受到信息技术发展带来的变革，在大数据时代背景下，教育领域同样面临着发展的新机遇与新挑战。大数据时代，传统教育方式已然不适应新时代的变化和要求，面对海量的信息、数据和资源等，大学生思想政治教育工作必须顺应时代发展的大潮，因势而新，变革过去一些陈旧、落后的思维、技术和方法，借助大数据技术创新工作模式，将大数据技术作为教育教学创新发展的技术支撑，对传统教育方法和教学技术手段进行扬弃，使之更好地适应新时代发展方向，从而提升大学生思想政治教育工作的科学性、精准性和有效性。

大数据时代 00 后大学生思想政治教育创新并不是对传统的大学生思想政治教育工作的全盘否定，而是在继承和弘扬传统大学生思想政治教育成果经验的前提下，对其进行创新和发展，是坚持守正与创新的统一。必须清醒地认识到，不管大数据时代 00 后大学生思想政治教育工作如何现代化、科技化和智能化，都离不开对传统优秀的思想政治教育工作的继承和弘扬。从教育内容上来看，无论大数据如何融入大学生思想政治教育，都必须始终坚持马克思主义的指导地位，必须坚持中国共产党的领导，坚持社会主义办学方向。必须始终旗帜鲜明地宣传马克思主义科学真理，加强意识形态教育，引导学生阅读学习马克思主义经典著作，学习马克思主义中国化、时代化的最新理论成果，学懂悟透真理内涵，用科学真理武装大学生的头脑，扣好人生的第一粒扣子。

　　国无德不兴,人无德不立。习近平总书记在全国高校思想政治工作会议上强调,要坚持把立德树人作为中心环节,把思想政治工作贯穿教育教学全过程。[①] 高校思想政治教育工作者必须谨遵嘱托,落实立德树人的根本任务,不仅仅要抓好学生的学习成绩,提高其专业水平、能力,更重要的是培育思想过硬、品德高尚的新时代好青年。大数据时代,高校思政工作者可凭借大数据和新媒体平台积极向学生传播正能量,借助大数据分析技术和可视化技术传导主流的意识形态,加强理想信念教育,坚定理论自信,勇于担当,把立德树人工作落到实处。

　　大数据时代,需要将传统思想政治教育工作作为当前思政教育工作创新的基础和前提,继承和弘扬优秀的传统思政教育工作经验,将大数据新技术应用于00后大学生思想政治教育全过程,在继承的基础上改革创新。只有如此,才能更好地发挥传统与现代思想政治教育工作的优势,从而形成最大的教育合力,彰显大数据时代00后大学生思想政治教育工作的良好成效。

---

① 把思想政治工作贯穿教育教学全过程　开创我国高等教育事业发展新局面[N].人民日报,2016-12-09.

目　录

第一章　大数据时代00后大学生思想政治教育的理论基础

大数据时代 00 后大学生思想政治教育理论创新并不是无源之水、无本之木。大数据时代 00 后大学生思想政治教育工作在实践中不断发展,探究理论来源有助于更深入地认识和全面了解大数据时代 00 后大学生思想政治教育的理论基础等,而正确把握理论基础有助于推进大数据技术更加有理、有力地融入大学生思想政治教育。大数据时代 00 后大学生思想政治教育的理论基础是:马克思主义、西方文明的理论成果和中华优秀传统文化。大数据时代 00 后大学生思想政治教育正是汲取了这些理论的精髓,从而不断地在实践中创新发展。

第一节 马克思主义相关理论及其启示

一、马克思主义人的全面发展理论

大学生思想政治教育从根本上来说,涉及个体的成长和发展。研究个体的成长问题,既是历史和时代的课题,也是马克思主义的核心问题。马克思在《1844 年经济学哲学手稿》中,以共产主义理论为基础,通过分析实际人和实际生产关系,阐述了全面个体发展的思想,明确了实现全面个体发展的条件、途径和方法。马克思认为,人的发展是人以一种全面的方式,也就是说,作为一个完整的人,占有自己的全面的本质。[①] 全面个体发展意味着个体在各个方面都得到充分发展,包括身体、智力和道德等各个方面。

马克思在《关于费尔巴哈的提纲》中指出:"人的本质不是单个人所固有的抽象物,在其现实性上,它是一切社会关系的总和。"[②]个体既是自然产物,也是社会产物;既是社会关系的主体,也是社会关系的客体。实现全面个体

---

① 中共中央马克思恩格斯列宁斯大林著作编译局.马克思恩格斯全集(第 42 卷)[M].北京:人民出版社,1979:123.
② 中共中央马克思恩格斯列宁斯大林著作编译局.马克思恩格斯文集(第 1 卷)[M].北京:人民出版社,2009:501.

发展是马克思主义的核心价值目标,也是共产主义社会的主要特征。在《共产党宣言》中,马克思深刻阐述了人的全面发展的思想,他提出:"代替那存在着阶级和阶级对立的资产阶级旧社会的,将是这样一个联合体,在那里,每个人的自由发展是一切人的自由发展的条件。"[①]马克思主义强调全面个体发展,这意味着个体不应仅在某一方面或领域得到发展,而应在各个方面都有机会充分发挥潜力。同时,这个发展应该是自由的,即不受不必要的限制和压迫,个体应有自主权利去选择自己的道路。当然,这种发展应该是充分的,确保每个人都能够满足其基本需求,不受贫困、社会不平等或其他不平等因素的限制,是全面、自由和充分的发展。

马克思主义关于人的全面发展思想在中国教育理论和方针政策中影响重大。进入 21 世纪,党和国家重新审视了人类自身发展所处的环境和条件,对于如何中国化地应用人的全面发展思想进行了深刻的思考。

习近平总书记在《之江新语》中指出:"人,本质上就是文化的人,而不是'物化'的人;是能动的、全面的人,而不是僵化的、'单向度'的人。"[②]站在新的历史起点上,这一理念为推动人的全面发展提供了科学的理论指导。2015 年 10 月 12 日,中共中央政治局会议指出,人民是推动发展的根本力量,必须坚持以人民为中心的发展思想,把增进人民福祉、促进人的全面发展作为发展的出发点和落脚点。党的二十大修订的党章总纲,特别强调了"促进人的全面发展",充分反映了中国特色社会主义的基本特点。

2023 年 6 月 14 日,国家主席习近平向全球人权治理高端论坛致贺信并指出,中国坚持人民至上,坚持走顺应时代潮流、适合本国国情的人权发展道路,在推进中国式现代化的进程中不断提升人权保障水平,促进人的自由全面发展。[③] 这不仅延续和发展了马克思主义关于"人的全面发展"理论,也强调了中国教育和社会政策的方向,将继续指导中国走向更加繁荣和充实

---

①   中共中央马克思恩格斯列宁斯大林著作编译局.马克思恩格斯文集(第 2 卷)[M].北京:人民出版社,2009:53.

②   习近平.之江新语[M].杭州:浙江人民出版社,2007:150.

③   习近平向全球人权治理高端论坛致贺信[N].光明日报,2023-06-15.

的未来。

由此可见,大数据时代 00 后大学生思想政治教育所培养的时代新人必然是以人的全面发展为目标和方向的。首先,人的需求是人的全面发展的前提。物质需求是维持人的生命的前提,维持生存是创造历史的前提。人的最基本的需求得到满足之后,人的需求会从物质层面上升到精神层面,进而衍生出人类专有的、区别于动物的社会需求。社会需求指的是生产过程中所产生的情感、政治、经济等方面的需求,是自我实现与发展等精神层面的需求。其次,提升人的能力是人的全面发展中最重要的方面。人的能力包括方方面面,通过不断提升个人的能力,人们可以更好地发挥潜在的才能,实现更好的发展,获得更多的满足感和自信。当今社会变化迅速,不断学习新的技能和知识对于适应变化至关重要。个体能力的提升不仅可以帮助个体更好地适应新的环境和挑战,也有助于个体更有效地为社会做出贡献,促进社会的进步和繁荣。再次,人的社会关系的发展是人的全面发展的具体表现。人是社会的人,个人与社会的联系是十分密切的,社会的发展影响着个人的成长,对个人发展有着促进或限制作用,而个人发展也会对社会进步产生一定的反作用。马克思认为:"人是一个特殊的个体,是一个现实的、单个的社会存在物。"①因此,人要积极融入社会大家庭,加强人与人之间的联系,扩大人际关系和社会关系,突破民族隔阂、地域隔阂,学习借鉴、取长补短,不断完善自身。最后,实现人的个性的自由发展是人的全面发展的最终目标。随着社会的进步发展,人的个性的自由发展越来越被重视。人在发展自我过程中,要能够充分利用外部环境和条件实现自身发展的最大化,激发个人潜力,发挥个性所长,使自身优势得到十足发挥。

人的全面发展理论对大数据时代 00 后大学生思想政治教育的主要启示体现在以下四个方面。

第一,关注人的需求对大数据时代 00 后大学生思想政治教育创新的启示。学生是教育的中心,要提升思想政治教育的效果,必须以学生为主体,

---

① 马克思.1844 年经济学哲学手稿[M].北京:人民出版社,2000:84.

学生的需求直接关系到大学生思想政治教育的本质。因此,思想政治教育的目标就在于满足学生的成长和发展需求。在大数据时代,通过分析大学生在社交媒体平台上的数据信息,运用互联网上海量的数据资源,能够洞察大学生的内心真实需求。为更好地满足学生的需求,应更加注重学生的个性发展需要,并有效地分配教学资源。根据学生的兴趣、喜好,结合教学内容,制定更适合大多数学生的教学方案,做到有的放矢,使学生都能够得到更好更全面的教育,学有所得,学有所成,使学生实现自身的全面发展。

第二,提升人的能力对大数据时代00后大学生思想政治教育创新的启示。提升人的能力是高校培养优秀人才的重要内容,大数据时代00后大学生思想政治教育创新要重视人的能力的提升。教师可以利用大数据分析学生的学习数据和特点,进行个性化教育,帮助学生更有效地掌握思想政治知识和价值观,帮助学生培养批判性思维,主动思考和分析信息来源和内容,避免盲从。为更好地提高学生的学习自主性和学习能力,教师应积极引导学生学会利用数据和信息,让学生可以利用丰富的在线学习资源进行自主学习。大数据时代更应重视实践和应用能力的培养,促进学生将学到的思想政治知识应用到实际问题中,提高思辨和解决问题的能力。大数据技术可以帮助学生拓宽学习视野,了解全球范围内的思想政治发展和动态,培养学生的跨文化理解能力,提高学生的思想品质和综合素养,培养具有全球视野和能够应对未来挑战的创新型人才。

第三,发展人的社会关系对大数据时代00后大学生思想政治教育创新的启示。大数据时代,人的社会关系比以往的社会关系更加复杂,线下的社会关系向线上不断延伸。通过大数据技术搭建社交学习平台,让学生在虚拟空间中相互连接,实现在互动中分享、交流和讨论社会议题和思想政治教育话题,营造学习氛围,促进知识传递。利用大数据分析社会案例,让学生从实际情况中学习思想政治知识,提高其应用能力和判断力。借助社会关系,强调学生的社会责任感和参与感,培养学生对社会问题的关注和思考,提高他们的公民意识和社会责任感。鼓励学生利用互联网平台,与学者、企业家、政治家等不同领域的人交流合作,拓宽学生的视野,激发学生的创新思维,培养学生的人际交往能力和合作意识,让他们在社交中学会尊重他人观点,接纳不同意见,培养开放包容的思想品质。大数据时代必须重视学生社会关系的培养,帮助他们建立积极健康的社会网络,培养他们拓展社会资源的能力以及合作的能力,使他们实现未来更好的发展。

第四,人的个性自由发展对大数据时代 00 后大学生思想政治教育创新的启示。每个人都是不同的个体,教师应鼓励学生发挥自己的特长和优势,在思想政治教育中注重培养学生独立思考的能力和创造力。00 后大学生个性张扬,自由而多元,应尊重学生的个性差异和自由发展权利,提供多样化的思想政治教育内容和途径,满足学生个性化的需求。教师在开展大学生思想政治教育工作时,应采用引导式的教学方式,鼓励学生思考和表达个人观点,而不是简单灌输知识。大数据时代,学生需要学会自我管理,合理规划学习和生活,教师需要引导学生培养良好的学习习惯和自律能力。通过充分尊重和支持学生的个性自由发展,大学生思想政治教育可以更好地激发学生的创新精神,培养他们独立思考的能力,为其未来的成长和发展打好基础。

二、马克思主义科学技术思想

科技是国家繁荣的支柱,创新是民族前进的核心。马克思高度重视科学技术在社会进步中的作用,他认为科技是推动社会进步的重要力量,有力地改善生产力并促进社会生产力的提高,对社会产生深远影响。在他的著作中,他多次强调生产力和生产关系之间的关系,并认为科技进步是社会变革的关键因素之一。马克思主义科学技术思想代表了关于科学技术的基本理论观点和原则,深刻地分析和阐述了科学技术的地位、作用和发展方向。至今,这一思想仍然在指导我们理解现代社会的发展方向上发挥着关键作用。

(一)马克思主义科学技术思想的主要内容

第一,科学技术被视为生产力的要素。在马克思主义观念中,科学技术是社会生产力的重要组成部分。生产力在马克思主义理论中包括生产资料和劳动力两个要素。科学技术作为生产资料的一部分,是指应用科学知识和技术手段来改造和利用自然,提高生产效率和生产能力。科学技术的不断进步有助于推动生产力的发展,从而带来社会生产关系和生产方式的改变,引发社会的转型。科学技术的应用提高了劳动生产率,促使社会创造更多财富,为社会的可持续发展打下坚实的基础。在马克思主义的理论框架下,科学技术被视为推动社会进步和实现共产主义社会的关键要素之一。通过科学技术的不断发展,马克思主义追求实现社会的共同富裕和消灭剥削的目标。

第二,科学技术具有社会性。马克思主义认为科学技术具有社会性,它不是独立存在的,而是与社会的生产关系和生产方式密切相关,受到社会经济、政治和文化等方面的影响和制约。科学技术反映了社会的现实需求,并且它也能够对社会产生深远影响,塑造社会的未来。马克思主义认为,科学技术不仅是个体科学家和技术工作者的成就,而且是整个社会共同努力和智慧的结晶。它是生产力的一部分,促进生产效率和生产能力的提高,对社会的持续发展功不可没。因此,马克思主义认为科学技术具有社会性,强调科学技术的发展必须与社会的整体利益和发展方向相一致,为全体人民谋取福祉。

第三,科学技术是人类创造的产物。马克思主义认为科学技术是人类智慧和实践的结晶,是由人类的实践活动和社会历史条件共同促进和发展的,是人类对自然界和社会的认识和改造的结果。科学技术的进步不仅改变了生产方式和生活条件,还改变着人和社会。通过不断的实验、观察和研究,人类逐渐揭示了自然规律和社会现象的奥秘,并运用这些认识创造出了各种科学理论和技术应用。这些科学技术的发展使得人类的生活更加便利、丰富,同时也推动着社会的进步和发展。科学技术在人类文明史上起到了重要的推动作用,对于未来的进步和发展也将继续发挥关键的作用。

第四,科学技术要为人民服务。马克思主义强调发展科学技术的基本原则之一就是要为人民服务,科学技术的发展应当满足人民的需要,服务于广大人民群众,促进社会的进步。科学技术的应用和创新应当以改善人民的生活条件、提高人民的生活质量、满足人民的物质文化需要、推动社会的公平和共同富裕为目标,而非只是追求狭隘的经济利益。如此,科学技术发展才能真正实现人民的利益最大化。

第五,科学技术要与自然和谐发展。马克思主义强调科学技术应当与自然和谐发展。马克思主义关注人类社会与自然的关系,强调保护环境、尊重自然规律,并反对破坏自然生态系统的行为。马克思主义生态学观点也强调,人类社会必须与自然和谐相处,不能只追求短期经济利益而损害环境。因此,科学技术的发展应当注重环境保护,推动绿色技术和可持续发展,以促进人类社会与自然的共生,实现可持续繁荣。科学技术的发展应该在可持续发展的框架下进行,避免对自然资源的过度开发和损耗,必须维护生态平衡,实现和谐发展。

(二)马克思主义科学技术思想对思想政治教育创新的启示

大数据是生产力和科学技术发展的成果,科学技术的发展必然会给教育工作者的教育内容与教育方式带来新的可能。马克思主义科学技术思想强调科学技术的社会性、创造性和服务性,要求科学技术的发展符合社会利益,为人民服务,与自然和谐发展。马克思主义科学技术思想对大数据时代 00 后大学生思想政治教育创新的启示包括以下几个方面。

第一,大数据要服务学生。马克思主义认为科技应该为人民服务,大数据技术可以分析大学生的学习兴趣、学习能力等个性化信息,为他们量身定制思想政治教育内容和方式,提供更加具有针对性的有效教育服务。大数据技术在教育中以满足大学生的思想政治教育需求为出发点,关注学生的成长,助力他们的发展。

第二,要不断拓宽教育渠道,运用慕课、论坛、微信等网络平台,促进教育内容的多样化、教育手段的创新和教育方式的转型。大数据时代可以加强信息的开放和透明,让大学生能够更全面地了解社会和国家的政策、发展和现状,提升他们的社会意识和公民意识。

第三,大学生思想政治教育工作者应该具备大数据意识,运用大数据的知识与能力,将自身的学科理论与大数据技术进行有机融合,善于将现代化教育手段应用到教育教学工作活动中,在工作中实现思想政治教育的数据化,并根据时代的发展不断进行创新,使高校思想政治教育工作更加科学和具体。

第四,大数据的发展要注重风险防控。大数据的收集和分析可能涉及个人敏感信息,如果不妥善处理和保护,可能会导致个人隐私泄露的风险。在应用大数据技术时,要重视信息安全和隐私保护,确保大学生的个人信息不受侵犯,避免滥用数据对大学生进行操控或潜在的思想政治风险。在大数据的发展和应用过程中,需要注重风险防控,采取相应的措施来保护数据安全和隐私,确保数据的质量和准确性,并遵守相关法律法规和伦理准则。这样才能更好地发挥大数据技术的优势,同时降低其潜在风险。

总而言之,马克思主义科学技术思想为大数据时代 00 后大学生思想政治教育创新提供了借鉴。通过科技的应用,个性化教育、思辨能力培养、信息开放与隐私保护等方面的改进,可以更好地推进 00 后大学生的思想政治教育创新。

三、马克思主义唯物辩证法

马克思主义唯物辩证法在马克思主义哲学中占据重要位置。它是一种研究自然、社会、历史和思维的哲学方法,构成了马克思主义哲学的核心。此外,唯物辩证法还构成了马克思主义的认识论和方法论基础。

马克思主义唯物辩证法特别强调对事物及其发展变化的本质进行深入的研究,认为事物的发展是由内在的矛盾和斗争引起的不断变化和发展的过程。同时,唯物辩证法还强调全面、全程的认识,不局限于片面的理解。

通过运用唯物辩证法,人们可以深入理解事物的本质及其发展规律,指导科学研究、社会实践,提高思想认识。在马克思主义的理论体系中,唯物辩证法是解释和认识自然和社会现象的基本方法,也是为实现社会进步和人类解放而探索真理的工具。

(一)马克思主义唯物辩证法的主要内容

第一,联系的观点。马克思主义唯物辩证法认为,一切事物都存在相互关联和相互作用的关系。事物之间的联系并非孤立存在的,而是通过相互作用和相互影响形成一个复杂的整体。没有任何事物是孤立的,它们都与其他事物相互联系。在历史上,出现过许多把原本看起来毫不相关的事物进行联系,从而出现了新的成果的现象。自然科学和社会科学领域中综合性和边缘性学科的出现,反映了物质世界的普遍联系在人们认识和探索中的不断深化。

第二,矛盾的观点。马克思主义唯物辩证法认为,矛盾是普遍存在的,一切事物内部都包含矛盾,而矛盾是事物发展的根本原因。矛盾具有特殊性,不同事物的矛盾表现形式各异,矛盾的内容和性质也不相同。唯物辩证法强调矛盾的对立统一性,即矛盾的两个方面相互依存、相互制约,构成事物内部统一体的关系。这种对立统一是事物发展的基本规律,推动着事物不断向前发展和变化。

第三,否定之否定规律。否定之否定规律,也称为肯定否定规律,指的是一个事物在经历肯定、否定、再肯定三个阶段之后,以更高的形式重生和发展。这一规律是唯物辩证法的一个基本原则,揭示了事物发展的前进性和曲折性的统一,表明事物的发展不是简单的直线前进,而是像螺旋一样上升的过程。任何事物的发展都存在肯定的方面和否定的方面,肯定方面能保持事物的稳定性,否定方面能够促进事物的发展和事物的转化。否定之否定使得事物不断向前发展,否定之否定的规律表明,新事物是不可战胜的,我们应通过助推新事物来推动社会的发展。

马克思主义唯物辩证法是大数据运用于高校思想政治教育工作的一个重要的哲学基础,大数据的运用离不开马克思主义唯物辩证思维的指导。大数据为我们带来了全新的认识世界的方法,可以运用海量的数据资源对事物进行分析,进而更加全面透彻地看待事物。

(二)马克思主义唯物辩证法对思想政治教育创新的启示

马克思主义唯物辩证法对大数据时代 00 后大学生思想政治教育的主要启示体现在以下三个方面。

第一,联系的观点对大数据时代 00 后大学生思想政治教育创新的启示。联系具有普遍性和多样性,大数据和大学生思想政治教育虽然属于两个不同的领域,但是它们之间也存在着千丝万缕的联系。在以往的缺乏数据支撑的条件下,大学生思想政治教育创新存在一定局限性,所获取的第一手数据也是十分有限的,进行的分析存在一定的片面性,得出的结果难免以偏概全,掩盖部分真实性。大数据时代00后大学生思想政治教育工作的相关数据被有效地采集,大学生思想政治教育工作者所采集到的数据不是单个的、片面的,而是全体的、整体的。在全数据的模式下,通过先进的数据技术条件的辅助,我们更容易看到隐藏在事物内部和事物之间的种种联系。可以说普遍联系的观点指导了大数据的发展,大数据的发展也为普遍联系的观点提供了技术支持。①

第二,矛盾的观点对大数据时代00后大学生思想政治教育创新的启示。大数据是一个对立统一的矛盾体,在运用大数据过程中,必须清醒地认识到大数据的矛盾性。大数据技术一方面可以帮助实现教育创新,但另一方面也会引发隐私担忧。应确保学生数据的安全和合法使用,避免侵犯学生隐私权。大数据分析的科学性,有可能带来数据偏见,造成不公平性。大数据时代信息爆炸,可能导致大学生获取信息过载,面对海量数据和信息容易出现信息筛选困难的问题。大数据作为工具缺乏人性化,但教育不能完全智能化,仍需注重人文关怀和教师的角色,关注学生的情感需求和价值观培养。总之,大数据时代为大学生思想政治教育带来了一系列矛盾和问题,需要教育者审慎应对,充分发挥大数据的优势,同时关注其可能带来的矛盾,确保教育创新与学生发展的有机结合。

第三,否定之否定规律对大数据时代00后大学生思想政治教育创新的启示。事物的发展不会是一蹴而就的,事物的辩证发展过程会经过否定之否定的进程。大数据技术曲折发展的过程印证了马克思的否定之否定规律,大数据在发展过程中面对诸多困难,如隐私泄露等。大数据分析涉及大量个人数据,教育者应当严格遵守相关法律法规,保护学生的隐私权,防止数据被滥用等。马克思认为否定中也包含着肯定,不存在绝对的肯定和绝

---

① 赵思璇.大数据视阈下高校思想政治教育现状及对策研究[D].石家庄:石家庄铁道大学,2022.

对的否定。虽然大数据分析可以提供丰富的信息,但不能完全取代教育者的作用。教育者仍需发挥自身的专业知识和经验,将大数据作为辅助工具,而不是完全依赖。因此,面对大数据运用过程中出现的困难,我们需要进行深入的分析研究,推动大数据应用的顺利发展,走向"否定之否定"。

第二节　西方文明相关理论成果及启示

一、建构主义理论

建构主义理论的代表人物是皮亚杰、布鲁纳、维果斯基。皮亚杰是认知发展领域重要的心理学家之一。皮亚杰的理论侧重于儿童认知发展和个体建构新知识的过程。他的研究对认知心理学和教育学领域产生了深远的影响,为建构主义学习理论的形成和发展做出了重要贡献。

建构主义学习理论强调学习是主动的过程,学习者通过个人经验、深思熟虑和互动交流来建构新的知识和理解。他们积极地与现实世界互动,主动建构对世界的认知和意义,而不只是被动地接受知识。这一学习理论鼓励学习者积极参与、自主探索和解决问题,通常在协作和互动的环境中进行学习,通过与他人交流和合作来共同建构知识。教育者在建构主义学习中充当导引者和引导者的角色,提供适当的问题、挑战和资源,以激发学习者的兴趣和主动性。这一理论涵盖了对知识、教师、学生和教学等内容的详细论述。

根据建构主义理论,知识不仅是通过教师传授而得到的,还是通过社会文化背景、必要的资源、个体经验以及人际互动的协作过程来建构的。获得知识的关键在于学习者能够通过自身经验来加深对于知识的实际理解,而不仅仅是背诵和记忆。这一理论对传统以教师和教材为中心的教育观进行了批判。

建构主义理论往往没有认识到教师的作用,过于强调学习者通过自主探索和交互来构建知识。一些观点虽然不一定完全正确,但是无论是在教学方法还是教学理论上对我国高校学生思想政治教育创新仍有一定的借鉴意义。

首先,强调学生参与和自主学习。在大数据时代,教育者可以利用互联网、大数据和数字技术,为学生提供更多自主学习的机会,让他们在学习过程中自主选择学习内容和路径,使他们能够更好地理解和掌握知识,从而增强学习的积极性和有效性。

其次,创造丰富的学习资源和互动环境。大数据时代有大量的数字化学习资源和信息可供利用。教育者可以创造多样化的学习资源,包括在线课程、教育游戏、网络讨论等,中国大学慕课、超星慕课、智慧职教等网络平台有着丰富的学习资源和良好的互动环境,大大丰富了学生的学习体验和互动,学生之间也可以通过社交媒体和网络平台分享和交流学习成果。

再次,促进合作学习和知识共建。建构主义强调学习者之间的合作和社会互动对知识建构的重要性。大数据时代的教育环境有了较大改善,教育者在开展思想政治教育教学过程中,可以利用在线协作工具和社交媒体,开展分组讨论、分组项目、分组评议等合作学习,鼓励学生在学习中共同构建知识,相互学习和交流,促进思想政治教育的发展。

最后,更新教育的价值理念。传统的教育只注重知识传授,目标达成,在课程设计和教学开展中会下较多功夫,较少关注个体学习者的情况。而建构主义理论将重点转向了培养学生个体的理想信念、价值观念、意识形态等方面,注重将教育与学生生活相结合,不是培养坐而论道、纸上谈兵的人,而是培养坐言起行、身体力行的人。

二、人本主义理论

人本主义理论于 20 世纪 50—60 年代在美国兴起,于 70—80 年代迅速发展,是一种心理学和教育学的学派,代表着西方教育领域的一个重要思潮。人本主义理论的重要代表人物包括卡尔·罗杰斯和亚伯拉罕·马斯洛。人本主义理论强调个体的本性,包括爱、尊严、创造力以及个人的自我实现和价值。它关注人的内在潜能、自主性和主观经验,认为每个人都有内在的动机和渴望去追求成长和实现自己的潜力。

人本主义理论的核心观点是以人为本。它关注学生的整体发展和个体差异,强调尊重每个学生的独特性,认为每个人都是独特的,有自己的需求、兴趣和潜力。教育者应该尊重学生的个性差异,将学生视为独特的个体而非简单的群体。在教育实践中,人本主义理论采用了一种个性化的教学方法,根据每个学生的独特特点和需求来提供不同的学习支持。鼓励学生主动参与和自主学习。学生被鼓励成为知识的主动建构者,通过探索、发现和互动,积极参与学习过程。

人本主义理论注重情感关怀和支持,认为教育者应理解并回应学生的情感需求,提供支持和关爱,创造一个温暖的、支持性的学习环境。教育者倾听学生的感受,注重培养学生的健康的心理状态。人本主义理论强调个体的自我实现和价值。教育者帮助学生认识自己的潜能和优势,支持他们设定个人的学习和生活目标。学生被鼓励积极追求自己的理想和梦想,并在实现这些目标的过程中找到内在的满足感。

人本主义理论鼓励学生进行自我认知和反思。学生被鼓励深入了解自己的优势、兴趣和价值观,以更好地认识自己。教育者提供机会和指导,帮助学生反思自己的学习过程和成长经历,从中获得深刻的学习体验。

促进每个学生的个体成长和全面发展是人本主义教育的目标。教育者努力创造一个支持性的学习环境,帮助学生克服困难,发展他们的潜能,实现自己的目标和梦想。人本主义理论引导学生思考生活的价值观和意义。学生被鼓励思考人生的目标和意义,并发现个人的内在动机。教育者鼓励学生关注自己的价值观念和人生追求,对自己的人生负责。

在大数据时代,人本主义理论对 00 后大学生思想政治教育创新提供了一些重要的启示。

首先,大学生思想政治教育创新的前提是坚守以人为本、以学生为本的原则,即以学生为中心,强调学生的主体地位,旨在激发学生的学习兴趣、主动性和创造性。在这种新的教育模式下,学生成为课堂的真正主宰,教师的作用则是积极发掘和培养他们的潜能,使他们成为独特而全面发展的个体。

大数据时代则为以人本主义理论为基础的教育模式提供了技术支持。

其次,人本主义理论强调个性化教育。大数据技术可以收集大量学生的个人信息和学习数据,从而实现更加个性化的教育。人本主义理论注重尊重学生的个体差异,而大数据分析可以为每个学生提供适合其个性和需求的教育内容和学习资源,增强学生的学习积极性和效果。大数据时代的00后大学生更善于利用信息技术进行自主学习和知识探索。人本主义理论鼓励学生自主学习,而大数据技术可以为学生提供更多学习资源和知识平台,激发他们主动参与思想政治教育的积极性。

再次,人本主义理论为大数据在00后大学生思想政治教育中的应用提供了更好的服务框架。大数据分析可以协助教育者更深入地了解学生的情感状态和心理需求。这种洞察力有助于提供更加个性化的教育支持和关怀,满足学生的情感和心理健康需求。借助人本主义理论,大数据技术可以提供更精准的情感关怀和支持,确保学生在思想政治教育过程中的心理健康,增强他们的学习意愿和情感认同。人本主义理论强调学生的主动参与和合作学习,而大数据技术可以为学生提供更多合作和互动的机会,促进思想政治教育的互动性和合作性。人本主义理论强调个体的自我实现和发展,而大数据技术可以为学生提供更多探索个人兴趣和发展方向的可能性,帮助他们认识自己,探索人生价值和意义。

最后,人本主义理论指导大数据时代00后大学生思想政治教育完善评估体系。思想政治教育考核是一项复杂又困难的工作,传统的思想政治教育评估通常过于依赖单一的考试成绩,这种方式难以全面客观地评估学生的思想政治水平。大数据技术的应用可以帮助教育者更有效地跟踪和评估学生的学习进展,以及思想政治教育的实际效果。结合人本主义理论,教育者可以更全面地了解学生的成长和发展情况,适时进行评价、预警、反馈,及时调整教育策略,改进教学方法,提升教育质量。

三、西方统计学理论

西方统计学理论的发展历史可以追溯到古希腊时期,但真正成为独立学科并取得重大发展是在17世纪以后。在古希腊时期,亚里士多德创造性地使用数据统计的方法,撰写出了《城邦纪要》,对各城邦的社会、经济、地理、历史等各方面的政情数据进行比较。古希腊哲学家如泰勒斯就关注人口普查、财富分配等问题,并尝试进行统计调查。17世纪,概率统计学的奠基人之一拉普拉斯提出了统计学的概率基础。同时,概率论的发展为统计学提供了数学基础。在这一时期,统计学主要应用于人口普查、地理测量和天文观测等领域。18世纪是统计学理论发展的重要时期。高尔顿首次提出概率分布的概念,并发展了最小二乘法等方法。在概率论领域,拉普拉斯和贝叶斯提出了贝叶斯定理,奠定了贝叶斯统计学的基础。19世纪,统计学逐渐成为独立学科,并开始应用于更多领域。卡方检验和相关系数等统计方法得到发展和应用。高斯提出了最小二乘估计法,并建立了正态分布的概率统计学理论。20世纪初,统计学已经广泛应用于自然科学、社会科学和人文科学等领域,学科范围不断扩展。皮尔逊和耶格尔提出了相关分析和方差分析等重要方法。20世纪后半叶,统计学进入了计算机时代,大规模数据收集和数据分析成为可能。线性回归、非参数统计、时间序列分析等方法不断发展。贝叶斯统计学再次受到重视,并与机器学习等领域结合。在当代,随着信息技术的飞速发展,数据科学兴起,数据挖掘和机器学习等技术对统计学产生了深远影响。大数据时代的到来,让统计学的理论和方法更具前瞻性和应用性。

随机抽样理论是统计学的基础之一。它指出通过随机抽样可以使样本具有代表性,从而推断出总体的特征。随机抽样理论的发展为统计学提供了可靠的推断依据。

参数估计是统计学中的重要内容,涉及利用样本信息推断总体参数。西方统计学理论提供了多种参数估计方法,如最大似然估计、矩估计等,用于计算总体参数的估计值。

假设检验是统计学的核心内容之一,用于对总体参数假设进行检验。西方统计学理论发展了一系列显著性检验方法,如 t 检验、F 检验等,用于判断样本数据是否支持某一假设。

方差分析是用于比较多个样本均值是否有显著差异的统计方法。西方统计学理论推动了方差分析方法的发展,使其成为常用的实验设计和数据分析工具。

回归分析用于研究变量之间的关系,并建立预测模型。西方统计学理论发展了线性回归、非线性回归、多元回归等方法,广泛应用于各个领域的数据分析和预测。

时间序列分析是用于处理时间相关数据的统计方法。西方统计学理论推动了时间序列分析方法的发展,包括平稳性检验、ARMA 模型、ARIMA 模型等。

多元统计分析涉及多个变量之间的关系和结构。西方统计学理论发展了主成分分析、因子分析、聚类分析等方法,用于研究多维数据的结构和模式。

贝叶斯统计学是一种概率统计学方法,用于处理不确定性信息和进行参数估计。西方统计学理论推动了贝叶斯统计学的发展,拓展了统计学的应用领域。

西方统计学理论的发展为统计学的应用提供了强有力的理论基础和方法支持。它在社会科学、自然科学、医学、经济学等领域发挥着重要的作用,为科学研究和决策提供了重要的数据分析手段,也为我国大数据时代 00 后大学生思想政治教育方法的创新提供了有益借鉴。

第一,评估大学生思想政治教育效果。西方统计学理论可以用于在大数据统计中针对全体学生群体或者不同班级、不同年级、不同专业、不同性别等类型的学生群体,对他们进行思想政治教育的效果评估。通过大数据分析的方法,可以避免样本选择的偏倚,使得评估结果更具代表性和可信度。

第二,利用大数据分析制定个性化教育方案。可以利用统计学理论结合大数据分析建立预测模型,通过大数据可以获取足够多的样本数据,然后利用这些数据建立预测模型,对大学生思想政治教育特点、特色、状况、成效等进行预判,并根据预测分析设计制定个性化的思想政治教育方案。这样可以满足学生个体的需求和兴趣,提高教育的针对性。

第三,利用统计学理论进行有效的数据清洗与筛选。大数据时代的数据量庞大,但其中可能存在一些噪声或无效信息。通过大数据技术,可以从大数据样本中对数据进行筛选,去除无效数据,保留有用的信息。

第三节　中华优秀传统文化的相关思想及启示

一、因材施教理念

因材施教这一教育理念,最先出现在孔子的教育思想和教育实践中,在儒家经典中,尤其是《论语》和《孟子》等著作中,已经能够找到与因材施教相关的理念。孔子认为每个学生都有自己的个性、天赋和能力,教育应该因材施教,针对不同的学生采取不同的教学方法和策略,以使其最大限度地发挥潜能和才能。在《论语・雍也》篇中,孔子曰:"中人以上,可以语上也;中人以下,不可以语上也。"在长期的教育实践中,孔子曾多次提到人与人之间是有差别的。他觉得,具有中等才智以上的人,就可以给他们讲授高深的学问,但是,中等才智以下的人,就不能给他们讲授高深的学问了。孔子根据弟子们不同的资质,分别授予不同层次和方面学问的做法,即便是到了现在,在教育上依然有着重要的意义。孟子也强调因材施教的重要性。《孟子・尽心上》:"君子之所以教者五:有如时雨化之者,有成德者,有达财者,有答问者,有私淑艾者。此五者,君子之所以教也。"孟子强调对不同的学生应根据不同的情况采取不同的教学方法。教育教学要做到因人而异。他认为教育可以从学生的兴趣出发,从学生的需求出发,量力而行,适度引导。

因材施教的教育理念经历了从古至今几千年的历史发展和演变,在现代教育领域,得到了广泛的认可和应用,影响着当代教育的发展。

因材施教的教育理念认识到学生在学习上存在差异性,不同的学生有不同的学习需求和潜能,因此,教学方法应该因人而异。因材施教的教育理念强调根据学生的个性特点、学习风格和能力水平,量身定制教学内容和教学方法,以满足每个学生的学习需求和发展潜能。强调教师应该根据学生的差异,灵活调整教学方法,帮助每个学生都能得到有效的学习,提高教学效果,促进学生全面发展。大数据时代,每个学生的个体性更加凸显,高校思想政治教育工作者需要针对不同的学生个体制定不同的教育管理方法和教学措施,将因材施教的理念落到实处,以期达到更好的教育效果。

首先,采用因材施教的教育理念可以充分借助大数据来创新 00 后大学生思想政治教育的内容。在进行 00 后大学生思想政治教育时,可以结合大数据,有针对性地分析、研究和理解不同学生群体的思想观念和行为变化。基于这些数据,可以深入探讨大学生的整体特征,洞察学生个体之间的心理差异。通过大数据分析方法,可以更准确地研究 00 后大学生思想政治教育的相关内容。

其次,采用因材施教的教育理念可以充分利用大数据来创新 00 后大学生思想政治教育的方法。在大数据思维的指导下,综合运用因材施教的教育理念,将其作为创新 00 后大学生思想政治教学方式和方法的关键支持。随着多媒体技术的广泛应用,00 后大学生思想政治教育的教学方式和方法变得多样化,包括课堂教学和课外实践。不同专业、年级、性别等不同类型的学生可以采用不同的教学方式和方法,从而提高思想政治教育的效果。借助先进的教育技术,高校有更多方法来实施思想政治教育工作。高校思想政治教育工作者应充分认识掌握各种信息技术手段,提升信息技术应用水平和能力,通过合理运用大数据技术手段,进一步营造良好的思想政治教育工作和学习氛围。

最后,因材施教的教育理念有助于在大数据时代实现思想政治教学的精准性。高校学生思想政治教育有其自身的规律性和特点,在开展 00 后大学生思想政治教育过程中,如果不能准确掌握学生的各种情况,那就犹如瞎子摸象,教育效果可想而知。

二、德智联动理念

"德"和"智"贯穿于中华民族几千年的历史之中。把"德"和"智"结合起来，是中国传统哲学中的一个重要观念。"德"指的是道德，被视为崇高的行为准则，是完善自身个性的基础，是一种思考和行动的理念和道德规范。"智"指的是智慧，是一种智力的表现，是对知识和实践的结合，可以辨别是非，有效地解决问题，帮助我们达到自己的目标。因此，将"德"和"智"紧密结合的看法，在中国传统哲学中占据着重要的地位。中国传统哲学家们认为，把"德"和"智"紧密地结合在一起可以帮助人们维护自身的尊严和修养自身的智慧，从而达到快乐和安宁的状态。

春秋战国时期，孔子提出"恭、宽、信、敏、惠"的思想，这是关于统治者"德治"的主张。"修身、齐家、治国、平天下"是关于个人道德的修养。孔子重视教育，强调"仁"在教育中的重要性。"夫仁者，己欲立而立人，己欲达而达人。"说的就是，只有乐于助人的人才能通向"仁"。所谓"仁"就是我们所讲的德育。董仲舒发展了孔子的德育思想，提出了"知、情、意、行"四个阶段，所谓"行"，就是践行、实践儒家的"五常"。除此以外，董仲舒还指出"重义轻利"是提高自身德行的重要原则。南宋朱熹认为教育不在于"记览词章""钓声名取利禄"，而在于"明理""修身""推己及人"。与此类似，王阳明认为《论语·学而》中的"孝弟忠信礼义廉耻"是教育之"专务"。

古代的德育往往和智育联系在一起。智育是促进学生智力发展的教育。"知及之，仁不能守之；虽得之，必失之。"孔子认为德是教育的首重，有才而无德的教育是无用的。"智者，德之帅也。"三国时期的刘劭认为智育推动德育。与其不同，许多学者认为是德育推动智育的发展。宋代司马光认为"德者，才之帅；才者，德之资"。

"德"和"智"是不可分割的，要把它们紧密结合在一起，才可以实现社会效益和个人目标的统一。许多中国传统哲学家都认为"德智关系论"可以帮助人们达到自我实现的目的。他们认为，智者不但得到智慧，而且得到道德，他们把道德和智慧完美地结合起来，在道德基础上发展自己的智慧。只有将道德和智慧紧密结合起来,才能实现"知行合一",达到自我实现的目的。

中国古代德智联动的育人思想对大数据时代00后大学生思想政治教育具有借鉴意义。基于现实发展需要,通过各个组织、各个部门之间的协同,各个队伍的联合行动,形成教育合力,构建立体式教育网络,充分发挥思想政治教育教化人民、引领思想的作用。借鉴古代德智联动育人思想的宝贵经验,融入大数据技术,赋予高校思想政治教育新的时代内涵,以此促进大学生思想政治教育的时代性变革与发展。

中国古代德智联动的育人思想对大数据时代00后大学生思想政治教育创新有着重要的启示。这种育人思想注重培养学生的德行品质和智慧能力,强调德智体美全面发展。在大数据时代,可以借鉴这一思想,通过大数据技术全面了解学生的学习成绩、社会表现、思想意识等方面的数据,从而更好地进行个性化、全面性的思想政治教育。

首先,强调德行教育的重要性。运用大数据对学生的行为和社会表现进行分析,可以更好地关注学生的品德修养、社会责任感和道德意识。教育者应当注重培养学生的良好道德品质,引导他们成为有道德担当的公民。

其次,注重智慧培育和发展。通过大数据分析学生的学业成绩和学习习惯,可以帮助教育者更好地了解学生的学习情况和潜在问题。德智联动,提供有针对性的学习辅导,促进学生的智慧发展。

最后,全面实现德与智的协调发展。大数据技术能够综合多方面的数据,了解学生的兴趣爱好和特长。在思想政治教育中,教师应鼓励学生全面发展,尤其是在"德"和"智"方面,协调联动,发挥自身优势,积极参与社会实践,努力提高文化素养,增强综合素质。

总之,借助大数据技术,结合中国古代德智联动的育人思想,可以更好地实现大学生的全面协调发展,帮助他们成为有道德情操和智慧能力的社会栋梁。

三、数字统计思想

中国古代数字统计思想是在中国历史上,人们对于数据的收集、整理、分析和应用的思想,主要涵盖了人口统计、土地面积、财政收入等方面。古代中国社会,统计主要依赖人工收集和记录。在政治、军事、经济和社会管理等领域,统计数据扮演着重要角色,帮助统治者和管理者更好地了解国家和社会的状况。

早在殷商时期,就有相关的甲骨文记载展现了最早的统计思想,反映了当时的统治者对人口、土地、收入等重要数据进行记录和统计的实践。在春秋战国时期,各国开始重视对战争、国家财政、农业生产等方面的数据统计和分析。有"华夏第一相"之称的管子就提出要掌握轨数。《管子·山国轨》:"桓公问管子曰:'请问官国轨。'管子对曰:田有轨,人有轨,用有轨,乡有轨,人事有轨,币有轨,县有轨,国有轨。不通于轨数而欲为国,不可。"马非百新诠:"轨数即会计之数……数,术也。"轨数即为统计理财的方法。这段对话主要讲的是桓公曾经问管子关于国家统计和理财等工作的管理方法,管子回答说应该对田亩、人口、国用等各方面进行统计,而统计的方法则是通过调查来完成的,管子认为如果不能了解这些基本要素的数字,是不能治理好国家的。这其实反映了在国家治理中涉及的方方面面都需要通过数据来反映,而"不明于计数而欲举大事,犹无舟楫而欲经于水,险也"。

秦始皇统一六国后,开始推行集权统治,加强对土地、人口和税收等数据的收集和管理。此前,商鞅在秦国改革中所提出的"强国知十三数"也可看作是将数与国家治理结合的重要体现。这在《商君书·去强》中有直接表达,即"强国知十三数:竟内仓、口之数,壮男、壮女之数,老、弱之数,官、士之数,以言说取食者之数,利民之数,马、牛、刍藁之数"。由此来看,关于统计的范围就已经大大扩展,从人口到资源等各方面均有所涉及,而对这些统计数据的利用实现了较好的社会治理效果,并逐渐发展、催生了户籍管理制度和"数目类管理",这构成了早期对数据价值的确证实践。

汉朝开始有较为系统的数据收集和记载,涉及人口普查、田地面积、财政收入等方面。魏晋南北朝时期,古代数字统计思想逐渐成熟,统计方法和技术得到进一步发展。《晋书》中就有一些关于人口统计和农业生产的详细记载。唐宋时期,统计工作更趋完善,政府开始实行户籍制度,对人口、土地、税收等进行更细致的统计和管理。《新唐书》和《宋史》等史书中也包含了大量的统计资料。总体来说,中国古代数字统计思想经历了从初步记录和统计数据到逐渐完善和系统化的过程。这些古代数字统计思想为后来统计学的形成和发展,以及现代大数据处理和分析方法的建立,奠定了基础。

人类社会文明的演进和发展,从某种层面上来讲,就是通过对各种数据的收集、整理、分析和总结来实现的。虽然古代数字统计思想相较于现代统计学还相对简单,但它是统计学发展的萌芽和基石。中国古代数字统计思想对大数据时代的 00 后大学生思想政治教育有着一定的启示。类似古代数字统计思想,现代大数据技术可以帮助教育机构更好地了解学生的需求、兴趣和问题,从而制定更有效的思想政治教育方案。此外,通过数据分析,可以更准确地掌握学生的学习情况和心理状态,及时做出干预和支持,以最大限度地提高思想政治教育的效果。

首先,记录、整理、汇总、归纳数据。古代数字统计思想强调对各种信息和数据进行准确的记录和整理,将各种数据进行汇总和归纳,通过人工手段进行数据统计,如人口普查、土地面积等。现代大数据技术可以收集和分析大量学生行为和学习数据,将数据汇总并进行归纳,从而更准确地了解学生需求、兴趣和问题,有助于形成全面的认识和理解,为教育决策提供依据。

其次,通过数据分析和推断,把握数据准确性。精确的数据是做出科学决策和推断的基础,因此在数据收集和整理过程中,要尽可能保证数据的准确性。古代数字统计思想鼓励通过数据分析和推断,发现问题的根本原因和规律性的联系。通过对数据的研究和分析,可以得出一些推论和结论,指导实际行动。借助大数据分析,教育机构可以根据学生的个性化需求和学习风格,提供量身定制的思想政治教育内容,使教学更加精准和有效。通过大数据监测学生的学习情况和心理状态,及时发现问题并进行干预,提供必要的支持和辅导,有助于促进学生的全面发展。

最后,数据应用于政治和治理。古代数字统计思想在政治和治理方面有着重要的应用。古代社会数据的收集、整理、分析和归纳最终是为统治阶级政治和治理服务,为社会发展服务的。统计数据可以用于评估社会状况、制定政策和调整措施,为国家和社会的稳定和发展提供支持。同样,大数据技术为教育带来了新的可能性和创新机遇,通过挖掘数据,发现新的教育模式和方法,更好地服务和应用于 00 后大学生思想政治教育工作,提高思想政治教育的质量和效率。

第二章　大数据与思想政治教育的相关概念

数据犹如一片土壤，为人类社会的生产提供物质基础与保障。随着信息技术的不断变革，数据正在迅速膨胀并变大，大数据一词越来越多地被提及。如今，人们越来越多地认识到数据的魅力和带来的变化，人们的吃穿住行、社交娱乐、购物消费、教育学习等，越来越离不开各种网络应用，由此留下的交叉重叠数据痕迹记录着人们的行为习惯、兴趣爱好、生活内容，甚至思想轨迹。数据化、智能化时代由此开启。大数据的应用与发展为00后大学生思想政治教育创新带来了新契机，通过对数据的深度挖掘和分析，借助信息化手段、全新的方法和视角，分析大学生思想政治教育相关问题，并从中把握教育发展的规律，有助于促进教育教学决策的科学性。因此，厘清大数据与思想政治教育的相关概念，认清内涵、把握特征、了解发展状况，是进行大数据时代00后大学生思想政治教育创新研究的前提。

第一节　大数据相关概述

一、数据的含义

什么是数据？数据是指通过观察、测量或记录所获得的事实、信息或值的集合。它具有数字、文字、图像、声音等多种形式，用于描述、表示和分析现实世界中的各种情况、事件和现象。在信息时代，数据成为决策、创新和研究的基础，通过对数据的收集、处理和分析，人们可以获得有关世界的深刻洞察和理解。

对于数据，可以做如下理解：第一，数据具有素材性。数据可以是没有经过加工的原始记录，数据可以是作为创作、分析和研究的素材或基础。在各种领域，从艺术和文学到科学和商业，人们可以利用数据来支持他们的观点、构建论据、进行统计分析以及发展新的想法和创意。数据犹如金矿，需要经过开采加工制作，才能变成闪闪发光的金子，数据的素材性使其成为启发创意、验证假设和探索新领域的重要工具。第二，数据具有集合性。数据通常以某种方式组织在一起,形成一组有序或无序的值。这些值可以是连续量,如温度、时间、距离等,也可以是离散量,如计数、评分等。数据的集合性使得人们能够进行统计分析、趋势识别、模式发现等操作,从而更好地理解数据所代表的现象或情况。第三,数据具有多样性。数据可以以各种不同的形式呈现,如数字、字符、符号、图像、声音等。这种多样性使得数据能够更准确地描述和表达复杂的现象和情况。通过将不同形式的数据结合在一起,人们可以获得更全面的信息,从而做出更好的决策。数据的多样性也促使了数据可视化和信息呈现领域的发展,帮助人们更直观地解读数据。

根据数据的时空特征,数据可分为时间序列数据、横断面数据和混合数据。时间序列数据是把某个变量依时间顺序排列起来的统计数据。这种数据按照时间顺序进行采集和记录,如股票价格随时间的变化、气温随季节的变化等。时间序列数据常用于分析趋势、周期性和季节性变化。横断面数据也被称为截面数据,是在某一特定时间点上收集的数据,如一份市场调查在特定时间内对不同人群的收入进行记录。横断面数据用于比较不同群体或实体之间的差异。混合数据是对同一变量在一系列时间与不同空间范围进行观测的结果,这种数据结合了时间序列和横断面的特征,如一家公司在不同时间点收集的销售数据,同时还记录了不同地区的销售额。混合数据常用于分析不同维度之间的关系和影响。理解数据的时空特征有助于选择适当的分析方法和工具,以便从数据中获取有价值的信息。

根据能否进入计算机处理系统进行处理,数据可分为模拟数据和数字数据。模拟数据是连续变化的数据,它们可以在一定范围内取无限个可能值。例如,声音、温度和压力等都属于模拟数据。在处理模拟数据时,常需要进行模数转换(A/D 转换),将连续信号转换为离散数字信号,以便计算机能够处理。数字数据是离散的、有限的数据,它们可以用有限的位数来表示。例如,整数、小数、字符等都属于数字数据。这种数据类型可以直接进入计算机处理系统进行数字化处理。模拟数据只有转化成数字数据,才能被计算机系统处理。数字数据只有转换成模拟数据才能作用于外界。了解数据的这些基本分类有助于我们更好地理解数据的性质,以及在处理和分析数据时选择适当的方法和工具。

和数据相关的概念还有信息、知识。应该说,三者都关涉对事物的描述,但侧重点又有所不同。数据可以是未经加工的原始事实、观察或记录,它们通常没有被组织或解释。数据本身没有意义,需要经过处理和分析才能得出有用的信息。信息是通过加工和组织数据得出的有意义的结果。当数据被赋予上下文和意义时,就变成了信息。信息能够传达一定的消息、事实或知识,使人们能够理解、解释和使用。知识是对信息的理解、经验和洞察,它是在个体或社会中积累的有价值的认知。知识涉及对信息的分析、解释、关联和应用,以及与其他知识相互连接的能力。数据是信息的基础,信息是知识的基础。信息是在数据的基础上提炼和组织而来的,知识则是在信息的基础上深化和积累而来的。信息和知识的产生都需要对数据进行处理。数据经过处理和重新组织,才能变成有意义的信息,进一步地分析和理解则构建了知识。信息和知识的价值在于它们能够为学习、创新、解决问题、做出决策等活动提供支持。数据通过转化成信息和知识,才能够发挥更大的作用。总之,数据、信息和知识之间存在着从原始到深化的关系,它们在各自的层级上都发挥着重要的作用。

当前,数据不仅在生产生活中的作用日益凸显,而且已经成为现代科学研究的一个显著特征。现代科学将研究对象进行量化,用数据来衡量和评判。2019 年,《中共中央关于坚持和完善中国特色社会主义制度 推进国家治理体系和治理能力现代化若干重大问题的决定》明确提出"建立健全运用互联网、大数据、人工智能等技术手段进行行政管理的制度规则""推进数字政府建设""加强数据有序共享""优化经济治理基础数据库"①。党的二十大报告提出,加快建设网络强国、数字中国。数字政府是数字经济时代涌现的新型政府模式。数字政府是强化政府运行、决策、服务、监管能力的重要引擎。随着大数据的蓬勃发展,"世界"的内涵日益丰富起来,在物质世界和精神世界之外,又有一个全新的"数据世界"应运而生。把数据看成和资本、土

---

① 中共中央关于坚持和完善中国特色社会主义制度 推进国家治理体系和治理能力现代化若干重大问题的决定[N].人民日报,2019-11-06.

地、劳动、技术、管理等一样重要的生产要素,这是中央对数据价值的肯定,也说明新时代大数据对物质财富和精神财富创造的贡献也越来越大。三个世界相互作用,又在不断地打造着"同一个世界"。

二、大数据概念的提出

大数据概念的提出可以追溯到20世纪60年代末70年代初。当时信息技术开始迅速发展,数据量的增加引起了人们的注意。然而,直到近年,随着互联网的普及和技术的飞速发展,大数据概念才真正受到广泛关注。

20世纪80年代,人们就已经意识到数据的几何级增长可能对世界带来的冲击。比如,在1980年,美国著名未来学家阿尔文·托夫勒就在其著作《第三次浪潮》中,将"大数据"称为"第三次浪潮的华彩乐章"。托夫勒谈到了传统的因果思维的局限性:"即使是最优秀的人才,也很难同时考虑太多的变化因素。因此,当我们面对十分复杂的问题——如为什么一个少年犯罪? 为什么通货膨胀如此严重? 城市化会对附近一条河流造成什么影响? ——我们只注意到其中两个或三个因素,而忽略其他很多重要得多的因素,这些被忽略的,可能是个别因素,也可能是问题关键所在。"面对日趋复杂的"相互交织在一起的问题",往往是"找不到起因,无法进行有效的分析",这就要求"多方面相互关联的分析"。托夫勒认为计算机的发展提供了这种相关分析的可能性:计算机的特殊功能,可以突破传统的固定的模式和思维设想,把变化快的信息因素组合成有价值、有意义的"新整体",从而为我们发现事物之间更深层次的关系及发展规律提供帮助,为一些难题的解决提供富有想象力的决策建议。[①] 应该说,托夫勒在大数据对社会发展作用的预测以及理论探讨上具有很强的预见性,虽然他没有提出"大数据"这一概念,但是比较系统地阐述了大数据的基本特点,指出了大数据是人类进入信息社会后所必然产生的一种数据形态,是人们在信息社会中面对复杂问题时,或者说在复杂条件下解决问题时所形成的理念、方法和技术。

---

① 托夫勒.第三次浪潮[M]. 朱志焱,等译.北京:生活·读书·新知三联书店,1984:250-252.

　　虽然关于谁最早提出"大数据"一词众说纷纭,但是比较公认的最早使用"大数据"这个词的人是20世纪90年代在美国硅图公司担任首席科学家的约翰·马西(John Mashey)。他在一个国际会议报告中使用了"大数据"(big data)这个词,描述了当时互联网上数据量的快速增长以及需要采用新的技术来处理和分析这些数据,强调了数据管理和分析面临的挑战。但是,由于当时整个信息产业还处于初级发展阶段,人们更多的是看重硬件能力的提升以及网络的建设,大数据研究还处于萌芽阶段,"大数据"概念在提出后并未立即引起充分的重视。

　　2001年,高盛的分析师道格·莱尼(Doug Laney)首次提出了"3V"(volume,velocity,variety)的概念,用来描述大数据的特点。这一概念强调了数据量的增加、数据传输速度的加快以及数据种类的多样性。随后,人们开始认识到这些特点对于数据处理和分析的挑战。

　　2005年,互联网公司雅虎首次在一篇研究报告中提到了"大数据"这个术语,强调了数据规模和复杂性对计算和分析的挑战。大数据概念逐渐得到了学术界和工业界的认可,越来越多的人开始研究如何有效地处理和利用大规模的数据。2007年,数据库领域的先驱人物、图灵奖获得者吉姆·格雷(Jim Gray)在题为"科学方法的革命"的演讲中指出,在"实验观测""理论推导"和"计算仿真"三种科学研究范式之后,将迎来被称为"数据密集型科学发现"的第四种范式,即数据探索,这将成为人类更加了解复杂现实的有效途径。权威的学术期刊《自然》杂志于2008年9月发表了以"大数据"为主题的专刊,使大数据这一概念得到广泛的关注,迅速成为前沿话题。在这份专刊当中,一个结论得到广泛的认同,即"将世界的一切物质和信息集合起来组成一个巨大的数据库,打破虚拟和现实的边界,这将是世界可以期待的最大变革"[①]。《自然》杂志虽然使得"大数据"这个概念得到广泛的关注,但是没有给大数据下一个确切的定义。

　　2008年,谷歌发布了一篇名为"The Datacenter as a Computer:An

①　大数据治国战略课题研究组.大数据领导干部读本[M].北京:人民出版社,2017:7.

Introduction to the Design of Warehouse-Scale Machine"(《作为计算机的数据中心：仓库级机器设计简介》)的论文，强调了数据中心作为一个整体计算机系统的重要性，这也为大数据的发展提供了重要思路。2010 年，开源的大数据处理框架如 Hadoop 和 Spark 开始崭露头角，它们使得处理大规模数据变得更加容易和实际。随着社交媒体、移动设备和物联网等的飞速发展，大数据的规模和重要性进一步提升。

2011 年 2 月，《科学》杂志也发布了大数据的专刊——"Dealing with Data"。专刊反映了当时所面临的大数据困境，由于无法有效地使用和开发急剧增长的数字，以及相关数据处理和分析技术的缺乏和硬件支撑不够等，气象学、生态学、精神科学、社会科学、基因测序等许多传统领域无法有效运用大数据，从而不利于科学的发展和实践的进步。同年，麦肯锡环球研究院发表的一份关于揭示大数据革命内在逻辑的报告，为人们全面而系统地展示了大数据的基本含义、大数据所涉及的关键技术群、大数据的价值和作用，以及人们应当如何面对大数据革命等内容。这份报告使人们对大数据有了更加清晰的认识，也对未来更好地推动大数据技术在人们日常生活、工业发展及科技进步中的运用起到了关键作用。

2012 年，《哈佛商业评论》将"大数据"列为管理实践的十大突破之一，标志着大数据概念正式进入商业和管理领域。联合国下属组织发布的大数据白皮书《大数据促进发展：机遇与挑战》指出，大数据时代已经到来，并且将会对社会各个领域产生深刻影响。[①] 牛津大学教授维克托·迈尔-舍恩伯格在其畅销著作《大数据时代：生活、工作与思维的大变革》中指出，由于"信息总量"的变化导致了"信息形态"的变化，数据分析将从随机抽样向全员数据采集、从结果精确向近似求解、从注重因果关系向强调相关关系等，由传统模式向大数据时代的新模式演变。"大数据"这一概念几乎应用到了所有"人类致力于发展"的领域中。2013 年，IBM 推出了"大数据"分析服务，进一步将大数据应用推广到商业领域。随着人工智能、机器学习等技术的发

---

① Big Data for Development: Challenges & Opportunities[DB/OL]. (2012-05-29)[2023-11-12]. https://unglobalpulse.org/wp-content/uploads/2012/05/BigDataforDevelopment-UNGlobalPulseMay2012.pdf.

展,大数据的应用范围进一步扩展,包括预测分析、个性化推荐、医疗健康、金融风险管理等领域。

大数据概念的提出可以看作一个逐步演化的过程,从早期对数据量增加的关注,到后来对多样性和速度的重视,再到近年来大数据技术的广泛应用,都对这一概念的形成和发展产生了影响。从托夫勒的《第三次浪潮》到维克托·迈尔-舍恩伯格的《大数据时代:生活、工作与思维的大变革》,从《科学》杂志到《自然》杂志,从约翰·马西再到吉姆·格雷,人们对大数据的理论认识和实践认识越发深入,这种日益深刻的认识,将有效地推动大数据更好地运用于现代人们的日常生活和科学研究等各个领域。

与此同时,社会科学也越来越关注大数据的应用。2009 年,社会学家邓肯·J. 沃茨(Duncan J. Watts)在一篇名为"Computational Social Science: Exciting Progress and Future Directions"(《计算社会科学:社会科学的新范式》)的论文中,提出了"计算社会学"的主要观点。他强调了利用计算机科学和信息技术来研究社会现象的重要性,认为计算社会学是利用计算机科学和信息技术来研究和分析社会现象、人类行为以及社会系统的一门学科。它涵盖了多个领域,包括社会网络分析、数据挖掘、机器学习等,旨在通过大数据和计算方法来揭示社会规律和趋势。计算社会学借助大数据的收集、存储和分析能力,能够更准确地揭示社会规律、趋势和行为模式。通过大数据,计算社会学可以探索社会网络结构、人际关系、信息传播路径等复杂的社会系统。这种分析有助于理解人们的观点、趋势和意见如何在网络中传播,以及社会事件如何影响群体行为。教育大数据和思想政治教育大数据正是由此发展而来。

关于对大数据基本特征的认识,大多数学者均认同大数据的"4V"特征:数据规模巨大(volume)、数据种类繁多(variety)、数据处理速度快(velocity)、数据价值潜在价值巨大(value),这些特征强调了大数据的规模、产生速度、多样性以及数据的准确性和可信度。

第一,数据规模巨大。随着高科技时代的不断发展,大数据已经渗透到各个领域,并显著占据主导地位。大数据的规模之大令人震惊。以"互联网上一天"的数据为例,单单在一天之内,互联网搜索引擎要处理数以亿计的搜索查询,互联网所产生的数据量就足以填满1.68亿张DVD光盘,这个数字直观地呈现了大数据的庞大规模。同时,大数据通过传感器的广泛应用进一步强化了其规模,传感器网络收集城市交通、气象和环境数据,生成大量实时数据。手机内的传感器能够为我们提供定位和导航服务,而一辆车上百个传感器的联结,则有助于快速检测汽车问题所在。如今,传感器已经无处不在,将整个世界变成了一个充满信息的海洋。以城市中的摄像头为例,某些地区街头摄像头的数量高达30多万个,这些摄像头每秒钟产生的数据十分庞大,令一个硬盘在一个月内就会迅速被装满。与过去的点对点数据传输不同,现在移动设备的普及使得每个人都能够在互联网上留下信息痕迹,这些信息可以迅速传播并被大量人所观看,使得信息传播呈指数级扩张。社交媒体平台每秒钟产生数以千计的推文、帖子和评论,令人惊叹的是,全球数据总量每18个月就会翻番一次,这种爆炸式的增长意味着我们每两天产生的数据资源已经超过了过去几千年的总和。这种趋势使得我们的世界正逐渐转变为一个"数字地球",大数据的影响不仅在技术层面,还在社会、经济和文化等多个领域产生深远影响。

第二,数据种类繁多。大数据作为一个综合性的数据集合,囊括了结构化数据(如关系数据库中的表格数据),还包括半结构化数据(如XML、JSON)和非结构化数据(如文本、图像、音频、视频等)。比如,一个电子商务网站的数据包括用户的购买记录、浏览历史、评价等结构化数据,以及商品图片、用户评论等非结构化数据。传统的数据以结构化形式存在,但随着互联网的迅速发展,大量的半结构化和非结构化数据涌现出来。例如,图片、音频、视频等多种形式的信息在互联网中广泛分布,这些数据反映了现实世界与虚拟世界的交汇,更多样地和真实地展示我们的生活。大数据的多样性主要表现在数据来源的多样性、数据类型的多样性以及数据之间关联性的强度。互联网平台、社交网站、传感器等多种来源为数据提供了多样性,其中非结构化数据占据主导地位。根据统计,大数据中有70%到85%的数据属于非结构化或半结构化形式,如图片、音频、视频、网络日志等。① 而这些数据之间常常存在着强烈的关联性,并通过频繁的交互呈现出来。例如,游客在旅途中上传的照片和日志与其位置、行程等信息之间具有紧密的关联性。这种数据的多样性不仅满足了个体的主观感受和感官体验,还在社会中具有重要的价值和影响力。

第三,数据处理速度快。在大数据时代,信息增长速度的迅猛和信息处理能力的巨大提升已远远超出人们的预期。相较于传统数据,大数据的最显著特征之一就是其极速。数据的迅速生成和更新是大数据时代的显著特点之一。互联网每刻都在涌现和更新大量信息,数据呈现出爆炸性的增长趋势,旧数据很快被新信息所取代,导致存储硬盘仅几分钟就被填满。同时,数据获取速度也大幅提升,数据平台能够及时采集大量信息,各领域数据汇聚于一处,为数据分析和处理提供前期支持。在大数据时代,网络平台和移动智能设备成为数据的主要来源。无线网络通信技术使移动终端能够与云端连接,各类传感器相互连接构建出广袤的物联网。所有网络活动都被记录,从而形成庞大的数据库。同时,数据的分析和处理速度也显著加快。在面对海量数据时,数据分析技术能在瞬息之间筛选出关联数据,并在秒级内提供处理结果。大数据时代正以其惊人的速度和能力,深刻地改变着我们的生活和工作方式。

第四,数据潜在价值巨大。大数据时代对数据的挖掘和处理价值提出了更高的要求。中国社会科学院信息化研究中心秘书长姜奇平认为,"数据是否有意义的衡量标准就是看是否能够充分发挥其价值"②。大数据不仅仅是一项技术,还是一种能够从海量数据中提取价值的本领,而其中蕴藏的潜在价值是巨大的。因为,在海量数据中,有价值的数据占比很小。大数据的价值主要体现在从现有的杂乱无章的数据信息中发掘出对未来趋势判断有价值的数据。这些数据通过大数据技术进行深度分析,然后应用于教育、农业、金融、医疗等各个领域,创造出巨大的价值。尽管有价值的数据在整个

---

① 李丽梅.大数据对通信行业带来的影响分析[J].中国新通信,2014(21):57.
② 姜奇平.大数据的时代变革力量[J].互联网周刊,2013(1):34-37.

大数据中所占的比例较小,但正是这些数据能够揭示出隐藏在数据背后的洞察和趋势,引导着创新、决策和进步。

三、大数据时代的特点

在人类的历史上,大数据经历了三次变革,即从无数据到有数据、从生活数据到科学数据、从科学数据到人文数据。[①] 在古希腊时代,哲学家们曾经提出"数是万物的本原"的观点,将数看作世界生成的基础,强调了数学在理解宇宙运行规律和本质中的重要性,认为数值关系是自然界和现实世界的基本构成要素。这种观点体现了古希腊哲学家们对数学的崇高认识,也为后来科学和哲学的发展奠定了基础。

随后,一些数据逐渐产生,即小数据,这些数据最初是人们通过经验总结而得,其后逐步发展为人们有意识地采用特定的测量方法来获取数据。然而,这些数据量极其有限,与大数据相比,可谓天差地别。而今,大数据基于互联网、云计算等途径,获取了大量的数据信息,并储存于硬盘和数据库中,我们已经踏入大数据时代。时代与人类社会紧密关联,过去,"网络时代"和"新媒体时代"等标志着人类社会的不断进步。与之相比,大数据时代呈现出明显的特点。

第一,泛互联网化成为大数据时代的显著特征。随着信息技术的飞速发展,互联网、移动设备以及面部识别技术等正不断迭代更新。这些技术不再仅限于信息交流,而是在更广泛的领域得到应用。人们如今可以随时通过计算机、可穿戴设备等电子工具获取和利用数据信息。我们生活在网络信息时代,大部分时间里,人们都在互联网上活动。计算机、移动设备和电子芯片卡等留下了人类活动的足迹。人与人、人与机器、机器与机器得以有效连接和互动,将整个世界变成了一个紧密相连的网络环境。

第二,数据化是大数据时代的重要特征。随着技术的进步,世界上几乎所有事物都以数据的形式呈现。在这个时代,每个角落、每个时刻都会有数

---

① 卢岚.大数据时代思想政治教育过程研究探微[J].湖北社会科学,2020(3):156-161.

据产生,并进行相应的数据运算。在日常生活和人际交往中,视频软件、社交应用等每分钟都在推送大量信息,这些信息以非结构化数据的形式增加了数据量。人们的沟通、交流和传播行为都以数据的形式储存,从而构建了庞大的数据集合和数据库。人与人、人与物、人与自身的关系都以可量化的数据方式存在,使得原本复杂难以捉摸的关系变得更加明确和可理解。在这个数字化的网络中,一切似乎都被转化为数据,将实体世界映射到数字世界,为分析和应用提供了更多的可能性。

第三,数字化是大数据时代的标志。在这个数字时代,无论是人、物,还是关系,都可以通过数字的方式进行表达。南京大学的蓝江教授指出,我们之所以能取得如此巨大的进步,是因为数字技术和算法的发展。如今,我们正迎来一个崭新的时代,这个时代被数字包裹。大数据时代,世界上的一切事物都可以转化为数据,一切可以体验的元素都被赋予了全新的存在形式——可数字化的数据。这些数据被纳入一个庞大的数字网络中,然后通过算法进行调用和分析,将原始数据转化为文字和数字的形式呈现出来,这正得益于算法和现代数字技术的强大功能。在数字化的网络中,一切似乎都可以数字化,所有事物都可以以数字的形式展现,数字所处理的信息甚至有时比我们自己还了解我们自己。

第四,个性化也成为大数据时代的一大显著特点。借助大数据技术,我们能够实现个体的个性化发展。大数据技术涵盖了数据采集、数据存储、数据清洗、数据挖掘和数据可视化五个核心部分。通过大数据采集和挖掘技术,我们能够收集海量的数据,这些数据被储存在 NoSQL 数据库(非关系型数据库)中,通过可视化分析技术将大数据转化为图形和图像等直观的结果呈现在我们面前。这不仅可以帮助我们对数据处理的结果进行模拟和计算,并做出有效而科学的预测,同时也可以为个体提供个性化的服务。例如,我们可以借助大数据技术构建精准扶贫大数据管理信息平台,从中精准地识别出困难对象,深入分析造成困难的原因,为制定精准扶贫政策提供可靠的依据和指导。

第五,智能化是大数据时代的发展趋势。大数据正在快速渗透到各行各业,涵盖医疗、交通、科技、教育等领域,推动着社会和行业的变革和发展。在过去几年中,大数据引起了广泛的关注,影响了几乎所有领域。大数据蕴藏着巨大的价值,记录了人类的活动并对结果进行分析,为人类的活动提供可靠的监测和预测,使我们的世界变得更加智能化。例如,智能图书馆配备的大数据可视化智能分析系统,能够储存、挖掘和分析海量数据,通过可视化手段实时展示图书馆的流通情况、借阅情况、读者类型等信息,并且能够为读者提供精准的阅读推荐,提升读者的兴趣。整个世界正变得更加智能和智慧,大数据正在推动着世界有序运行,解决了路面交通拥堵问题,保护了独居老人的安全,甚至通过一个二维码解决了市民生活中的各种问题。在大数据时代,世界似乎变得更加简单和清晰,人们的生活也更加丰富多彩了。

四、大数据时代的发展趋势

未来,随着数据的不断增长和积累,数据价值将成为核心焦点。组织和企业将更加重视从数据中获得洞察力,以指导决策和战略规划。数据不再仅仅是一个支持性的资源,而是成为创新和竞争的关键因素。数据驱动的商业模式将不断涌现,从而实现更高的效率、更好的客户体验及更快的创新。随着传感器技术、物联网的普及,以及数字化程度的提高,未来将看到更多事物被量化并转化为数据。从城市交通到农业生产,从人体健康到环境状况,几乎所有领域的现象都可以被数字化和记录。这将为数据分析和决策提供更多的材料,推动更精确的预测、优化和规划。大数据将更好地解决人的问题,大数据分析技术的发展将使人类能够更好地理解和解决复杂的问题。例如,在医疗领域,大数据可以帮助人们提前发现疾病风险,实现个性化治疗,以及加速药物研发。在城市规划中,大数据可以优化交通流动,提高能源利用效率,创造更宜居的环境。这些应用将有助于提升人类生活的质量,推动社会进步。这些趋势将深刻地影响到商业、科技、社会等各个层面,推动我们进入一个更数字化、智能化和高效的时代。

第一,大数据的增长速度与规模将快速提升。大数据的产生量呈指数级增长,未来将继续扩大。传感器、移动设备等的广泛应用,将导致数据的增速不断提升和规模不断扩大。随着物联网设备的增加,边缘计算将成为一个快速增长的新兴领域。在边缘设备上处理数据可以减少数据传输的需求,降低延迟,提高实时性,同时也可以减轻中心服务器的负担。

第二,人工智能(AI)与大数据的融合将更加紧密。AI 和大数据的结合将进一步加强。大数据为 AI 提供了训练和学习所需的丰富数据,而 AI 技术则可以帮助揭示大数据中的模式和见解,从而改进决策制定和预测分析。随着机器学习和深度学习技术的成熟,大数据分析和决策制定将更加自动化。智能算法将能够从大数据中提取信息、识别模式,并自动推断出潜在的解决方案。

第三,大数据技术更新迭代将更加频繁。多模态分析将为更全面的洞察力和决策支持提供可能性。数据可视化将持续发展,帮助人们更好地理解数据。交互式可视化工具将使用户能够与数据进行更深入的互动,发现隐藏的模式和关联。

第四,大数据技术将更加广泛应用于社会发展的诸多领域。大数据在智能城市的应用将进一步增加。从交通管理到能源消耗的监测,大数据可以帮助城市更高效地运作,提供更便捷的服务。大数据可以用于监测环境状况、资源利用和能源消耗,从而促进可持续发展和环保措施的实施。大数据将在教育和医疗领域引发变革。个性化教育和精准医疗将通过分析大数据来实现,以提供更适合个体需求的服务。

第五,大数据技术应用将更注重安全和隐私保护。随着对数据隐私的关注的不断增加,大数据的合规性和隐私保护成为关键问题。监管机构和组织将更加注重确保个人数据的合法使用和保护。区块链技术可以提供分布式和不可篡改的数据记录,有望在大数据安全和透明性方面发挥重要作用。它可以用于验证数据的来源、完整性和数据交换。

未来是大数据的时代,大数据将涵盖从技术创新到社会变革的各个层面。它将继续推动创新、优化决策,并深刻地改变我们的生活和工作方式。随着时间的推移,这些趋势将在科技、经济、社会等多个领域产生积极影响,推动社会不断向前发展。

第二节　大数据时代00后大学生思想政治教育概述

一、大数据时代00后大学生思想政治教育的内涵

思想政治教育是一种旨在引导和塑造人们建立正确的价值观念、思想道德和政治观念的教育形式。它的目标是培养公民的道德素质、政治意识，提升公民的社会责任意识，促进人民安居乐业、社会健康有序、国家长治久安。思想政治教育的定义简单来说是社会或社会群体用符合一定社会阶级所需要的思想政治道德观念，对社会人员施以有组织、有目的、有计划的影响并规范他们思想品德的一项社会实践活动。思想政治教育通常在学校、军队、企业等不同社会环境中进行，以确保人们具备正确的思想和政治方向。

思想政治教育起源于古代哲学和伦理学的教育，强调个人品德和社会角色。进入21世纪，大学生思想政治教育逐渐关注社会责任感、法治意识、道德品质等方面的培养。政治教育工作开始注重培养学生的公民素质，强调学生的社会认同感和国家意识。当今时代，00后大学生思想政治教育更加重视00后大学生的全面发展。除了政治理论和法律法规知识外，教育也强调00后大学生的创新创业能力、国际视野和媒体素养。互联网的兴起带来了信息爆炸，也引发了关于网络文化、信息素养和网络道德等问题的思考，思想政治教育也需要适应数字时代，阐释信息真实性和价值观的问题。

大学生正处在身份认知、价值观形成和世界观塑造的关键时期，面临更广阔的社会视野，需要逐步构建自己的世界观和政治立场。00后大学生思想政治教育应当适应00后大学生的发展特点，引导他们从不同角度思考问题，培养他们的自主思考和批判思维能力。00后大学生思想政治教育的目

标是培养 00 后大学生全面发展的人格,培养他们对社会主义核心价值观、国家发展战略等的认知,提高他们的公民素质和社会责任感。00 后大学生思想政治教育内容涵盖国家政策、法律法规、政治理论、社会伦理、职业道德等方面。此外,还应关注国际事务、多元文化、科技创新等对大学生影响深远的议题。00 后大学生思想政治教育应采用多元化的方法手段,包括课堂教学、讨论交流、专题讲座、汇报演出、志愿服务、社会实践等。鼓励 00 后大学生参与公共事务、社会活动,培养其实际操作能力和创新能力。00 后大学生思想政治教育的任务是引导学生在价值观、政治观念等方面进行积极思考。培养 00 后大学生积极的人生态度,增强他们在面对复杂社会问题时的分析和解决问题能力。00 后大学生思想政治教育需要与各学科融合,将政治理论与现实问题相结合。在专业课程中,也可以引导他们思考伦理、社会影响等议题,使思想政治教育与学科教育相互促进。大数据时代思想政治教育的环境发生了变化,其教育手段也更加多样,直接影响了教育者及受教育者,呈现出新的特征内涵。

大数据时代下,教育受环境和信息技术的影响,其内涵在一定程度上发生了变化。大数据时代思想政治教育是指在大数据时代下将数据信息的理念、技术和方法与思想政治教育的思想观点、政治观点和道德规范相融合,将数据价值贯穿整个思想政治教育过程当中,通过对成员数据的收集从而对其价值观念、思想道德进行有目的、有计划、有组织并且有针对性的影响,促使思想政治教育更加科学化和全面化。

2018 年,教育部为深入贯彻落实习近平新时代中国特色社会主义思想和党的十九大及十九届二中全会精神,充分体现 2018 年宪法修订案的有关精神,推动马克思主义中国化最新成果进教材、进课堂、进高校大学生头脑,将思想政治理论课教材进行了全新的修订,将习近平新时代中国特色社会主义思想和党的十九大精神作为新时代高校思想政治理论课的重要内容,体现了党和国家对高校思想政治教育的重视。2022 年,"习近平新时代中国特色社会主义思想概论"作为独立的课程,从"毛泽东思想和中国特色社会主义理论体系概论"课程中剥离出来。这一系列的重大举措,正是高校思想政治教育坚持创新发展,把创新发展摆在高校思想政治教育的核心位置,将创新理念贯穿到对大学生进行思想政治教育的全过程中的生动体现。

结合大数据时代的特点,与传统思想政治教育相比较,学者们提出了大学生思想政治教育的新内涵。李怀杰指出,大数据时代高校思想政治教育的特点是量化、可视化和实证化,具体体现为在思想政治教育世界观、认识论、实践论等层面上的新突破。[①] 王兴波指出,大数据时代促进了高校思想政治教育与心理学、经济学之间的学科交叉渗透,形成了多学科间的跨学科交叉,有利于发挥高校思想政治教育在引导学生的人生观和世界观方面的重要作用。[②]

总而言之,在大数据时代,00 后大学生思想政治教育焕发出崭新的创新活力。在新时期的背景下,思想政治教育不仅要传授知识,还要与技术结合,塑造教育者及受教育者的认知世界。通过运用先进的思想政治教育技术,教育者不断地更新自身的知识和技能,更好地引导学生,使他们的思维方式与时俱进。这一创新的过程,也在鼓励教育工作者积极参与社会实践,从中发现并运用新技术,探索新知识。站在大数据的视角,高校思想政治教育以事实和数据为依据,通过深入挖掘大数据,获取宝贵的教育信息。这种方法能够对个体或团体进行更精准的教育,使教育形式更具针对性和可预测性。借助大数据这一强大工具,高校思想政治教育的内容得以充实和拓展,教育变得更加丰富多彩。在这个过程中,我们见证着思想政治教育焕发出与时俱进的活力,为培养更加全面发展的大学生提供了有力支持。

二、大数据时代 00 后大学生思想政治教育的特点

在人类社会的实践中,思想政治教育具有至关重要的地位和作用。自从阶级和国家产生以来,这一活动一直存在。不同历史时期的阶级社会,都存在着思想政治教育,以此来巩固统治阶级的统治。同时,有关这一领域的

---

① 李怀杰. 现代思想政治教育大数据研究范式变革的逻辑理路与实践路径[J]. 学校党建与思想教育,2017(1):67-70.

② 王兴波. 大数据时代高校思想政治教育改革探析[J]. 学校党建与思想教育,2018(3):60-61.

知识理论也在社会发展中逐渐成熟。00后大学生作为社会的重要组成部分，其素质直接关系到国家的可持续发展和民族的伟大复兴。因此，创新00后大学生思想政治教育成为我国高校教育中的具体实践。

（一）环境复杂化

马克思曾指出："人创造环境，同样，环境也塑造人。"[①]他认为，各种形式的教育都在特定环境中进行，无法孤立于特定时代的环境之外而存在。思想政治教育环境则是一个错综复杂的，由不同层次和类型的环境要素相互交织而成的动态环境体系。[②] 教育作为实践活动，紧密依赖于周遭环境，尤其对大学生思想政治教育而言，环境的影响重大。

在社会环境方面，大数据技术使信息传播更加迅速和广泛，消除了地理和时间的限制。然而，这种无缝的信息传播也带来了一些问题。学生容易从不同渠道获取大量信息，但对信息真实性和可信度的把控变得更加困难。社交媒体和网络平台也为谣言、假新闻等消息提供了传播渠道，增加了误导和混淆的风险。此外，大数据时代的虚拟交往也可能减少面对面的人际互动，对学生的社交技能和人际关系产生影响。

在文化环境方面，大数据推动了文化的多样性和快速传播。然而，网络文化的广泛传播也带来了文化碎片化和价值观多元化的挑战。大量不同背景和立场的文化信息同时存在，容易使大学生陷入价值观的混淆和困惑。一些与主流价值观相背离的文化观念可能对大学生产生负面影响，导致其价值观观念的混乱。此外，网络文化强调个性和自由，可能对传统的集体主义和社会责任观念产生冲击，进而影响到大学生的思想政治教育。

大数据时代下00后大学生思想政治教育环境变得更加错综复杂。教育者需要更加敏锐地认识到这些变化，以便更好地引导和培养大学生的正确思想和价值观。

---

① 中共中央马克思恩格斯列宁斯大林著作编译局.马克思恩格斯选集(第1卷)[M].北京:人民出版社,1995.
② 陈万柏,张耀灿.思想政治教育学原理[M].北京:高等教育出版社,2015.

（二）资源信息化

一些传统的思想政治教育资源保守、落后，不符合当代00后大学生的价值追求，虽然教育者会在国家政策和指导思想的影响下，想方设法地结合社会资源、文化资源、学校资源等多个方面开展大学生思想政治教育工作，但其中的内容对00后大学生可能依旧缺乏足够的吸引力。在大数据时代，大量数据充斥着我们的生活，大学生思想政治教育工作者可以借助新兴技术对教学资源进行分类和筛选，通过建立网络技术平台，将网络数据资源融入思想政治教育中，实现资源共享。

首先，大数据技术的应用使得教育资源更加数字化和信息化。教育机构可以收集、分析和管理大量的教育数据，从而更好地了解学生的学习情况、兴趣爱好和行为习惯。这些数据为个性化的思想政治教育提供了支持，使教育更加高效。

其次，网络平台和在线教育工具的普及，使得教育资源得以在线共享和传播。学生可以通过互联网获得各种形式的教育内容，包括在线课程、教育视频、电子书籍等。这种资源信息化带来了学习渠道的多样性和灵活性，让学生能够根据自己的需求和兴趣进行学习，促进了思想政治教育的个性化发展。

最后，社交媒体和在线社区也为学生提供了交流和互动的平台，使得思想政治教育更具社交化和互动性。学生可以在这些平台上分享自己的观点、经验和想法，与同龄人和教育者进行交流，从而拓展思想政治教育的边界和维度。

总之，大数据时代下教育在资源信息化方面呈现出明显的特征，这为个性化教育、在线学习以及社交化互动提供了更多的机会和可能性。

（三）形式多样化

随着互联网、信息技术和大数据的迅猛发展，高科技产品如计算机、平板电脑、智能屏幕、手机、虚拟现实设备等在思想政治教育领域得到广泛应用。传统的教育手段如粉笔板书已经逐渐被幻灯机、投影仪、智慧教室等取而代之。大数据已经改变了思想政治教育的传统模式,消除了时间和空间上的限制,将教育的方式从以往单一的面对面灌输逐渐转变为多元的网络互动学习。这一转变为教育者提供了前所未有的多样化教育选择,他们能够根据受教育者的需求和特点,灵活地调整教学形式。大数据的多重功能也为教育者打开了全新的可能性,他们可以根据学生的情况设计不同形式的教育活动。借助大数据,教育者不仅能够减轻备课的负担,还能提高思想政治教育信息的传播效率,通过更易于接受的方式传达信息,帮助学生更好地吸收和内化思想政治教育的内容,从而提升大学生思想政治教育的实效。

首先,多样化的教育平台和工具使得思想政治教育可以通过不同的形式进行。在线课程、教育应用、虚拟实境等技术手段提供了丰富的教育选择,学生可以根据自己的学习风格和兴趣进行个性化学习,从而更好地融入思想政治教育。

其次,社交媒体和网络平台的兴起使得思想政治教育可以更广泛地与学生互动。教育者可以通过社交媒体发布内容、开展讨论,促进学生和教育者之间的交流。这种互动增强了学生在思想政治教育中的参与感和活跃度,有助于引发学生的兴趣。

最后,教育形式的多样性承载了多样的教育内容和话题,涵盖了广泛的领域,从政治、历史到社会问题等。这种多样性有助于激发学生的思考和探索欲望,使他们能够在不同领域中获得知识和见解。

综上所述,大数据时代下,00后大学生思想政治教育形式呈现出多样化的特征,为学生提供了更广泛、更丰富的学习机会,促进了思想政治教育的创新与发展。

(四)管理智能化

管理是我们人类各项活动能够有序进行和完成的重要保障,而思想政治教育管埋也因大数据技术的应用而变得更加智能化和精准化。相关领导部门和管理人员可以通过收集和分析大量的学生数据,深入了解每个学生的学习情况、兴趣爱好和行为习惯。这为个性化的思想政治教育提供了有力支持,使教育更好地满足学生的需求。此外,智能化的教育管理还体现在教育过程中的实时监测和反馈,确保教育活动有序进行,完成教育目标。教育者可以通过大数据分析,实时跟踪学生的学习进度和表现,及时发现问题并进行针对性的调整。这有助于及时纠正学习偏差,提高教育效果。大数据还可以协助制定更科学的教育策略和决策。通过分析大规模的教育数据,可以发现学生的学习规律、弱点和潜在问题,从而优化教育方案,制订更具针对性的教学计划。

在大数据时代,针对00后大学生思想政治教育的智能化管理,可以利用大数据分析学生的学习数据和兴趣,为每位大学生制订个性化的学习计划;根据学生的弱势科目和兴趣爱好,给出符合他们自身需求的学习方案和路线;通过学习管理系统,实时监控大学生的学习进度和表现。如此可帮助教育者及时发现问题并提供指导,也让学生及时调整学习策略。利用大数据分析,为每个学生提供个性化的学习反馈,包括其在不同科目上的表现,强项和需改进之处等。个性化的反馈能够更好地激发学生的学习动力。利用大数据分析以往学生的选课情况和成绩,为00后大学生提供智能化的选课建议。这有助于他们更好地规划课程,避免选择过于困难或不适合的课程。基于学生的学习兴趣和需求,利用大数据推荐适合的学习资源,包括课程、书籍、视频等。这样能够提供更有针对性的学习资料。通过分析大数据,为大学生提供个性化的就业指导和职业规划建议。根据他们的兴趣、技能和市场需求,确定合理的职业发展方向。利用大数据掌握学生的行为数据,早期发现学生的心理问题。根据分析结果,及时提供心理健康支持和辅导。借助大数据,分析学生在校园内的行为和需求,优化校园生活。比如,根据用餐和活动偏好,为学生提供更贴合的校园生活建议。大数据时代为00后大学生智能化管理提供了丰富的机会。通过利用大数据分析学生的数据,教育机构和学校可以更好地满足学生的需求,提供更智能、个性化的管理和支持。

总而言之,将00后大学生思想政治教育与大数据相融合是非常重要的。教育工作者需要以更宽广的视角来观察世界,借助大数据平台来汇集社会资源,以科学合理的方式引导和教育大学生。这种结合可以增强高校思想政治教育的感染力,从而提升教育的质量。只有通过这种方式,我们才能更好地适应时代的变革,全面推动教育的创新与发展。

三、大数据时代 00 后大学生思想政治教育创新的重要意义

(一)有助于激发思想政治教育主体的积极性

大数据时代的 00 后大学生思想政治教育创新,有效地激发了思想政治教育主体的积极性。由于时间和空间的约束,在传统教育中,教育主体的教育效果受到了制约。特别是在大班制教学中,教师难以兼顾每一位学生的学习和心理状态,难以与学生进行深入交流,从而导致教师懈怠,以及学生的问题得不到解决。

随着信息科技的进步,教育者能够更方便地获取学生的数据信息,有助于其了解学生的思想和行为变化,从而灵活地调整教育资源和方法。大数据时代为教育者提供了技术支撑,其可通过校园网络数据平台有效收集学生的数据信息。专业技术的分析和行为预测为教育者提供了科学的教育指导,使其更好地了解学生的动态,更有效地开展教育过程。

教育者可依据数据洞察学生的行为迹象,制订个性化的教育计划,从而增强与学生的亲近感。在大数据时代,思想政治教育正逐渐朝着数据驱动的方向发展,培养学生和教育者的数据思维,以科学方法替代传统经验式的教学方式。这使得教育者的思想工作更具针对性,更深入地了解学生,从而在教育过程中取得更为显著的成果。

随着大数据时代的到来,教育者面临更高的期望,而大数据的应用为他们提供了解学生、实施素质教育和有针对性教育的强大工具。大数据不仅有助于克服时间和空间上的限制,还提高了思想政治教育者的积极性和操作便捷性。在这一背景下,大数据时代的 00 后大学生思想政治教育创新对于提高教育主体的积极性具有重要而深远的意义。

(二)有助于促进思想政治教育客体的全面性

大数据时代的 00 后大学生思想政治教育创新,为促进思想政治教育客

体的全面性提供了有力支持。传统的思想政治教育研究常受到调查范围和方法的限制,难以从整体上把握教育客体。抽样调查可能导致对整体状况的误判,使研究结果缺乏全面性和客观性。然而,大数据时代的到来展示了一种更加数据化的研究方法,即不用随机分析方法这样的捷径,而是采用所有数据的方法。这种方法强调了大数据分析的特点,即通过收集和分析海量数据,而不再仅仅依赖于小样本的随机分析。其优势在于能够利用所有可用的数据,从中提取更准确、全面的信息,帮助我们更好地理解复杂的现象和模式。在大数据时代,数据的广泛获取和处理能力使得我们可以从更广的视角来观察问题,而不再局限于传统统计方法中的抽样方式。通过对海量数据的综合分析,消除了以往对部分学生的抽样调查结果用于整体分析的不足,实现了对学生的整体把握。

从宏观角度来看,大数据分析可了解 00 后大学生思想政治教育的整体状况,可以有效分析学生的思想行为,加强思想政治教育的针对性。从微观角度来看,通过数据技术支持,教育者可以实时了解每个学生的学习和生活数据,把握学生的心理变化,实现全面了解和针对性教育。数据平台的实时监测追踪学生的网络行为,描绘学生的思想行为,使大数据技术能够实现对教育客体的全面把握。由此可见,大数据时代的 00 后大学生思想政治教育创新,以数据为基础,促进了教育客体的全面性,从整体和个体两个层面实现了教育的深化与提升。

（三）有助于强化思想政治教育内容的针对性

大数据为强化教育内容提供了有力助力。这一资源在问世后即成为各行业争相争夺的宝贵资产,其价值不仅在于汇集了大量数据,更在于其所能提供的"针对性"和"个性化"服务体验。企业若以用户体验为核心价值,往往能在业界立足。通过对用户数据的调查和跟踪,利用大数据技术分析用户的日常行为,企业能够最终为客户提供"私人定制"的服务,为其推荐适合的商品,实现更大利润。在思想政治教育领域同样如此。传统的"灌输式"和"填鸭式"教学已显现弊端,如今 00 后大学生思想政治教育需要个性化教学,根据学生的思想特点和兴趣,制定相应的教学策略,以提升教育效果。

　　大数据的特点之一就是"精准预测"，能够通过收集、整理和分析大量数据，为思想政治教育提供科学预测，推动其超越传统发展。将 00 后大学生的学习和日常行为数据化，通过分析他们关注的热点、感兴趣的话题、行为习惯等数据，及时调整教育内容，使内容更贴近学生，让学生更易于接受。线上慕课等在线思想政治教育理论课的发展，已突破时间和空间的限制，使教育者能从学习时间到作业完成情况等多个方面掌握学生的学习情况。在线课程将学生的反馈反映给教育者，使教育内容能够及时调整，同时线上和线下教育相结合，形成持续有效的教育机制。

　　因此，大数据的应用不仅能从复杂数据中筛选出有价值信息，还能揭示教学规律，为教育内容的设计提供坚实的资源支持。在大数据时代，强化教育内容的针对性，将有助于更有效地满足学生的需求，提升教育效果。

（四）有助于提高思想政治教育方法的灵活性

　　大数据技术的运用为提高思想政治教育方法的灵活性带来了新的可能性。陈万柏和张耀灿指出："思想政治教育过程分为不同阶段，不同阶段应运用不同方法开展活动。"[①]传统的思想政治教育活动采用的方法比较单一，主要通过理论教育法开展思想政治理论课的教学。然而，传统教育在时间和空间上受限，信息化时代的发展速度要求教育者的方法与时俱进，充分发挥教育方法的灵活性，以提升思想政治教育效果。大数据时代，思想政治教育将变得更加精准。大数据资源为思想政治教育提供了支持，从实时把握学生思想行为到统计教育资源和效果，都得到了显著改进。这使得思想政治教育的有效性得以提升，同时结合定性思维和量化分析技术，促进思想政治教育工作更具精准性和灵活性。[②]

　　大数据时代的来临不仅带来了数据技术，更引领了一种全新的数据思

---

① 　陈万柏,张耀灿.思想政治教育学原理[M].北京:高等教育出版社,2007.
② 　王萌萌.大数据时代 00 后大学生思想政治教育创新研究[D].沈阳:沈阳师范大学,2020.

维。将这种数据思维融入教育中,教育者借助大数据技术手段获取每个学生的数据信息,根据相关数据信息开展针对性的教育教学。固守传统教学模式已然不再适应社会发展的需求,大数据技术拓展了教学的时间和空间。线上和线下教学相互呼应,方能取得良好效果,实现思想政治教育与大学生日常生活的无缝融合。

大数据的应用不仅将理念融入教育中,也改变了传统的教学方式。教育者过去常根据经验进行思政教学,而对于一些需量化的指标,则采用简单、方便的社会调查方法,从而限制了对学生思想和行为的分析。大数据则提供了更快速、全面的数据获取,有助于实时了解学生,优化教学方法,提高教育效果。

第三节　大数据时代思想政治教育与传统思想政治教育对比分析

一、教育主客体对比

传统思想政治教育中,教育主体是教师,他们在课堂中担负着知识传授的角色,而学生则处于被动接受的位置。教师根据自己的经验和教材来进行教学,学生的个体差异较少被关注,教与学之间的互动相对较少。这种教育模式强调教师的主导地位,学生往往在被动接受中难以充分发挥自己的主体性。然而,在大数据时代,教育主客体关系发生了明显的转变。大数据技术的应用使得学生成为教育的主体,而教育者则更多地扮演指导和支持的角色。通过收集和分析大量数据,教育者能够深入了解每个学生的学习情况、兴趣爱好、学习风格等个体差异,从而能够量身定制个性化的教学策略。学生在这种情况下能够更加自主地掌握学习的节奏和方向,积极主动地获取知识和信息,从而增强他们的学习动力和自主性。

第一,受教育者学习的自主权得到了提升。在传统的思想政治教育模式中,学生作为接受者,往往不是主动学习。课堂上教师传授的知识被视为唯一,学生难以获取课外信息,也缺乏主动的动力。但随着大数据时代的来临,学生成为学习的主导者。他们从被动地接受知识转变为积极主动地获取知识,不再局限于单一的文本知识,还可以通过图文、视频等多种形式拓宽视野。这不仅有助于提升学生的学习兴趣,也使他们能够自由安排时间,持续地汲取有益的知识。此外,学生可以根据自身情况和课程特点,充分利用互联网上高质量的资源,调整学习进度。优秀的学生可以根据兴趣自主查找相关资料,不断丰富知识储备,满足对知识的渴求。而中等水平和后进的学生则可以借助自适应学习技术,利用在线视频课程、翻转课堂等资源,巩固和强化课堂所学。在大数据时代,思想政治教育强调培养学生的主体意识。教师已经转变为平等的交流伙伴,与学生分享信息、进行对话,营造了良好的教与学环境。

第二,教育者的服务意识明显增强。在传统的教学模式下,教师常处于主导地位,专注于课程进度、教学任务和评估,却较少顾及学生受家庭、社会等诸多因素影响产生的个体差异。教师常借鉴过往经验进行教学,但实现预期目标颇具挑战。然而,大数据时代改变了这一现状。教育者不再依赖经验或抽样调查,而是利用收集到的所有学生数据进行分析。教育工作者借助大数据技术持续革新传统课堂。他们将课堂知识有意地融入每个被分析学生的学习过程中,积极运用视频等多种资源来提升学生的学习动力。教育者通过收集学生的学习数据,能够更好地了解每个学生的学习习惯、知识水平和兴趣。基于这些数据,他们能够为每个学生制定个性化的学习计划和教学策略。例如,对于热衷历史的学生,教育者可以推荐更多相关的深度阅读材料,引导他们深入挖掘历史事件的背后含义;对于对时政感兴趣的学生,可以提供更多与时事相关的资源,激发他们的关注与思考。这一举措不仅有助于培养学生的独立思考能力,还能使教育者更加关注学生的实际情况,从而更具针对性地选择教学方法。新模式不仅有助于促进学生的个性化成长,还能解决传统课程中"高分低能"的尴尬现象。

站在大数据的视角下,对比传统教育下教育主体与客体的关系,可以明显观察到教育者的投入与回报并不总是成正比的。在过去的情境中,教育者常需耗费数小时准备课程内容,但在向学生示范知识应用与实际运用方面,常常显得不够积极主动。^① 此外,学生对所学知识的掌握和理解,在即时性反馈方面受到了限制。这实在是一个令人不满的局面。然而,大数据的浪潮正在改变这一格局。在大数据背景下,学生成为课堂的真正主人。教育工作者将数据资源贯穿于整个学习过程,借此进行教学。通过数据挖掘,了解学生在课堂上的表现和学生对相关知识的掌握情况,为后续教育教学活动的开展打下基础。这种方式能够实时反馈学生的学习状况,不再仅仅依赖定期的考试和测评。

二、教育内容对比

在大数据技术应用之前,传统的思想政治教育主要通过事前登记、课堂表现和调查问卷等方式来获取受教育者的信息。然而,这种方式获得的内容往往是有限的、不全面的,甚至可能存在不真实性。这种情况对于想要深入了解受教育者思想动态并展开相关教学活动的教育者来说,构成了巨大的挑战。值得注意的是,大数据技术的应用改变了这一局面,深化了教育工作者对受教育者的理解,也丰富了教学内容。大数据的价值不仅体现在数据量和信息量的丰富,更在于数据价值信息的交叉重叠。例如,受教育者的学习成绩、出勤率、图书借阅、餐卡消费以及社交网络行为等信息在数据中相互交织,展现了受教育者的素质和思想动态。因此,我们认为大数据具备巨大的应用价值。

传统思想政治教育更注重基本的思想政治理论和价值观的传授,强调学生对马克思主义基本原理、国家法律法规等的掌握。而大数据时代的思想政治教育更加注重个性化、灵活性和实时性,更适应学生多样化的学习需求和信息获取方式。大数据技术可以分析学生的兴趣、学习风格和知识水

① West D. Big Date for Education:Date Mining,Date Analytics and Web Dashboard[EB/OL]. (2016-06-04) [2023-04-26]. https://www. brookings. edu/wp-content/uploads/2016/06/04-education-technology-west. pdf.

平,从而为每个学生提供个性化的教育内容。例如,一位学生对环保议题感兴趣,大数据分析后,教育内容可能更加强调可持续发展和环境保护方面的知识,以满足学生的兴趣和需求。大数据分析可以实时监测学生的学习进度和表现,教育者可以根据反馈及时调整教学策略。例如,如果一个学生在特定的思想政治概念上遇到困难,系统可以提供相关教材和辅导,帮助学生克服难题。大数据时代使得教育资源更加丰富多样,学生可以通过互联网获取来自世界各地的思想政治知识。例如,学生可以在线观看来自不同国家的政治讲座,了解不同文化和政治体制的差异。

教育工作者目前需要做的是充分挖掘这些数据的潜力,使得大量收集到的数据不仅仅是无价值的堆叠,而是成为教育教学的有益工具。例如,微博、微信和 QQ 等社交媒体已经融入学生日常生活,他们通过这些平台表达情感、关注社交新闻和购物信息。从学生的社交行为到网页浏览内容,大数据可以通过交叉分析呈现受教育者的整体学习时间、兴趣点等特征。结合数据信息,思想政治教育具有内容交叉验证的特点。教育工作者不仅可以处理出勤状态数据,还能将出勤率与学生的学业成绩、学习时间、兴趣点等特征结合起来,综合分析受教育者,从而不断丰富教学内容,并以形成性评估为导向,不再仅以最终考试成绩作为唯一标准。由此可见,思想政治教育工作者可以借助大数据多维信息,如社交网络行为和兴趣点,更好地了解受教育者的思想动态,从而开展及时、有针对性的思想政治教育。

三、教育过程对比

当我们深入研究自然、人类历史或内心的精神活动时,我们面对的是一个由无数相互交织和连接的生动画面构成的图景。然而,其中没有任何事物是永恒不变的,一切都在持续不断地流动、转变、生长和逝去。随着社会的不断进步和科技的演进,大数据正带来革命性的变革,深刻地影响着我国高校的思想政治教育。

在传统的高校思想政治教育课堂上,教师常常扮演主导角色,直接向学生灌输教条思想。然而,学生可能对此抱有抵触情绪,因为这种教学方式似乎与他们的日常生活缺乏直接关联。而在大数据时代,思想政治教育正积极探索更具吸引力的教学方法。政治理念和道德观念被融入学生日常接触的文字、图像和视频中,以更简洁、便捷、易懂的方式传递,从而实现教育过程的迅速、高效和便利,达到悄然滋润心灵的最佳效果。以微信为例,教育工作者通过微信公众号发布与学生兴趣相关的简短而深入的教育内容,吸引学生的注意力,在潜移默化中净化学生思想。此外,在教育过程中,学生可以利用网络,如百度、人民网等,获取学习资源,在教育工作者的指导下搜索资料、整合信息,提升辨别有效信息的能力。与此同时,学校与社交媒体合作,传播高质量信息,悄然传递来自学校和媒体的主流意识形态,从而增强媒体的社会责任感。

四、教育形式对比

在传统思想政治教育过程中,教育工作者常采用讲座、谈话、会议等讲授式、灌输式的教学方式。然而,在这种传统模式中,受教育者被简单视为信息的接收者,而教师则主导话语,导致师生关系地位不平等,教师掌控课堂,决定节奏和氛围。大数据时代的思想政治教育旨在颠覆这种师生关系。传统的思想政治教育内容往往显得单调无味,教育者长期以说教式的教学方式传授,可能引发学生的抗拒情绪,削弱教育效果。然而,大数据时代的思想政治教育打破了传统的知识获取模式。学生不再仅仅被动接收、死记硬背教条式知识,而是通过与社会生活的紧密接触,获得更生动活泼的信息。在网络环境中,学生还能够了解到国外的优秀思想。

大数据时代的思想政治教育鼓励自主学习和碎片化学习。学生可以随时随地通过手机、平板电脑等获取学习资源,根据自己的时间表安排学习。大数据时代的思想政治教育借助多媒体技术实现更丰富的互动教学。教育者可以使用图像、视频、音频等多种形式传达知识,开展教学。例如,通过在线讨论和视频会议,学生可以与教育者和同学互动交流,分享不同观点。在大数据技术支持下,学生可以通过在线测验获得即时反馈,了解自己的学习进度和理解情况。例如,在线平台可以提供自动化的测验,根据学生的回答立即给予反馈。

大数据时代的思想政治教育使学生能够跨越国界,获取全球范围内的优质资源。通过在线课程平台,学生可以非常方便地接触到来自世界各地的优秀课程。举例来说,慕课平台如 Udacity、Coursera、Edx 在大数据时代吸引了全球学习者。这些平台提供数百门课程,覆盖自然和人文等多个学科,邀请世界名校的教师进行教学。中国学生可以在美国大学的在线课程中学习到不同国家的政治制度和历史。这种突破传统课堂学习模式的变革,为学生带来了丰富的学习资源,让他们能够汲取国外优秀教学思想,扩宽视野、更新知识、转变观念。这为高校思想政治教育开辟了一条全新的路径,开启了教育的新篇章。

五、教育载体对比

教育者所传递的思想政治教育内容代表了特定阶级的意志,因此负载着特定阶级目标和教育使命。在传统的思想政治教育中,教育载体基本上局限于教材、教学参考资料、报纸、杂志等,以纸质媒介为主,而这些载体所承载的教学内容常受时间、空间以及其他因素的限制,存在一定的滞后性。然而,在大数据时代,大学生思想政治教育的教育教学载体正在发生变化,教育者可以借助互联网和自媒体,以慕课平台、资源库、数据库等向受教育者传递教育内容。与传统的思想教育相比,教育工作者不再受固定时间和空间的限制,大数据时代的高校思想政治教育传播具有时间连续性和空间可扩展性的优势。这不仅提升了教育的效果,也为教育的创新提供了机遇。①

大数据时代的大学生思想政治教育传播特点,在很大程度上得益于轻便的传播工具。例如,通过微博、微信等社交媒体,教育者可以发布哲理短文、分享深刻图像,甚至录制鼓舞人心的短视频,使教育内容更加简明扼要,摆脱了传统思想政治教育的烦琐负担。教育者应充分利用大数据时代传播

---

① 赵琛.大数据时代高校思想政治教育研究[D].大庆:东北石油大学,2018.

迅捷的特性，为受教育者提供直观、互动、科学、生动的思想政治教育体验。

　　大数据时代的思想政治教育可以借助在线学习平台进行，学生可以随时随地通过电脑或移动设备获取教育资源。例如，学生可以在课程网站上参与讨论、观看视频课程，并在需要时与同学和教育者互动。大数据时代的思想政治教育借助社交媒体和网络工具进行互动和交流。教育者可以在社交媒体上发布相关信息、引发讨论，学生可以通过回应、评论等方式参与。例如，教育者可以在微博上分享政治热点，学生可以发表自己的见解。大数据时代的思想政治教育可以通过数字图书馆和在线资源库获取丰富的学习资料。学生可以在网络上访问政治经典著作、研究报告等，也可以在学校图书馆的在线数据库中检索到关于现代政治制度的研究文章。大数据时代的思想政治教育可以结合移动应用和电子课本，使学生能够在手机或平板电脑上学习。

　　与传统的教育载体不同，大数据时代思想政治教育载体反映了大数据时代思想政治教育的数字化和多样化特点，大数据技术为教育教学提供了更灵活的学习方式和载体，使学生能够更便捷地获取教育资源，展开互动，深入思考政治问题，不断提升综合素质。

第三章　大数据时代 00 后大学生思想政治教育面临的机遇与挑战

开顶风船、行逆水舟。随着 5G 网络的全面覆盖和大数据的广泛应用，00 后大学生思想政治教育的内容、载体以及模式也在与时俱进。在大数据时代，海量数据和先进的大数据分析技术已经融入 00 后大学生思想政治教育的实践和理论教学之中。这一趋势持续地激发着大学生对思想政治教育的浓厚兴趣，推动着大学生多元思维的培养，进一步提升了思想政治教育的效益。然而，大数据的应用不仅为 00 后大学生思想政治教育带来了机遇，也伴随着技术冲击的双重性，为这一领域带来了挑战。因此，我们需把握机遇，洞察局势，坚定面对挑战，勇敢克服各种困难。

第一节　大数据时代 00 后大学生思想政治教育面临的机遇

一、运用大数据创新思想政治教育是时代的需要

虽然在过去相当长的一段时间里，全国高校在开展思想政治教育过程中取得了可喜的成绩，培养出一批批合格的社会人才，但随着社会的不断发展和进步，传统教育模式逐渐显露出教育理念滞后、教育内容单一乏味、教育方法较为僵化等问题。大数据的出现迎合了信息化时代的发展需求，更新了师生的思想观念，拓宽了他们的视野，丰富了知识获取的渠道。大数据时代要求思想政治教育工作进行转型升级，将大数据运用于教育工作符合新时代的社会背景，符合教育信息化和教育现代化的要求，是创新思想政治教育工作的重要举措。

（一）大数据积极响应新时代的社会背景

近年来，我国政府高度重视大数据的发展和应用，鼓励社会各界积极推进大数据的研究和使用，适应新时代社会发展的要求。2014 年，政府工作报告中首次出现"大数据"这一概念，强调运用大数据来创造优势，引领未来产

业的发展。这标志着中国政府开始关注并重视大数据在国家发展中的作用。

2017 年,党的十九大报告提出建设网络强国、数字中国、智慧社会,"十四五"规划和 2035 年远景目标纲要设立专篇对"加快数字化发展 建设数字中国"做出重要部署。《国务院关于深化"互联网＋先进制造业"发展工业互联网的指导意见》《国家信息化发展战略纲要》《"十四五"国家信息化规划》等相关战略规划相继出台,为数字中国建设擘画了宏伟蓝图,为信息化发展提供了良好政策环境。

2022 年,党的二十大报告再次强调,加快建设网络强国、数字中国。建设数字中国是数字时代推进中国式现代化的重要引擎,是构筑国家竞争新优势的有力支撑。中共中央、国务院印发《数字中国建设整体布局规划》,强调按照夯实基础、赋能全局、强化能力、优化环境的战略路径,全面提升数字中国建设的整体性、系统性、协同性,明确数字中国建设按照"2522"的整体框架进行布局,从党和国家事业发展全局的战略高度做出了全面部署。大数据所带来的价值与效益日益显现,社会的发展也需要大数据的运用。思想政治教育工作要想更好地为党育人、为国育才,就应适应新时代社会发展的要求,不断地因事而化、因时而进、因势而新,推动思想政治教育根据社会发展的需要不断进行创新。

(二)大数据是思想政治教育现代化的重要引擎

思想政治教育现代化是指将传统的思想政治教育理念与方法,与现代社会的需求和发展相结合,使其更适应当今社会的多元化、开放化和信息化特点。思想政治教育现代化与传统思想政治教育的目标是一致的,都旨在培养公民的正确价值观、道德观和政治觉悟,以适应当代社会的各种挑战和变化。但大数据时代赋予思想政治教育现代化以新的内涵,包括更新教育内容、改进教育方法,以及利用现代技术手段来实现思想政治教育的有效传达和教学。大数据是思想政治教育现代化的重要引擎,主要体现在以下几个方面。

首先,大数据为增强思想政治教育工作的现代化注入了动力。大数据的引入使思想政治教育能够更加精准、个性化地满足学生需求。教育机构可以基于学生的学习数据和行为,优化课程内容和教学方法,提升教育效果。同时,大数据分析可以帮助教育机构更好地了解学生的思想动态和问题,为及时干预和引导提供依据。这些创新使思想政治教育更符合当代学生的需求,推动教育工作现代化。

其次,大数据为教育工作者更好地把握思想政治教育规律提供可能。大数据分析可以揭示学生的学习模式、知识点掌握情况等,从而帮助教育工作者更好地把握思想政治教育的规律。这有助于调整教学策略,有针对性地解决学生在思想政治学习中的问题,提高教育质量。同时,大数据还可以跟踪学生的学习过程,帮助教育工作者评估教育效果,持续优化教育方式。

最后,大数据为增强社会主义意识形态的凝聚力和引领力提供支持。①大数据分析可以洞察社会主义价值观的传播状况和影响力,帮助政府和教育机构更好地理解人们对社会主义意识形态的认知和态度。通过分析舆情数据,可以及时发现和解决社会主义意识形态传播中的问题,增强社会主义核心价值观的引领力。此外,大数据还可以帮助发现民众需求,为社会主义意识形态传播提供更精准的内容和渠道。

综上所述,大数据作为思想政治教育的现代化引擎,在个性化教育、教育规律把握和社会主义意识形态引领方面发挥着关键作用,促进了思想政治教育的现代化和有效实施。

(三)大数据开启思想政治教育信息化发展的新阶段

教育信息化指的是在教育领域利用现代信息技术全面深入地推动教育改革和发展的过程。② 思想政治教育信息化是将现代信息技术与思想政治教育相结合,从而更高效、更全面地传达思想政治教育内容,培养学生的正确价值观、政治觉悟和社会责任感。这种信息化包括使用多媒体、互联网、社交媒体等技术工具,创造多样化的教学资源,提供个性化的学习体验,促

---

① 罗红杰,平章起.大数据驱动:思想政治教育现代化的重要引擎[J].重庆大学学报(社会科学版),2020(4):257-266.

② 杨晓宏,梁丽.全面解读教育信息化[J].电化教育研究,2005(1):27-33.

进学生在数字化时代更好地理解和参与社会和政治事务。

大学生的思想政治教育信息化是一个复杂的过程。它涉及多个方面的挑战和考虑因素,包括如何确保信息的准确性和客观性,如何平衡不同观点的呈现,以及如何防止不良信息的影响。同时,还需要考虑到不同学生的背景、兴趣和学习习惯,以个性化的方式进行信息传达和教育。这需要教育者和相关部门在制定策略和实施过程中,转变传统的思想观念,运用现代的技术手段创造出的思想政治教育的新方法;想方设法通过信息技术与思想政治教育进行有效结合,做出科学规划,使思想政治教育信息化在教材、教学、教育资源等方面有新的发展,以确保信息化教育的效果和质量。

在教材方面,随着大数据技术的应用,教育者可以更加个性化地设计教材,根据学生的兴趣、水平和学习风格提供定制化的内容。大数据分析可以帮助教育者了解学生的知识点掌握情况,从而调整教材的深度和难度,提供更精准的学习资源。此外,大数据还能帮助评估教材的有效性和学生的学习进展,从而不断优化教材内容。在教学过程方面,大数据分析可以实时跟踪学生在教学过程中的表现和反馈,教育者可以根据这些数据调整教学策略,提供更适合学生的教学方式。通过教学数据的分析,可以发现学生的学习偏好、困难点等,帮助教育者有针对性地进行辅导,提高教学效果。在教育资源方面,大数据技术可以帮助整合和优化教育资源,使学生能够更方便地获取丰富多样的学习资料,包括数字化教材、网络课程、在线视频等。此外,通过大数据分析,可以发现学生在学习过程中遇到的难题,为他们提供相关的解决方案和辅助材料,提升他们的学习效果。

总之,大数据的应用可以使思想政治教育信息化进入一个更加个性化、精准化的新阶段,通过优化教材、教学过程和教育资源,提升学生的学习效果和思想政治素养。

二、运用大数据是思想政治教育方法创新的需要

在大数据时代,思想政治教育工作者要做好教育教学工作,需要不断进行教育方法的创新。大数据所带来的海量的教育资源、科学的分析方法、客

观的评价方式,可以更好地满足学生的需求,能够增强教育工作的感染力、吸引力、创新力,提高教育教学质量,推动大学生思想政治教育工作取得新的飞跃。

（一）大数据丰富信息采集渠道,增强教育内容的吸引力

在传统的思想政治工作中,教学者为了了解学生的思想状况和政治态度,常常采用一系列方法,如问卷调查、抽样分析、座谈询问等,以获取有代表性的样本。然后,从这些样本中收集和分析信息,通过对样本特点的归纳总结,试图揭示出整体的特性。这种方法通过挖掘一些代表性的部分,以期望从中推导出整体的某种特质,可以在某种程度上较准确地反映整体的情况。

然而,需要意识到的是,这种方法仍然存在一些局限性。尽管采样样本的共性可以为整体提供某种印象,但这些共性并不能完全替代整体。同时,这些共性也无法完全涵盖个体的个性。这意味着,无法避免地会忽略许多个性特征的存在,而每个学生都具有独特的思想、背景和经历。因此,在使用这种方法时,我们需要保持谨慎,认识到其局限性,以免产生片面或误导性的结论。同时,随着大数据技术的发展,我们不再只选取一部分作为代表或样本,也可以探索更多的数据采集方法,构建更实用的信息采集体系,建立各种信息数据库,以更好地把握学生的多样性和复杂性。

首先,可以运用现代技术手段,如课堂录播、校园监控和情感识别技术,来实时收集校内学生的思想和行为数据。通过课堂录播,可以捕捉学生在教学过程中的互动和表现,从而更好地理解他们的学习态度和思维方式。校园监控则可以通过视频监控设备,了解学生在校园内的行动轨迹,以提前预警可能的危急情况。情感识别技术则能够通过分析学生的面部表情和语言特点,深入探索他们的心理状态和情感变化。

其次,在数字化时代,利用网络技术,实时关注学生的心理状态和网络舆情,了解学生对各类议题的看法和态度,从而更精准地进行思想政治引导和教育。

最后,在校园管理层面,充分利用学生校园一卡通的信息,可以获取有

关学生校内生活的丰富数据。从学生图书馆进出次数、宿舍出入时间、校内消费等方面的记录中，可以提取出每个学生的行为模式和活动轨迹。通过这些记录，可以全面记录学生在校园内的所思所想，进一步实现个性化的思想政治引导，帮助学生在全面发展的同时加强对正确价值观的理解。

借助大数据技术对学生进行全面记录，有助于更深入地洞察学生的实际需求。这样的数据洞察能够启发教育者运用更多元化的教学形式，创造出更有针对性的教育内容，从而打破教学内容单一和枯燥的现象，摆脱"假、大、空"的刻板印象。

国内一些高校已经在运用大数据进行教育方面取得了一系列积极成果。比如，温州职业技术学院借助大数据技术为每个学生塑造了独特的"学生画像"。通过分析学校系统中的数据，这些高校能够预测学生的心理行为趋势，了解学生的生活状态、安全情况以及学业进展。这些全面的数据分析为学校的教学提供了合理的参考依据，帮助教育工作者更精准地了解学生，更好地满足他们的个性化需求。这些实践和创新不仅为教育提供了新的可能性，也为教育体系带来了更大的活力。

此外，借助大数据技术，将线上教育和线下教育融为一体，可以形成更全面的教育模式。在线下教育环境中，教育者能够通过深入分析学生的各项数据情况，精心设计出符合学生需求的个性化教学方案。这有助于更好地满足学生的学习需求，提高教育的实际效果。

在线上教育方面，教师可以将传统的课堂教育拓展至网络平台，通过布置自学汇报型课程任务，鼓励学生在网络资源的支持下展开学习。翻转课堂等创新型教学模式能够激发学生的学习兴趣，提高他们的参与积极性。学生可以通过慕课、微课等方式进行自主学习。在慕课平台上，学生能够自由选择感兴趣的思想政治教育课程，选择自己喜欢的老师和学校。通过留言板与老师进行互动交流，教育模式的双向互动性得到明显提升。汇报型学习任务的设置，鼓励学生积极参与，展现主动性。分组合作过程中，学生提高了协同学习、资源共享和团队合作的能力，增强了综合素质。将线上教育和线下教育相融合，不仅提升了思想政治教育内容的可接受度，也提高了教育教学的吸引力。学生不仅在传统的课堂中受益,还能够从多元化的线上资源中汲取知识,实现全方位的发展。通过将线上教育和线下教育融合,利用大数据技术提供的个性化支持,能够为学生提供更多元、更具吸引力的学习机会,提升他们的综合素质。

（二）大数据深化信息分析程度,确保教育工作的科学性

数据信息是进行教育决策的前提和条件。在教育领域中,决策制定者在做出重要决策之前,首先需要收集、分析和理解相关的数据信息。这些数据信息不仅有助于提供客观的、实际的信息基础,还能够为决策提供科学化的支持。

数据信息基于实际数据和事实,能够提供客观、准确的描述和反映。与主观判断相比,数据信息能够帮助决策者摆脱个人偏见和情感影响,制定更为客观的决策。决策者可以从不同的数据源获取信息,避免片面和局限的认知,从而制定更全面和综合的教育决策。数据信息不仅反映当前状态,还能够通过分析和趋势预测,为决策者提供更深入的洞察。通过对历史数据和趋势的分析,决策者可以做出更有远见的决策,预测未来可能出现的问题和挑战。数据信息可以帮助决策者进行科学化的分析和权衡,以减少主观决策可能带来的风险。决策者可以基于数据信息进行模型建立和模拟,从而更好地预测决策结果的可能性。数据信息不仅用于当前决策,还可以用于后续的评估和优化。决策者可以通过对决策效果的评估,进一步改进教育策略,实现持续优化。因此,数据信息作为决策的前提和条件,强调了决策制定的科学性和客观性。在教育领域,充分利用数据信息能够提升教育决策的准确性和有效性,更好地满足学生、教师和学校的需求。

运用大数据技术能够在广度、深度和效度三个方面深入进行数据信息分析,为教育决策提供更有力的支持。

首先,在广度方面,思想政治教育工作者可以借助大数据语义引擎技术和数据关系挖掘技术,发现那些以往未被提取或无法轻易提取的数据信息。通过梳理数据的内在联系和挖掘关联规律,教育者可以揭示出学生的学习规律、兴趣特点以及潜在的能力偏向。例如,一个教师想要了解学生的情感

态度和兴趣爱好,有针对性地开展教学活动,可以通过分析学生在社交媒体、学习软件、问卷调查等上的言论和互动,并根据这些数据采集有关信息,而这种信息在传统教育中很难获得。这样的分析有助于为教育教学工作提供更具针对性的数据信息,从而实现优化教育策略。

其次,在深度方面,运用数据挖掘算法可以对各类别和格式的大数据进行深入处理,挖掘出数据内部的隐藏价值。通过分析学生的思想行为轨迹并建立数据模型,教育者能够更深入地理解学生的学习过程和行为动向。例如,一位学生在课堂中表现得不够积极,但通过在线学习平台可以发现他对特定主题有高度的兴趣,这种信息可能在传统教学中被忽视。这样的深度分析为科学预测学生未来行为趋势提供了基础,可以帮助教育工作者更有针对性地制订教育计划。

最后,在效度方面,数据可视化技术能够将分析结果从烦冗的文字信息转化为生动直观的图像形式。这种可视化方式能够让教育工作者更快速地理解数据信息,从而更好地做出决策。例如,一个图表可以显示学生在不同学科上的学习进度,帮助教育者迅速发现学习困难的领域。同时,数据管理技术的运用可以减少数据噪声问题,提升数据的有效性和准确性,确保决策的科学性和可靠性。

可见,大数据技术在广度、深度和效度三个方面的应用,使教育工作者能够更全面地了解学生,更深入地分析学生的思想行为,更有效地将分析结果转化为决策所需的直观信息。这将推动教育决策的科学化和精细化,为学生提供更为个性化的教育支持。

(三)大数据完善学生评价体系,提升教育评价的客观性

对学生进行教育评价是思想政治教育的关键环节。传统的大学生思想政治教育评价方式通常包括课堂表现、考试成绩、参与度、学生活动等方面,然而这些方式存在一定的不客观性。

传统评价方式容易受到教师主观判断的影响。教师的个人喜好、态度和偏见可能影响他们对学生的评价,导致评价不够客观准确。在传统评价中,不同教师可能采用不同的评价标准,导致同一学生在不同课程或教师之

间的评价结果不一致。这使得评价的公平性和可比性受到威胁，不利于学生的全面发展。传统评价方式往往只能关注学生的部分表现，如考试成绩或课堂表现，而忽视了学生在其他方面的发展，如创新能力、社会责任感等。这导致评价结果只能反映学生的一部分特点，难以全面体现学生的整体素质。传统评价方式通常只提供了总体评价结果，却缺乏具体的反馈和建议。这使得学生难以了解自己在哪些方面需要改进以及如何提升，限制了其自我发展的机会。传统评价方式可能过于依赖传统的标准和评价体系，无法适应时代和教育发展的变化。这使得评价内容和方式缺乏灵活性，不能及时反映学生所面临的新挑战和需求。

当今社会，素质教育强调培养学生的思想道德素质、个性发展以及心理健康。在这一背景下，借助大数据创新思想政治教育评价体系显得尤为重要。这种创新方法通过将数据分析与丰富的教学经验相结合，建立起一个能够全面、及时、客观地分析学生课堂学习、日常生活、社会实践等方面的大数据评价系统。

大数据评价系统不仅可以关注课堂成绩，还可以结合课前测试、章节测评、期末测评、教师评价、同辈互评等多个评价维度，从不同角度全面地了解学生的表现和发展。通过对学生学习科研、社会实践、日常行为规范等数据的挖掘和分析，大数据评价系统可以创造学生个性化的画像。这样的画像不仅反映了学生的学习进程，还能呈现学生在思想行为方面的特点，从而更全面地认识学生的成长进程和问题。大数据评价系统通过对大量数据的积累和分析，能够揭示学生思想成长的规律，帮助教育者更好地理解学生的思想发展轨迹。同时，系统也有助于发现学生在思想政治教育中可能存在的问题和挑战，为及时干预提供基础。大数据评价系统可以将学生的学习进程、思想行为以数据化的方式呈现，使教育者更直观地理解学生的状态和表现。这有助于建立更有效的教育策略，为学生提供个性化的辅导和指导。

大数据完善学生评价体系，提升教育评价的客观性。大数据技术能够收集、整理和分析大量的学生数据，包括学生在学习、考试、社交、课堂互动等多个方面的表现。通过多维度的数据分析，可以更全面地了解学生的表现,避免仅依赖某一方面的评价而忽略其他方面的信息。大数据分析可以基于实际数据和趋势进行决策。教育评价不再依赖于主观的判断和偏见,而是基于数据的客观分析,从而降低了人为主观因素对评价结果的影响。此外,通过数据分析还可以预测学生未来的学习趋势,从而在早期发现问题并采取针对性的措施。大数据分析所基于的数据是客观存在的,因此评价结果更具客观性和公平性。不同学生在相同条件下的表现可以得到更为公正的比较。大数据分析还可以帮助大学生思想政治教育工作者不断改进评价标准和方法,根据数据的反馈进行调整,从而逐步提升评价体系的质量和准确性。

综上所述,大数据技术为学生评价体系的完善提供了强大的工具支持,通过客观的数据分析,能够更全面、准确地了解学生的表现,使教育评价更加客观、公正和精准。

三、运用大数据是思想政治教育效果提升的需要

大数据为大学生思想政治教育教学工作带来了丰富的教育资源、先进的教学手段、全面的监测方式,大学生思想政治教育工作教育效果的提升需要从教学内容、教学手段、教学管理三个方面下功夫,求突破。只有这样,才能切实推动高校思想政治教育工作的教育效果取得高质量的提升。

(一)大数据丰富的教育资源提升教学的可接受程度

随着大数据技术的不断发展,现实世界各个领域的事物都变得可感知、可度量,网络上的教育资源也达到了前所未有的丰富程度,形成了庞大的数据和信息集群,为思想政治教育提供了丰富的资源。

首先,开放课程资源和在线学习平台。许多高校和教育机构提供了免费的开放性在线课程,学生可以在网络上自主学习各种学科,获得认证或学分。这些课程资源涵盖广泛的主题,为学生提供了多样的学习机会。有许多在线学习平台,如 Coursera、edX、Udacity 等,提供了各种课程、培训和教学资源。这些平台提供了视频教程、练习题、在线讨论等多种学习资源,帮助学生进行自主学习。

其次,虚拟实验室和虚拟现实资源。在一些科学和工程领域,虚拟实验室提供了安全、便捷的实验环境,让学生可以进行各种实验操作和观察,从而增强他们的实践能力。利用虚拟现实和增强现实技术,教育者可以创造沉浸式的学习体验,帮助学生更深入地理解抽象概念和实际情境。

最后,数字图书馆和在线学术数据库。数字化的图书馆和开放资源数据库提供了丰富的电子书籍、期刊、文献等,方便学生进行研究和学习,促进信息获取和学术交流。例如,谷歌学术(Google Scholar)、PubMed、中国期刊网、万方数据库、超星图书馆等提供了丰富的学术文献资源,为学生的学术研究提供帮助。

随着大数据的迅速发展,我们进入了一个能感知和度量各种现实事物的时代。网络上的教育资源也达到了前所未有的高度,形成了庞大而多元的数据群,为思想政治教育提供了宝贵的数据资源。教育工作者通过挖掘和分析教育数据资源,同时收集、整理和分析学生的信息数据,得以深入了解学生对政治内容或社会焦点的浓厚兴趣。这使得教育决策不再仅仅基于主观经验,而是更趋向于客观分析,从而为学生提供更有针对性的教学内容和引导方式。信息反馈的应用也为教育者选择学生兴趣点与思想政治教育相融合的教学重点提供了指引,从而使教学内容更容易被学生所接受。在大数据时代,受教育者还能够充分利用网络上丰富的数据资源进行自主学习。这些多样化的学习内容不仅能够提高学生的学习兴趣和积极性,还有助于加强学生的思想教育和道德培养。

（二）大数据先进的技术手段提升教育工作的针对性

传统的思想政治教育往往采用课堂讲授的方式向学生传授思想理论知识,这种教育模式存在一定的局限性。教育内容常常呈现出重复性,学生在不同课程中可能会遇到相似的内容,导致学习体验缺乏新颖感。同时,这种传统的教学形式往往呈现出相对单调的形式,主要依靠教师的讲解和学生的听课,缺乏互动和实践的成分。

这种教育模式可能导致学生的学习兴趣不高,难以真正激发他们的思考和参与。学生可能会感到学习内容过于抽象和理论化,难以将其与实际生活联系起来。此外,由于教学内容的单一性和形式的单调性,学生的主动性和创造性可能受到一定程度的抑制。

因此,为了更好地推动学生的思想政治教育,需要探索更具活力和互动性的教学方式。在大数据时代,我们可以借助创新的教学技术和教学手段,使思想政治教育更加生动有趣,让学生在参与性和实践性的教学环境中更好地理解和体验思想理论知识。这将有助于提升学生的学习积极性,激发他们的思考能力,培养出更有创新力和实践能力的综合人才。

随着大数据技术的不断发展,教育工作的针对性得到了极大的提升。通过数据分析、个性化学习、实时反馈等方式,大学生思想政治教育工作得以更有针对性地开展。大数据技术的智能分析能力使得教育者能够更好地了解学生的学习风格和需求。基于这些数据,教育者可以利用智能辅助工具,如智能题库、智能答疑系统等,为学生提供个性化的学习资源和解答方案。教育工作者可以根据大数据分析的结果调整教学方法和内容,更好地满足学生的需求。教育决策从以往依据主观的经验变为依据客观的数据支持,从而变得更加科学和精准。大数据技术不仅可以分析过去的学习数据,还能够预测学生未来的学习趋势。通过分析学生的学习历史和行为模式,教育者可以预测学生可能遇到的困难,提前做出调整,帮助学生顺利渡过学习难关。教育者可以根据学生的实际需求和表现,提供更适合的教育服务和支持,从而提升学生的学习效果和个人发展。这些先进技术手段在教育领域的应用,不仅为教育者提供了更全面的数据分析,还使得教育内容和方法能够更准确地满足每个学生的需求,提高思想政治教育的针对性。

（三）大数据全面的监管方式提升教育工作的预测性

传统的思想政治教育监管学生的方式已经无法适应时代的发展。传统监管方式常常倾向于采用刚性的规定和标准,忽视了学生个体差异和多样性。这种方式容易造成对学生的刻板印象,无法充分考虑到每个学生的独特需求和特点。传统监管方式的信息来源比较为有限,往往只能通过教师的观察和学生的报告来了解学生情况。这样的信息闭塞导致了监管决策的局限性,难以全面准确地了解学生的思想和行为。传统监管方式难以实现个性化的监管和指导。每个学生在思想、兴趣和发展方面都存在差异,而传统监管难以针对不同学生提供个性化的教育和支持。传统监管方式常常需要花费较长时间来收集、整理和分析学生的信息,然后做出相应的决策。这样的滞后性使得监管措施无法及时调整,影响到教育效果的实时性。传统监管方式往往是单向的,教育者对学生进行指导和管理,学生相对被动,缺乏互动使得学生难以积极参与和主动发展。

传统的思想政治教育监管方式在面对时代的发展和学生的多样性时已经显得滞后。应该采用更加灵活、个性化和数据驱动的监管方式,充分利用大数据等现代技术手段,实现更有针对性的教育和指导,以适应时代的需求和学生的多元发展。大数据时代,00 后大学生学习监督和生活管理方式发生了许多变化。

在学习监管方面,大数据技术使得实时监测学生的学习进度和表现成为可能。教育者可以根据学生的在线学习活动,提供实时反馈和建议,帮助他们及时调整学习策略。大数据分析可以预测学生可能遇到的学习难点,提前为他们准备相应的教材和辅导资源,从而提高学生的学习效率。

在生活管理方面,大数据技术可以分析学生的情感状态,了解他们的情绪波动。学校可以根据情感分析结果,提供情感支持和心理辅导,帮助学生保持积极的心态。大数据技术可以监测学生的作息时间、饮食习惯等生活行为。学校可以根据数据提供健康管理建议,帮助学生维持健康的生活方式。基于大数据分析,学校可以帮助学生制定个人发展规划,帮助学生更好地规划自己的未来发展方向和目标。

总之,大数据全面的监管方式提升教育工作的预测性,使 00 后大学生学习监督和生活管理更加精细化、个性化。通过数据分析和个性化引导,学校可以更好地了解学生,提前部署,做好准备,为学生提供更有针对性的支持和指导,促进学生全面发展和健康成长。

四、运用大数据是思想政治教育载体更新的需要

传统的思想政治教育载体包括教科书、课程、讲座、社会活动、宣传材料等。这些载体有助于传达社会主义核心价值观、法律法规以及公民责任等方面的内容。随着时代的进步和发展，以往的载体形式在新时代表现出了些许的不足之处，运用大数据是 00 后大学生思想政治教育载体更新的需要，对 00 后大学生思想政治教育工作的教学载体、活动载体和管理载体进行更新和优化，有助于 00 后大学生思想政治教育工作不断推向前进。

（一）大数据的运用优化思想政治教育的课程载体

传统的思想政治教育课程教学基本上局限在理论课堂。但是，随着大数据时代的到来，高校师生迎来了一场教育变革的浪潮，这场变革不仅体现在思想政治教育的内容和方法上，更体现在创新的教学模式和广阔的学习空间上。网络课程资源的海量涌现，打破了课堂教学时间和空间的限制，为高校教育开辟了新的前景。在传统的课堂学习结束后，学生可以借助网络课程进行知识的深入学习与拓展。这一新兴的教学方式，使得学习不再受到时空的限制，可以让学生在线上和线下两种模式下进行学习，从而丰富了思想政治教育的课堂形态，创造了更加广阔的学习空间。

网络课堂的兴起为思想政治教育带来了诸多可能。首先，学生可以通过观看思想政治理论课教学视频来进行学习。这种方式使得学生能够根据自身的学习进度和兴趣，灵活掌握学习节奏，还可以自行控制视频的播放速度，以便在难以理解的知识点上进行反复观看，从而真正做到对知识的透彻理解。这种自主学习的模式不仅提高了学生的学习效率，也增强了学生的自我管理和自主学习能力。

其次，网络课程的普及促使了翻转课堂教学模式的出现。通过网络课程，学生可以在课下自主学习，通过阅读电子书籍等方式积累知识，从而在课上节省时间与老师进行互动和讨论。这样的翻转课堂模式突破了传统的"先教后学"范式，让学生在课上能够更多地参与讨论、交流和合作，从而更好地理解和应用所学知识。与此同时，与老师和同学的互动交流也能够激

发学生新的思考和创意,培养他们主动学习和自主思考的能力。

最后,在这一新的教育模式下,老师的角色也发生了转变。老师不再仅仅是知识的传授者,更成为学生学习路上的引导者和合作伙伴。他们不断创新教学方法,提供更有深度和广度的网络课程资源,鼓励学生在学习中进行思辨和创新。同时,通过分析学生的在线学习数据,老师可以更好地了解学生的学习状态和需求,为他们提供更加个性化的指导和支持。

可见,大数据时代为高校师生带来了全新的教育模式,网络课程资源的丰富涌现为思想政治教育带来了新的可能性。通过网络课程,学生可以根据自身需求进行自主学习,翻转课堂的出现则更加注重学生的参与和合作。然而,要实现网络课堂的最大优势,需要学生、教师和学校的共同努力,不断创新和完善教育模式,为高校教育带来更加丰富多样的未来。

(二)大数据的运用完善思想政治教育的管理载体

传统的大学生思想政治教育管理方式主要依赖人力资源,涵盖了从学生处领导到辅导员,从班主任到宿管阿姨,从团学干部到班干部和寝室长等多个层面。然而,这种人为管理方式存在着一些不足,如管理效率低下、信息漏洞等问题。面对这些挑战,高校管理人员应树立起科学的管理观念,积极采用现代技术手段来制定行之有效的管理策略,以应对日益复杂的学生群体。

在大数据时代,智慧校园建设成为加强学生管理的重要载体,有利于优化学生管理流程,提升教育质量和效率。智慧校园建设将现代信息技术与学校管理紧密结合,形成了一个集成化的管理平台。通过智能化的信息系统,高校能够实现对学生学习、生活等多方面的数据收集、整合和分析。这为管理人员提供了更全面、准确的数据基础,使他们能够更好地了解学生的需求、行为和表现。

首先,智慧校园建设使学生管理更加精准。通过收集学生的学习成绩、选课情况、考勤记录等数据,管理人员能够更准确地评估学生的学术表现和学习态度。同时,系统还可以根据学生的兴趣、能力和发展方向,推荐适合学生的课程和活动,促进个性化学习和成长。

其次,智慧校园建设提升了管理的效率。传统的手工记录和处理方式往往效率低下,容易出现漏洞和错误。而智能化的信息系统能够自动化地完成数据采集、整理和分析,减少烦琐的人工操作,提高工作效率。管理人员可以随时查看学生的信息,进行实时监控和反馈,及时发现和解决问题。

最后,智慧校园建设还促进了管理的创新。通过引入先进的技术,如人工智能和大数据分析,高校可以更深入地挖掘数据背后的信息,发现潜在的问题和趋势。管理人员可以基于数据分析的结果,制定更科学、有效的管理策略,推动学生发展和教育改革。

然而,智慧校园建设也面临一些挑战。一是数据隐私和安全问题。由于涉及大量的个人信息和敏感数据,如何保护学生的隐私成为一个重要的课题。高校需要制定严格的数据安全政策,加强信息加密和权限管理,以防止数据泄露和滥用。二是技术应用的合理性。尽管技术能够提供丰富的数据,但是管理人员需要明确如何合理利用这些数据,避免陷入过度收集和分析的误区。同时,不同学校的情况和需求也会有所不同,因此智慧校园建设需要因地制宜,量身定制。

总之,智慧校园建设作为大数据时代加强大学生管理的重要载体,为高校管理人员优化管理流程,提升教育质量和效率提供了便利。然而,在推进智慧校园建设的过程中,需要关注数据隐私和安全问题,合理利用技术,实现创新管理。这将为高校管理带来新的机遇和挑战,促使学生管理不断迈向更高的水平。

(三)大数据的运用创新思想政治教育的文化载体

高校大学生思想政治教育的文化载体在学生的发展、学术交流和学校形象塑造、校园氛围营造等方面发挥着重要作用。这些文化活动不仅丰富了学生的大学生活,还有助于他们成为具有社会责任感和创造力的全面发展人才。

传统校园文化活动载体涵盖了丰富多样的形式。

学术讲座和报告会:学校经常邀请知名学者、专家、艺术家等来校园举办讲座和报告会,让学生接触前沿知识、拓宽视野。

文化艺术节:包括音乐、舞蹈、戏剧、绘画等各种文化艺术形式的表演,为学生提供展示才华的平台。

体育运动会:学校定期举办的体育比赛,包括田径、球类比赛等,培养学生的体育精神和团队合作能力。

社团活动:学生社团在校园内开展丰富多样的活动,涵盖学术、文化、体育等方面,培养学生团队协作能力及领导能力。

传统节日庆祝活动:比如春节、元宵节、中秋节等传统节日,学校会举办庆祝活动,让学生感受传统文化。

科技展览和竞赛:举办各类科技成果展览、创新竞赛等,鼓励学生在科技创新领域表现出色。

志愿者活动:通过组织志愿者活动,学生能够参与社会公益事业,培养公民责任感。

校园文学艺术刊物:发行学生自己编辑的文学、艺术刊物,展示学生的创作才华。

主题讨论和辩论赛:安排学生参与有关时事、社会问题的讨论,提升学生的思辨能力和表达能力。

歌咏比赛和舞蹈大赛:学校组织的歌唱和舞蹈比赛,让学生展示才艺,同时也增强了校园文化的活力。

这些传统校园文化活动载体丰富多彩,涵盖了学术、文化、艺术、体育、社会公益等各个领域,为学生提供了多样的学习和展示平台,也丰富了校园文化氛围。

在大数据时代,高校思想政治教育文化活动载体不仅延续传统形式,还融合了现代技术和数字化元素。

虚拟文化活动:通过在线平台举办虚拟演出、音乐会、艺术展览等活动,学生可以在网络空间中参与和欣赏文化表演。

线上讲座和研讨会:利用视频会议、网络直播等技术,邀请各领域专家开展线上讲座和研讨会,为学生提供更多学术交流机会。

数字艺术展:在校园内设置数字艺术展览,通过增强现实或虚拟现实技术,创造更丰富、沉浸式的展览体验。

在线文化工作坊:通过网络平台举办各种文化工作坊,如写作、绘画、摄影等,为学生提供创作交流的平台。

网络社团活动:学生社团可以通过线上社交平台举办线上活动,分享兴趣爱好、参与志愿服务等。

大数据分析文化活动:利用大数据分析技术,深入了解学生兴趣、偏好,有针对性地策划文化活动,提高学生的参与度。

数字化演出与比赛:举办数字音乐比赛、网络舞蹈比赛等,通过录制和上传作品,实现远程参赛。

在线社交活动:利用社交媒体平台,组织学生线上交流、分享经验、互动互助。

数字化艺术创作:利用数字技术创作音乐、绘画、影像等作品,展示学生在创意领域的才华。

这些大数据时代的高校文化活动载体充分利用了现代技术和数字化手段,拓展了学生的文化体验和参与方式,同时也促进了学校文化的创新和发展。

在大数据时代,校园文化载体的创新具有重要的意义和价值。大数据时代带来了技术和社会变革,校园文化载体需要与时俱进,借助现代技术和媒体,更好地满足学生的需求和兴趣。大数据时代带来了各种新兴技术和数字化形式,为校园文化活动的创新提供了广阔的空间。大数据时代促进不同领域之间的融合,校园文化载体创新可以借助这种融合,举办更具创意和多元性的文化活动。新颖的文化活动形式提供了更丰富、个性化的活动体验,能够吸引更多学生参与,提高校园文化活动的影响力和关注度。通过参与创新的校园文化活动,学生能够培养创新思维和创业精神,为未来的发展做好准备。

第二节 大数据时代 00 后大学生思想政治教育面临的挑战

一、传统思维方式和理念面临新挑战

大数据的发展确实对人类的思维方式带来了深刻的变革,尤其在高校思想政治教育领域,这种变革可能带来一系列挑战。传统观念认为人的思想情感行为难以用数据衡量,但大数据的兴起为量化思维提供了可能。然而,这种量化可能会简化复杂的人类情感和行为,甚至可能忽视不可量化的重要因素。因此,在高校大学生思想政治教育中,如何保持对学生独特性和综合素质的关注,而不仅仅依赖于数据,是一个重要的挑战。

(一)大数据意识缺乏

大数据意识是个人或组织对大数据的认知、理解和运用能力。它涵盖了对大数据的价值、应用场景、分析方法以及对数据隐私和伦理问题的认识。具有强烈的大数据意识的人或组织能够充分利用大数据的优势,从中获取有益的信息,做出明智的决策,并在日常活动中积极运用数据来优化业务和提升效率。在大数据时代,拥有强大的大数据意识对于个人和组织来说都至关重要,它能够帮助他们更好地应对信息爆炸,从中获取价值,做出明智的决策,并在不断变化的环境中保持竞争力。然而,现实中部分高校思想政治教育工作者存在大数据意识缺乏的问题。

首先,一些高校思想政治教育工作者对大数据不了解。一些思想政治教育工作者没有充分认识到数据的价值,忽视了数据分析在优化教育过程中的潜在作用,未能意识到数据可以帮助揭示学生的行为趋势、学习需求以及对教育内容的反馈。当大数据浪潮来袭时,一些高校思想政治教育工作者可能对大数据技术会产生抵触心理,感到陌生或不信任,因此可能会忽视或排斥将其应用到教育实践中。一些高校思想政治教育工作者可能对大数据分析所需的技术工具和平台不够熟悉。他们可能不了解使用数据分析软件、编程语言和可视化工具的方法,从而无法应用这些工具来解决教育问题。一些高校思想政治教育工作者可能无法将大数据应用于实际教育场景中,不知道如何利用数据分析来优化教学内容、改进教学方法以及进行个性化教育。

其次,一些高校思政教育工作者对大数据应用缺乏研究和思考。尽管多媒体课件的广泛使用在一定程度上改变了教学方式和手段,但它并没有从根本上改变高校思想政治教育的内涵,也不能很好地拓展高校思想政治教育的外延。一些高校思想政治教育工作者缺乏大数据相关专业背景,关于数据采集、处理和分析的知识相当欠缺,导致他们不知道如何有效地从不同来源收集数据,以及如何将数据转化为有用的信息。一些高校思想政治教育工作者可能习惯基于经验和直觉做决策,缺乏基于数据分析的决策思维,这可能影响他们在教育改进和创新方面的表现。他们对于大数据的应用局限于基础教学方法的改变,而在探索如何将大数据技术与高校思想政治教育深度融合的方法模式上,仍缺乏深入的研究。

最后,一些高校思政教育工作者对信息安全的意识还比较薄弱。由于缺乏对数据隐私和伦理问题的深入认识,他们可能在数据收集和使用过程中忽视了对学生隐私的保护,从而可能引发隐私泄露等问题。例如,某高校辅导员将学生干部个人简历包括身份证、家庭住址、联系方式等信息直接公示在网上,造成个人信息的泄露。提高教育工作者的信息安全意识,培训他们关于数据隐私和伦理问题,以及制定相关的政策和指导方针,都可以帮助减少潜在的隐私风险。

(二)需避免唯数据主义的危害

唯数据主义是指过分迷信和依赖数据,将数据视为解决问题的唯一方法和最终标准。在唯数据主义的观点下,人们相信数据能够回答所有问题,而忽视了其他非数据方面的因素,如价值观、情感、道德、文化等。这种观点可能导致对数据的过度信任,从而影响到全面的判断和决策。

唯数据主义可能在各个领域出现,包括教育、企业管理、政策制定等。尤其在大数据时代,人们对数据的采集和分析能力大幅增加,但过于强调数据可能导致一些问题,如忽视了人类主观体验、数据失真等。

大数据时代 00 后大学生思想政治教育创新要重视大数据的影响,积极运用大数据为思想政治教育工作助力,但同时,也应认识到大数据不是万能的,大数据只是工具。高校在开展 00 后大学生思想政治教育工作时要特别警惕唯数据主义的危害,过度追求数据、过分依赖数据解决问题是重视大数据的工具理性而忽视价值理性的表现,容易在教育和决策过程中可能引发一系列问题。

工具理性和价值理性的概念是德国社会学家马克斯·韦伯在他的社会学理论中提出的。马克斯·韦伯认为,工具理性是指在达成特定目标时,人们根据效益、成本和效果等利益计算,以最大化个人或组织的目标为出发点,追求最有效、最经济的手段。这种理性注重实现特定的目标,但可能忽略了价值观、情感和道德等非经济因素。价值理性是指人们在行动中考虑了个人、社会或道德价值观,并根据这些价值观来决定行动。与工具理性不同,价值理性强调实践活动本身所代表的意义,关注行为是否符合人类价值观,包括公平、正义、忠诚、荣誉等。马克斯·韦伯将这两种理性视为现代社会中的两种重要类型,用来解释人类行为的动机和模式。他认为,现代社会中的决策和行动往往涉及工具理性和价值理性的交织,而不同的社会情境和个人选择会导致不同的理性选择。

教育涉及人类的全面发展,仅仅依靠数据难以涵盖人的情感和主观体验,唯数据主义可能使人们将注意力过分集中在定量数据上,忽视了人类行为背后的价值观、情感和人文因素。过于强调数据可能导致标准化教育和评价,使个体多样性被忽视,学生可能被过度分类和标签化。这种标签化可能导致歧视和不公平,影响学生的发展和自信心。数据虽然能提供信息,但也存在收集不准确、被误解、失真或有偏见的可能。过度信任数据可能导致错误的决策,尤其当数据无法全面反映复杂的现实情况时。过度依赖数据可能让人们失去主动思考和决策的能力,认为一切问题都可以从数据中找到答案,而忽略了人类的判断力和直觉。

过度依赖大数据可能导致思想政治教育的偏差。因为数据无法完全涵盖复杂的人类情感、价值观和主观体验,仅依靠数据可能导致误判和不全面的教育。例如,一所高校使用学生课堂表现和考试成绩等数据,来评估学生的知识掌握情况、个人品德、能力水平等,以便为学生提供更加个性化的学习指导。然而,一些学生可能并不将这些数据视为准确反映他们学习状态的重要依据,而是将这些数据视为一种形式的过程要求,因此在填写作业和参加课堂讨论时可能缺乏充分的投入和认真性。这可能导致收集到的数据失去了真实性和可靠性。

在这种情况下,如果教育者过于依赖这些数据来进行学术指导和教学管理,可能会出现诸多问题。如果教育者只依赖数据来指导学生,可能使教育者丧失灵活性和判断力,无法根据不同情况和需求做出灵活的教学决策。而过度依赖数据分析,用数据分析结果对学生进行划分不同类型,并对他们打上"标签",分类化管理,部分学生会因为有过不良记录而被歧视和区别对待,留下不好的印象,心理上容易造成沉重负担,更不利于学生的成长成才。因此,在教学管理中,教学工作者不能为"大数据"而"大数据",应视大数据为工具和手段,不能过度依赖,而应是通过理性思维和辨别能力来运用大数据进行有效的管理。只有这样,才能确保提供更有针对性和有效性的思想政治教育。

二、人才需求和数据处理面临新挑战

大数据从提出到兴起再到近年来发展壮大,虽然在教育、商业、医疗、金融、政府、社交媒体等领域得到广泛应用,取得了巨大的成就,但仍然有很多未知和待解决的问题,仍被视为一个相对较新的领域,处于起步阶段。就目前而言,高校思政教育工作者总体的数据素养水平并不高,运用大数据的能力明显不足,在数据收集、存储、分析与处理水平上有待进一步提升,只有改变这个现状,才能更好地运用大数据为大学生思想政治教育工作提供强大的技术支撑。

（一）专业的复合型技术人才缺乏

复合型技术人才是指具备多领域知识和技能，能够在不同领域之间灵活运用技术和专业知识，解决复杂问题并创新的人才。在大数据时代，复合型技术人才不仅需要拥有技术背景，还要具备跨学科的能力，能够融合技术、领域知识和实际应用，从而更好地适应和推动科技发展。对于思想政治教育工作者而言，成为复合型技术人才可以更好地理解和应用数字化工具，提升教育工作的效率和效果。

实现大数据时代高校思政教育的创新发展确实需要专业的技术人才队伍作为有力的支撑。随着信息技术的快速发展，00 后大学生思想政治教育迫切需要与大数据分析、人工智能等技术结合，实现教育的创新。拥有大数据专业技术的人才可以将先进的技术手段与思想政治教育的专业知识相结合，创造出更具创新性和影响力的教育模式。

当前，大多数思政理论课教师和辅导员主要拥有文科学术背景，其专业知识主要集中在政治学、哲学、法学、历史学等领域，甚至一些辅导员的专业背景是外语、音乐、体育、美术等，与大数据、互联网以及信息分析处理专业毫不相关，在学生时代也没有对这方面的能力培养引起重视，未加强对这方面技术能力的学习和训练。这使得他们难以充分利用数据分析工具来深入了解学生需求、舆论动态以及社会心态，从而难以在教育中把握 00 后大学生思想政治教育工作的规律，不能利用专业工具为其工作服务。同时，尽管有少数专业的数据挖掘、整合、分析人才，但他们往往不了解思想政治教育的专业知识，无法从表象出发深入分析背后的与思政教育相关的深层次原因，从而难以为高校思政教育工作做出更大的改变。

因此，高校可以组织专门的培训课程，帮助思政教育工作者掌握基本的大数据分析技能和互联网工具的使用方法，提升专业思政教师的大数据素养和能力，以帮助他们更好地理解和应用技术来支持教育工作。同时，高校可以鼓励教育工作者与技术人才合作，将技术人才引入思想政治教育团队，共同开展创新性项目，如开发教育应用程序、建立数据分析平台等，从而提升教育的质量和效果。

(二)数据收集与数据存储的困难

数据收集是指采集、获取或记录有关特定主题、事件或对象的信息的过程。这些信息的来源不同,如调查、传感器、观察等,旨在为后续分析、决策和研究打下基础。数据储存是将收集到的数据保存到特定的位置,以备将来使用。储存可以发生在各种环境中,包括物理存储设备(如硬盘、服务器)和虚拟环境(如云存储)。储存数据的方式需要考虑数据的类型、数量、安全性和访问需求。

在大数据时代,数据信息源的广泛性和多样性是显而易见的。虽然,互联网信息技术的蓬勃发展为社会经济注入了难以估量的数据信息,但与之紧密相连的是数据收集和存储方面的一系列难题。为了充分利用数据信息,必须采取行之有效的数据收集和存储策略。数据信息的快速增长,意味着人类记录、测量和分析的领域正在不断扩展,从而使整个知识领域不断延伸。然而,值得注意的是,高校思想政治教育工作仍面临着数据收集与数据存储的困难。

首先,一些高校的思想政治教育工作者忽视数据收集工作。一些高校的思想政治教育工作者往往侧重传统的课堂教学和有限的社会实践活动,在数据敏感性方面存在着欠缺,对与数据相关的教育方法缺乏深刻了解,缺乏对数据的应有重视,忽视对有效数据的收集工作。受传统思维观念的影响,高校的思想政治教育工作者未能主动进行数据采集,他们不愿意投入大量的人力、物力与财力去做这件事情,因而,高校的数据库发展受到了限制。例如,大学生电子档案是以电子形式存储的大学生的档案记录,包括大学生的个人基本信息、学习成绩、课程选修情况、奖惩情况、社会活动参与情况等内容。以电子方式管理和存储是高校、教师、辅导员、班主任等教育教学管理者掌握学生信息的重要途径。然而,谁来负责这项工作? 谁来录入? 谁来管理? 这些问题都阻碍了大数据在高校思政教育中的推广和应用。

其次,大多数高校缺乏满足大数据应用需求的硬件设施和技术支持。大数据的应用离不开软件和硬件的支持,尤其是数据储存和安全问题是支撑大数据应用的基石。大数据时代 00 后大学生思想政治教育创新不仅要在思维意识层面、内容方法层面下功夫,而且还需要有支撑大数据应用的硬件设备和软件应用程序。尽管国内部分科研实力雄厚的重点大学在思想政治教育和学生管理中引入了大数据模式,但大多数高校仅限于基础的数字化校园建设,未能构建起综合性的分析平台和信息反馈机制。此外,朱皆笑、陈耀、何兴指出,"大多数现有的应用程序在高校中基本都是由开发团队单独开发,信息共享较差,不但功能单一化,而且相互交叉性较大。例如,这些系统都包括师生基本信息,但每个系统的设计不统一,导致不同系统中的师生信息数据不具有普遍性,不能共享,不能综合利用"[①]。要想实现数据信息的综合利用需要有较好的硬件设施和技术支持,然而大多数高校现有的数据储存能力已经无法满足种类繁多并飞速增长的数据存储的需要,高校学生又时时刻刻产生着数据信息,各种结构化和非结构化的数据无法都被数据库有效储存,这就迫切要求地方政府和高校投入资金改善数据储存条件和环境,以期大数据应用能够正常进行。

最后,高校在信息化建设和数据共享方面的建设还远远不够。一所高校以及这所高校里面的各个部门都是各司其职,学生工作处、团委、心理健康教育中心、招生就业处、教务处、图书馆、信息技术中心、保卫处、后勤集团、宿管等部门拥有各自的任务分工。例如,当一位新生入学的时候,要填写各个部门的表格登记相关信息,上交多张照片,办理相关证件,然而,这些部门之间的网站和数据信息往往无法实现互联,不能共享。这造成了数据库的孤立,无法对大学生进行准确的思想行为分析。因此,高校在信息化建设和数据共享方面与大数据时代的需求存在巨大差距。

面对不断增长的大学生数据,数据收集和存储的问题变得尤为显著,这在很大程度上制约了大数据与高校思政教育的深度融合。解决这些问题需要各部门之间的协作和技术创新,以建立有序的数据收集、存储和分析体系。

---

① 朱皆笑,陈耀,何兴.大数据视域下高校网络意识形态治理格局研究[J].浙江工业大学学报(社会科学版),2018(1):106-110.

（三）数据分析与数据处理的问题

数据分析是指通过对收集到的数据进行处理、解释和探索，以获取有关模式、关联、趋势和洞察力的过程。数据分析可以帮助揭示隐藏在数据背后的信息，为决策和战略制定提供支持。数据处理是指对原始数据进行清洗、转换和整理的过程。这包括去除错误、不准确或重复的数据，将数据转换为一致的格式，填补缺失值，以及将不同数据源的数据整合在一起，以便于后续分析和应用。数据处理是数据分析的前提步骤，确保数据的质量和一致性。

数据分析是必不可少的，它在数据收集与处理之间起到桥梁的作用。在高校思想政治教育工作中，只有对学生数据进行深入分析，才能揭示数据之间的内在联系，发现学生思想行为的本质。大数据与高校思想政治教育的结合需要将定量分析与定性分析结合起来，数据分析过程中应考虑思想政治教育的原理模型。[①] 然而，当前存在一些问题需要解决。

首先，海量数据的复杂性使得挖掘困难，而分析所需的时间也会影响处理的时效性。高校通过大数据技术对00后大学生进行思想政治教育，积极影响他们的思想和行为。但面对每天产生的大量的大学生思想行为数据，如何收集、如何分析，如何处理，面对数据的繁杂性，哪些数据先处理，哪些数据后处理，这些困难仍然摆在我们面前。随着数据规模的不断扩大，分析处理所需的时间不断延长，使得无法及时分析数据的潜在价值，从而影响了高校思想政治教育的效果。

其次，高校在大数据平台建设和技术支撑方面投入不足。要利用好大数据为大学生思想政治教育工作服务，就必须大力推进大数据平台建设，投入大量的人力、物力和财力。但一些高校只是口头上重视，未有行动上支持，更多的是鼓励教师自己去建设，在经费上也不能很好地满足建设需要，很多技术人员态度消极，多一事不如少一事。而一些开发好的数据库相对独立，未被作为主要渠道和平台，数据和数据之间未能共享共用，造成大量

---

① 　涂新莉，刘波，林伟伟.大数据研究综述[J].计算机应用研究，2014(6)：1612-1616，1623.

资源浪费。没有一个强大的技术支撑和全方位的大数据平台来分析和管理高校学生在日常生活中生成的各类大数据,思想政治教育工作将大受影响。

最后,数据处理方式和呈现结果有待提升。当前,一些高校在数据收集和处理方式上仍沿用传统的纸质的表格,在统计上很容易出错,在呈现结果上也只是单一的总和性数据,不能对一些细节进行有效分析。如今,数据处理方式正朝着更加自动化、智能化、实时化和交互化的方向发展。这些变革为思想政治教育工作者提供了更强大的工具以便于从数据中获取洞察和价值。现代数据处理受益于计算机技术的迅速发展。大数据技术和云计算平台的出现,使得存储和处理大规模数据变得更加容易。自动化工具、脚本编程和数据处理软件使得数据清洗、转换和分析过程更加高效和准确。数据可视化工具使得创建交互式图表和仪表板成为可能。用户可以通过拖放和点击等方式探索数据,从而更深入地了解数据。人工智能技术可以自动分析数据,识别模式和趋势,甚至生成预测模型。这使得数据处理过程更加智能化和高级。因此,高校必须加紧提升数据处理方式,使大数据更好地服务于思想政治教育。

三、数据安全和伦理观念面临新挑战

数据安全是保护数据免受未经授权的访问、泄露、篡改或破坏的能力。它涉及使用技术、策略和实践来确保数据的保密性、完整性和可用性。数据安全措施包括加密、访问控制、防火墙、身份认证等,用来防止数据被黑客攻击、恶意软件或其他威胁所损害。数据伦理关注数据的使用和处理是否符合道德和社会价值。它涵盖了数据的收集、分析、共享和使用的伦理原则。数据伦理涉及尊重个人隐私、避免歧视、确保数据质量和透明度等方面。数据伦理强调在数据分析和应用中要考虑社会和道德影响,确保数据的使用不会伤害个人或社会利益。当前,一些高校在收集数据的过程中忽视数据安全,一些大学生数据伦理意识不强,导致个人信息泄露,危及个人安全,造成严重的后果。

（一）大学生个人隐私受到威胁

大数据在高校思想政治教育领域的应用，对于深刻洞察大学生的思想状况、预测未来发展趋势以及推动思想政治教育模式和方法的变革，具有重要而不可忽视的作用。然而，哪些数据可以公开和共享，哪些数据属于个人隐私不便公开和共享，这是大数据时代 00 后大学生思想政治教育工作中一个非常重要的问题，一旦处理不好，将带来不良后果。公开性数据与个人隐私数据之间的界限不明显，带来了一系列问题。

首先，个人信息透明化引发信息被泄露的风险。信息的不完整性可能导致教育产生偏差，单一片面的信息分析无法准确展示个人思想行为的走向。因此，在大数据时代，思想政治教育需要大学生全方位的信息，以确保精准化的教育。然而这也导致个人信息透明化程度的提升，容易引发对隐私和个人信息自由的威胁。要实现对大学生全方位的信息数据的掌握，需要大量信息的获取，每一项信息都可能对思想政治教育的效果产生重要影响。举例来说，大学生在餐厅的消费、在图书馆的学习，以及在实验室的操作等行为都被完整记录并长期储存，从而必然导致个人信息的高度透明化。如果一些不法分子掌握了学生的行动轨迹和行为习惯，开展违法活动，那后果将不堪设想。

其次，一些涉及个人隐私的信息被采集后会存在安全隐患。高校学生在录入个人信息的时候，会涉及一些比较敏感的个人信息，包括一些不愿公开的身体状况、个人特殊习惯、家庭特殊情况等。记录和应用这些信息，可能会给当事人心理上造成较大压力。这些隐私内容一旦被公之于众或者被其他人利用，拿来攻击当事人，无疑会对当事人的心理造成巨大伤害。因此，必须准确划分个人隐私保护与学校对大学生思想政治教育责任之间的边界。面对这一问题，邱启照、孙鹏指出："当思政教育工作者在获得大学生的信息之后，是否能保证信息完全不被泄露，是否能保证信息不被另有企图的人所利用甚至二次利用，这是摆在眼前的问题，都是所无法回避的挑战。"①这一担忧正突显了信息滥用可能引发隐私泄露、产生不良后果的风险。

最后,数据泄漏危及大学生的人身财产安全。当前,大学生普遍热衷于在网络上分享生活点滴,这不可避免地导致了个人生活环境、私人物品、常去之地等信息的公开。不法分子收集整理这些数据,很容易勾勒出学生个人的生活轨迹,甚至还可能推断出其经济状况,从而对其人身财产安全造成不良影响。② 例如,某高校一名学生被一直潜伏在微信群里的所谓的"好友"以其同学名义诈骗了 2000 元。此类案件并非个案,在大学生群体里时常发生,必须引起高度重视和警惕。

(二)意识形态危机影响国家安全

马克思主义认为,意识形态是一种关于社会、政治、经济、文化等领域的信仰、价值观和思想体系。它从系统的角度反映了社会经济形态和政治制度的本质,涵盖了一系列信仰、原则和理念,能够塑造人们的认知、态度和行为方式,对个人和社会产生深远的影响。意识形态作为社会意识的一部分,在政治、法律、道德、哲学、艺术、宗教等方面表现出来。意识形态的变化与社会存在的演变相互关联,它随着社会存在的变迁而不断发展变化。在当今充满数据信息的大数据时代,我们特别需要警惕西方国家利用其网络优势,进行潜在的意识形态渗透。

意识形态可以塑造和影响价值观。一个特定的意识形态可以通过它的观点和理念影响个体的价值观,使其接受和认同相应的价值观。价值观是个人或群体基于其信仰、文化、经验和道德准则所形成的关于道德、行为和生活的判断和评价体系。它代表着人们对于什么是好的、什么是重要的,以及如何在日常生活中做出决策和行为的指导原则。价值观影响着个体的思维方式、行为模式以及对事物的态度和选择。00 后大学生正值树立正确世界观、人生观和价值观的关键时期,接受能力强,喜欢新事物,思想行为具

---

① 邱启照,孙鹏.大数据时代高校思想政治教育的机遇和挑战[J].教育理论与实践,2016(9):35-37.
② 王炜炜.大数据时代高校思想政治教育创新研究[D].秦皇岛:燕山大学,2019.

有高度可塑性。然而,在大数据时代,海量信息的涌入使得00后大学生在信息过滤和选择方面可能存在困难。这种情况下,消极负面的价值观念可能会影响他们的思想和取向。

当今社会,大数据的迅猛发展为社会生活带来了巨大便利。但对于刚接触社会、自控能力较弱的00后大学生而言,信息的洪流可能会导致其心理上的焦虑和烦躁。大数据时代提供了广泛的信息获取途径,但也可能使得他们在碎片化的信息中无所适从,从而产生消极的心态。大数据的开放性也为大学生提供了更大的自主空间,然而,这也使得他们容易受到碎片化文化、思想观念和价值观的影响。在这些影响下,部分大学生可能会因为缺乏理性思考能力,盲目地相信西方的网络宣传,夸大一些社会不良现象,导致个人理想的迷失、道德观念的削弱,在价值选择和价值取向上迷失方向,对主流价值观念产生不认同感。

当前国际局势的严峻性不容忽视,一些西方国家正充分利用其早已形成的信息技术优势,牢牢握有全球网络控制的主导权,通过互联网向其他国家不断传递自身的价值观,使得多元的价值观受到威胁。西方国家以"信息侵略"为手段,使用高度隐蔽和虚拟的方法,通过信息技术进行思想渗透和文化入侵,借此输出有害的社会思潮和价值观念。例如,美国好莱坞电影总是散发着西方国家个人主义、享乐主义、英雄主义等与资本主义相关的意识形态,这些意识形态通过好莱坞大片向我国大学生传播,使我国大学生潜移默化地认同他们的价值观念,这种效果往往十分明显。在大数据时代,00后大学生在浩如烟海的数据信息中获取信息时,很容易受到某些西方价值观的冲击。这也导致一些00后大学生对我国的意识形态和所倡导的社会主义核心价值观产生怀疑和不认同,甚至可能对国家的意识形态安全构成威胁,带来严重的后果,必须高度重视和警惕大数据时代信息安全的风险。

第四章　大数据时代00后大学生思想政治教育存在的问题及其成因

大数据时代 00 后大学生思想政治教育创新必须先从问题出发，对当代大学生思想政治教育存在的问题开展调查研究，摸清大学生实际存在的真实情况，找到症结所在、原因所在，做到心中有底、心中有数，不能想当然、拍脑袋决策，既要重调查，又要重研究。

第一节　大数据时代 00 后大学生思想政治教育问卷的设计与实施

为了更加全面、深入地了解并把握大数据应用于 00 后大学生思想政治教育的现状，找出问题，剖析原因，以期实现对症下药，课题组精心设计调查问卷，进行问卷调查，力求真实了解当下高校的大数据技术的运用现状和学生的真实体验及现实需求。

本次调研主要采用的是问卷调查法。调研为纸质问卷和电子问卷相结合的方式。纸质问卷主要面向温州大学、温州商学院、温州理工学院、温州职业技术学院、温州科技职业学院、浙江工贸职业技术学院 6 所在温高校 00 后大学生，电子问卷借助问卷星平台发放网络问卷，涉及全国各地高校，纸质问卷和电子问卷分别发放 500 份，总共 1000 份，共回收 997 份问卷，回收率为 99.7%。其中，994 份为有效问卷，有效率达到 99.7%。同时，对回收的有效问卷进行了有关的研究和分析。通过整理，对参与问卷调查的对象的基本情况做了下述的分类统计：(1)参与对象的性别：男生 531 人，女生 463 人，分别占比 53.42%、46.58%。(2)参与对象的培养层次：专科生 410 人，占比 41.25%；本科生 495 人，占比 49.80%；研究生及以上 89 人，占比 8.95%。(3)参与对象的专业：理科类 319 人，占比 32.09%；工科类 261 人，占比 26.26%；文科类 287人，占比 28.87%；艺术类 110 人，占比 11.07%；其他 17 人，占比 1.71%(如图 4.1 所示)。

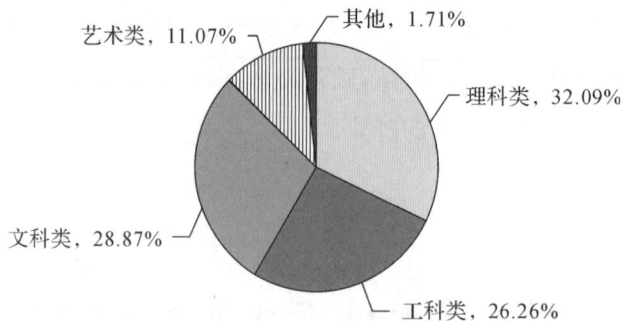

图 4.1　学科专业

　　本次问卷主要涉及三个部分:第一部分是大学生的基本信息,第二部分是大学生在日常学习生活中运用大数据的现状,第三部分是大数据在思想政治教育中的应用情况。希望通过一些生活中的现实问题来探究大数据在新时代 00 后大学生思想政治教育方面存在的问题,分析原因,以便寻找有效的解决对策,从而更好地利用大数据,发挥大数据的积极作用,服务于高校思想政治教育。

　　此外,为弥补以上研究方法的不足,课题组还邀请部分大学生和高校思想政治教育工作者开展座谈访谈。其中,教育工作者主要包括主管大学生思想政治教育工作的领导、思政教师、辅导员、心理教师、网络中心管理人员、教务系统管理人员等。通过访谈掌握当前高校大数据的应用现状,作用发挥的情况,大数据应用还存在哪些问题,并从教育工作者自身工作角度出发提出相应的对策和建议。以期获得大数据时代 00 后大学生思想政治教育研究的第一手资料,为更好地解决大数据时代 00 后大学生思想政治教育的相关问题打下坚实的基础。

第二节　大数据时代 00 后大学生思想政治教育存在的问题

一、加大大学生认知难度

调查发现,当代大学生对大数据还是有所了解的,其中一般了解、比较了解和非常了解分别占 38.33％、27.06％、8.75％,但仍有一部分学生仅听过,了解不深,甚至有一小部分学生没有了解(如图 4.2 所示)。

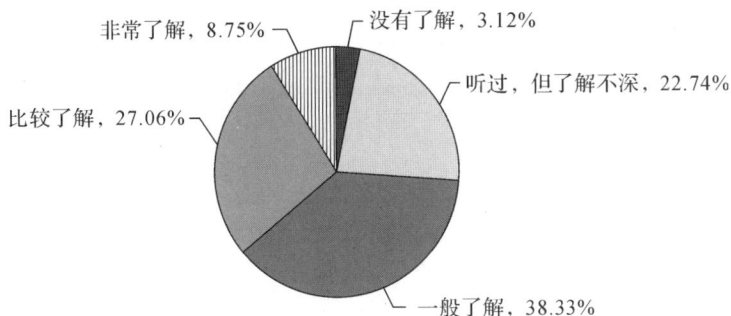

图 4.2　大学生对大数据的了解程度

通过挖掘高校网络数据平台数据库的内容,并进行相关性分析,我们能够预测出大学生的需求和兴趣,随后可以根据他们的浏览历史推送相关内容。这些内容包括政治、经济、科技、文化、教育、军事、商业等各个领域,涉及面广,更新速度快,传播迅速。我们通过多种渠道向学生传递这些相关知识内容,拓宽了他们的知识视野,为他们提供了丰富的学习资源。然而,这种新科技带来海量信息的同时也带来了一些挑战,包括信息真伪难以判断、意识形态受到冲击、网络依赖程度增加等问题。

(一)信息真伪难以辨认

大数据的海量性使其所获取到的数据信息真伪难辨。调查显示,当被问及"您是否在网络上接触过一些不实信息"时,有 88.63% 的大学生选择了"是"(如图 4.3 所示)。在大数据时代,海量数据信息五花八门,有些真实可信,而有些是虚假宣传。由于 00 后大学生的个人能力和社会经验有限,他们在面对这些海量信息时往往感到无所适从,难以做出明智的选择,表现出矛盾的态度,难以辨别真实信息和虚假信息。当被问及"您是否在网上遇到过信息选择困难的问题"时,有 63.28% 的大学生选择了"是",有 23.54% 的大学生选择了"否",还有 13.18% 的大学生选择了"不清楚"。因此,如何从海量数据中筛选出真实有效的数据信息成为大学生面临的一项挑战。可见,从海量数据中获得真实有效的数据信息并不容易,这些信息的真实性难以辨别,这在一定程度上增加了大学生的认知难度。

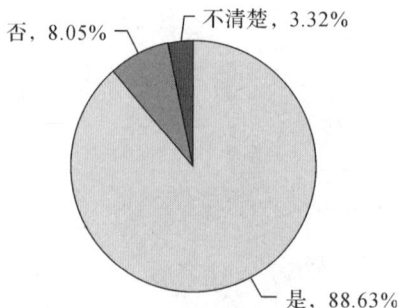

图 4.3　大学生在网络上接触过不实信息的情况

网络信息平台的虚拟性使得一些数据存在不确定性,其真实性难以考证。根据国家互联网信息办公室《数字中国发展报告(2022 年)》发布的数据:截至 2022 年底,我国网民规模为 10.67 亿。[①] 随着网民主体不断增加,数据信息的风险性也在增加,影响了数据的质量。这导致大学生很难辨别所获得的数据信息的真实性,信息的可信度较低。信息的辨识度较低会让大学生更容易受到负面信息的影响,因为一些负面信息充斥在网络中,容易导致大学生思想上的混乱,进而做出错误的判断。例如,在个别访谈中,某专科生谈道,每年临近考专升本的时候,网上就会有一些不法分子发布虚假

---

① 　中国网信网.国家互联网信息办公室发布《数字中国发展报告(2022 年)》[EB/OL].(2023-05-22)
　　[2023-09-12].http://www.cac.gov.cn/2023-05/22/c_1686402318492248.htm.

信息,骗取学生钱财。一些准备考研的本科生也经历过类似的情况。一旦学生抱着侥幸心理相信这些广告,不仅会被骗大量的钱财,而且也影响自己的备考状态,严重影响了学业发展和未来的前途命运。

（二）意识形态遭受冲击

在对思政教师进行访谈的过程中,一些教师对互联网上的各种意识形态对大学生的影响表示担忧。大学生正值价值观念的形成时期,然而纷繁复杂的互联网上信息混杂,既有积极向上的主流文化,也有消极落后的文化糟粕,一些"标题党"为博取眼球,没有底线,大肆制作一些与传统价值观念和主流文化相悖的耸人听闻、题文不符的新闻标题,这无疑会给"三观"尚未形成的大学生带来思想上的混乱,对个人意识形态教育造成冲击。

调查发现,当被问及"您认为自己坚定信仰马克思主义"时,分别有22.94%和3.32%的大学生表示比较不赞同和不赞同。当被问及"您认为传统文化已经过时"时,分别有12.27%和39.64%的大学生表示非常赞同和比较赞同。当被问及"您认可人生的意义在奉献而不在索取"时,分别有36.02%和15.79%的大学生表示比较不赞同和不赞同。当被问及"您认可活在当下,及时享乐"时,分别有7.95%和27.97%的大学生表示非常赞同和比较赞同。当被问及"您认可宁坐宝马车里哭,不坐自行车上笑"时,分别有9.96%和27.46%的大学生表示非常赞同和比较赞同(如表4.1所示)。

表 4.1　关于大数据背景下意识形态遭受冲击的调查数据

问　题	非常赞同	比较赞同	中　立	比较不赞同	不赞同
您认为自己坚定信仰马克思主义	5.94%	35.61%	32.19%	22.94%	3.32%
您认为传统文化已经过时	12.27%	39.64%	14.59%	27.97%	5.53%
您认可人生的意义在奉献而不在索取	4.43%	13.68%	30.08%	36.02%	15.79%
您认可活在当下,及时享乐	7.95%	27.97%	24.45%	26.86%	12.78%
您认可宁坐宝马车里哭,不坐自行车上笑	9.96%	27.46%	21.83%	26.06%	14.69%

由于不同国家的国家利益以及各国综合国力的较量,国际意识形态争议一直被视为国际竞争的主要方面,这种较量对思想政治教育构成了一定

的挑战,使其难以顺利展开和发展。长期以来,发达资本主义国家凭借技术上的优势和网络霸权,试图通过文化传播的方式向我国渗透西方价值观,以分化和西化我国为目标。更有甚者,在网络空间广泛宣扬歪曲的和不正确的价值观念,如个人主义、享乐主义、拜金主义等。他们试图以这些价值观来影响我国大众。各种数据信息错综复杂,其中夹杂着大量的西方堕落思想。① 受影响较大的群体之一就是大学生。00 后大学生作为信息时代的主要参与者,经常活跃于网络,对于那些思想不稳定、理性判断能力有限、容易在数据信息中受到影响的学生来说,可能会受到网络的影响,甚至被一些不法分子蛊惑和利用。这些都在一定程度上影响了大学生的理想信念、政治信仰和价值观的形成,也不利于思想政治教育的顺利进行。

(三)网络依赖程度加深

大数据的广泛应用给我们带来了便利,人们对网络的依赖程度不断加深。调查显示,当被问及"您认为大数据对我们的生活有什么影响"时,大多数的被调查对象都认为大数据提高了网购便利性,促进了电子商务转型升级;提高了出行效率,为制定更好的交通方案提供科学依据;协助医生实施更准确的治疗方案,推动医疗创新;有助于企业进行精准营销,提高市场竞争力等(如表 4.2 所示)。

表 4.2　"您认为大数据对我们的生活有什么影响"调查结果

选　项	小计/人	比例
提高了网购便利性,促进了电子商务转型升级	886	89.13%
提高了出行效率,为制定更好的交通方案提供科学依据	836	84.10%
协助医生实施更准确的治疗方案,推动医疗创新	790	79.48%
有助于企业进行精准营销,提高市场竞争力	585	58.85%
建立全方位的信用评估系统,促进和谐社会的建设	470	47.28%
其他	265	26.66%

① 邱启照,孙鹏.大数据时代高校思想政治教育的机遇和挑战[J].教育理论与实践,2016(9):35-37.

正所谓"一机在手,便知天下事"①。调查发现,当被问及"遇到问题时,您会向谁寻求答案",有 52.62% 的被调查者选择了"网络",超过了半数(如图 4.4 所示)。

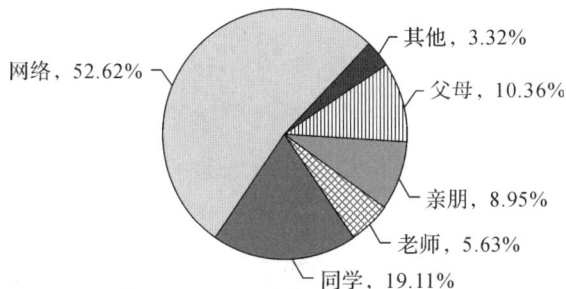

图 4.4　遇到问题时的寻求对象情况

随着大数据搜集和处理技术的不断升级,互联网的搜索功能也得到了相应的优化。一些常用的搜索工具包括谷歌搜索、百度搜索、UC 搜索等,为学生搜索丰富的知识信息提供了巨大的便利,不仅扩展了学生的知识视野,还提高了他们的学习效率。但这也会造成学生思想上的依赖。尤其是以 ChatGPT 为代表的人工智能的出现,在帮助学生寻求答案的同时,也让学生对网络的依赖程度不断加深。尤其是对于某些思想懒惰的大学生而言,遇到问题便上网查询答案。如果一直这样下去,学生的学习能力将大打折扣。在个别访谈过程中,有大学生表示,网络也不是囊括世间的一切问题,当借助互联网找不到与问题相对应的答案时,忽然有种无力感,不知道怎么办才好,有时候会产生一定的精神负担和心理压力。一些同学在遇到此类困难时,往往会选择逃避问题,或者通过网络游戏、娱乐视频的精神刺激来满足自己,使自己内心获得平静。沉迷于虚拟的网络世界之中,不利于大学生完成学业和全面发展。

---

① 付杨.大数据时代高校学生思想政治教育存在的问题与应对策略研究[D].四平:吉林师范大学,2017.

二、引发思想政治教育技术难题

在思想政治教育中,教师可以构建与大学生学习和生活相关的数据模型,并进行相关分析,从而科学地了解大学生的思想和行为状况,并根据他们的实际需求提供个性化服务。然而,在实际操作中,由于大数据技术的复杂性,将定量的大数据研究与定性的思想政治教育相结合仍然存在难题,同时也面临着数据收集、数据分析和数据管理的问题。

(一)数据收集难题

数据收集是大数据得以运用的基础,也是大数据工作正常开展的前提条件。如今,全国各大高校为了更好地收集大学生的相关信息,在校园里面架设了多个系统以便于管理。调查显示,当被问及"您在校园里使用的相关信息填报系统的数量"时,65.49%的大学生选择了4—5个(如图4.5所示)。在访谈中发现,大学生要经常填写考勤打卡信息、图书借阅信息、校园门禁和宿舍管理信息、教务考务信息、党团信息、个人档案信息、阳光心理系统、一卡通系统等。大学生相关数据的与日俱增给数据收集带来了很大的困难。

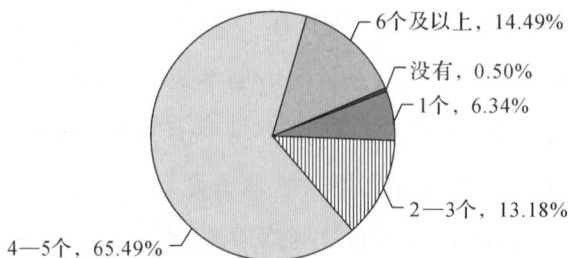

图 4.5   大学生在校园里使用的相关信息填报系统数量情况

从时间角度来看,数据收集的完整性难以保证。大学生数据呈现爆炸式增长,但有些高校的数据收集和存储设备未能跟上这一趋势,产生数据存储问题。由于存储设备的有限性,一些数据可能会被定期删除,这可能会影响对大学生思想政治状况的分析和预测。从空间角度来看,大学生数据分散在各个地方,这也增加了数据管理的难度。

　　在访谈中,个别辅导员表示,在做学生工作的过程中,有一些工作信息收集可以通过系统完成,但更多的事情需要借助 Excel 电子表格,然而采集完毕学生信息,上交到相关部门,这些信息就躺在文件夹里很长时间都没有被动过,甚至不会再被使用。而过一段时间之后,因为部分信息的更新,需要再次采集类似的信息,经常做一些重复性的工作。想要把这些分散的数据收集起来显得非常困难,数据与数据之间存在独立性,互不兼容,数据间的共享机制难以建立,大数据的实效性难以真正发挥。

（二）数据分析难题

　　数据分析技术是指从各种类型的海量数据中,利用智能化统计手段,高效、快速获得对某一领域有价值的信息的技术。[①] 数据收集是思想政治教育运用大数据的基础,而数据分析则是关键所在。只有对收集到的数据进行相关性分析,才能使大数据发挥真正的价值,起到预测未来的作用。调查发现,大学生对海量数据的分析能力较弱。当被问及"您可以比较轻松地对网络信息进行分析"时,分别有 45.67% 和 19.01% 的大学生表示比较不赞同和不赞同(如图 4.6 所示)。在个别访谈中,思政教师也表示,将复杂的网络信息数据正确分析并运用到思想政治教育工作中显得十分困难。在数据分析过程中,会遇到一系列的难题。其一,海量数据使得数据信息丰富,但也增加了数据分析的工作量。而且一些低质量和无效的数据也存在,需要剔除,这需要耗费时间和精力。其二,从数据收集到分析需要时间,而数据的数量及传播速度与数据分析速度成反比,这使得非结构化数据难以保存并及时得到有效分析。其三,由于大数据分析技术的专业性较强,思想政治教育者在这方面可能存在不足,遇到专业性较强的问题可能无法迅速解决,从而耽误了数据分析的最佳时机。在调查访谈中,部分辅导员表示,由于平时事务性工作繁忙,再加上技术专业水平有限,对于收集到的数据不能有效进行分析,没办法整理出更多的有用信息。另外,要更有效地分析学生数据,

---

① 宋广军.“大数据”时代构建高校思想政治教育网络平台的可行性分析[J].思想政治教育研究,2018(2):155-157.

还需要借助先进的工具。然而,显而易见的是,先进的数据分析工具并未被大多数高校和教师所采用,这导致了数据分析的受阻。

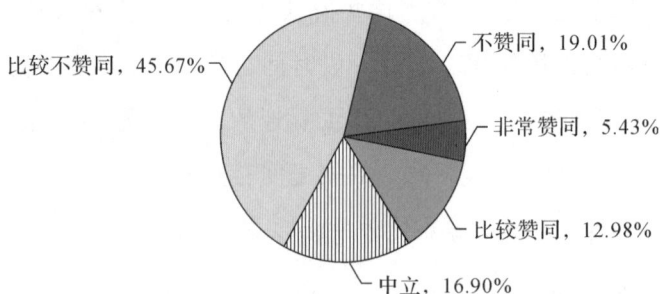

图 4.6　"您可以比较轻松地对网络信息进行分析"调查情况

（三）数据管理难题

一些学校对大数据的运用仍处于初级阶段,在大数据管理中经常暴露出一些问题。一是存在数据丢失的现象。在数据使用过程中,对于数据使用缺少必要的数据规范。在做访谈的过程中,有辅导员表示,他们曾经经历过电脑发生故障,硬盘未能修复,重新安装系统,数据没有及时备份,造成大量数据丢失的情况。也有教务系统管理人员在访谈过程中表示,在一次系统升级的过程中,直接对旧数据进行覆盖,没有保留,造成旧的数据的丢失。二是存在网络故障无法调取数据的情况。调查发现,当被问及"您是否遇到过一些学校系统登不上去的情况",回答"经常"和"总是"的,分别占比51.11%和11.67%（如图4.7所示）。系统打不开,登录不上,严重影响相关工作的顺利开展。三是存在数据漏洞现象。一方面,由于受到专业技术能力的限制,思想政治教育工作者在数据管理方面相较于专业的大数据人士存在着明显的不足,在数据处理和数据运用过程中容易产生漏洞,被不法分子利用,入侵学生数据库,盗用或者篡改相关数据信息。例如,某高校的就业网站,将学生的基本信息和电话号码直接公布在网站上,而非仅注册的用人单位可见,造成大量的毕业生数据的泄露和被不当利用,给学生带来不必要的麻烦。另一方面,由于相关设备和软件的不断升级,一些高校仍使用较低配置的设备,软件没有及时更新,这往往存在诸多安全隐患,其中数据漏洞较为突出，容易成为更高配置设备和病毒的攻击目标。

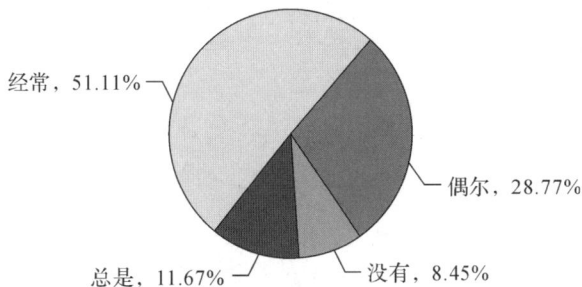

图 4.7　"您是否遇到过一些学校系统登不上去的情况"调查情况

三、挑战思政教师主导权威

随着信息技术的不断发展，思政教师的主导地位和权威遭受到严重的挑战，主要体现在知识垄断者地位被削弱、灌输式方式被侵蚀以及一元化评价方式受争议这三点。

（一）知识垄断者地位被削弱

在传统的思想政治教育过程中，思政教师是课堂的绝对主导，引领学生"学什么""怎么学"。从知识内容上来讲，具有一定的垄断者的角色，起着重要的传承作用，主要以"我说你听"的讲授模式为主，在选择教学内容时，教师通常会依赖自身的学识和日常教学经验来整理和传递知识，导致学生不是主动地接受理论知识，这种一元化的知识获取方式强化了教师在思政教育过程中的主导地位，使其把握着课堂的整体发展方向。调查发现，当被问及"您的最重要的知识获取的渠道"时，有 55.03％的大学生选择了"网络"，32.70％的大学生选择了"教师"，选择"网络"的明显多于"教师"（如图 4.8 所示）。随着社会的进步、科技的发展、教育的大众化以及知识的网络化和数据化，00 后大学生接受知识的渠道不再单一，更加多元化。无论是在知识的广度上，还是在知识的深度上，他们都能够通过更加丰富的信息渠道进行知识的汲取，如微信、微博、微视频、新闻类 App、教育类 App 等。尤其是近年来教育事业的蓬勃发展，人们越来越意识到教育的重要性，网络教育课程变得异常的丰富,为学生获取知识提供了更加丰富的渠道,以至于教师的讲授仅仅是众多知识传播途径之一,这在一定程度上削弱了教师作为知识垄断者的主导地位。[①]

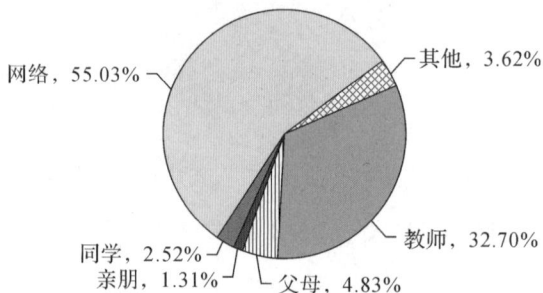

图 4.8   大学生获取知识的渠道的情况

(二)灌输式方式被侵蚀

调查发现,当被问及"您喜欢思政课哪些教学方式(多选题)"时,选择"灌输式"的仅占 10.97%,选择"启发式""讨论式""探究式""参与式"的分别占 79.38%、56.74%、37.73%、65.39%(如图 4.9 所示)。在教育方式方面,思政教师大多受到传统教育模式的影响,采用一种整齐划一的授课方式,内容和教学方法都相似,对学生进行"灌输式"的整体教育。灌输式方式在思政教育过程中起着主导作用,并掌握着主要的话语权。但是,这种教学方式通常显得枯燥无味,缺乏吸引力,无法激发学生学习的兴趣,也无法满足当代 00 后大学生的个性化教育需求。因此,思政教育存在供需矛盾,导致思政教育效果大打折扣。由于社会客观条件的限制,思政教育者往往不能对学生进行全方位、全天候、全过程的动态实时监督,因此无法提供具有针对性的思想政治教育。

然而,在大数据时代,多样化的教育方式如雨后春笋般涌现并深受学生喜爱。一些高校采用灵活的授课方式,吸引人的教学展示,根据学生的实际情况进行个性化指导,直到学生完全掌握知识点并能够灵活运用为止。教

---

① 李潇.大数据视角下大学生思想政治教育效果提升路径研究[D]. 太原:太原理工大学,2020.

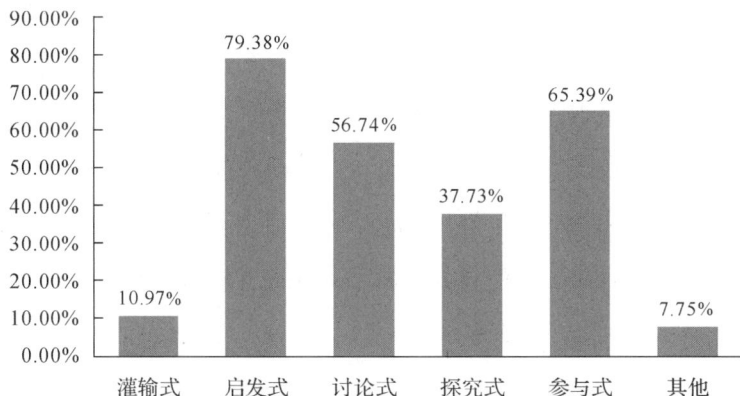

图 4.9　"您喜欢思政课哪些教学方式(多选题)"调查情况

师会通过个人 PC 端将思政内容和课后习题传输给学生,然后学生将自己的学习情况,包括对课程主要内容和重难点的理解等,及时反馈给教师。这样,教师可以更快地了解到学生的整体学习情况以及单个学生的学习情况,并根据数据有针对性地对学生进行教育。课后还会将讲课视频和学生个人专属的学习资料打包发送给学生,便于学生查漏补缺和复习记忆。这种更贴近学生学习需求的教育方式,使学生的学习更具针对性,提升了他们的学习获得感,逐渐增强了学生的自信心,激发了他们的学习动力。这种个性化的新型教育模式对传统的思政教育模式造成了一定程度的冲击。①

(三)一元化评价方式受争议

传统的思政教育常以学生成绩来衡量学生的表现。而成绩通常以教师对学生的个人评估为主要评价依据。调查发现,当被问及"您是否喜欢以考试成绩作为唯一评价的方式"时,有 63.38% 的大学生表示"否"(如图 4.10 所示)。这种一元化的质量评价方式存在明显的局限性,不能全面反映学生的思想政治状况,也无法提供关于学习过程的详细评价。然而,仍有一些思政教师坚守传统的"成绩至上"观念,对学生的评价过于依赖成绩,这引发了学生的不满情绪。一方面,过于关注成绩可能导致学生更加注重学习的结

---

①　李潇.大数据视角下大学生思想政治教育效果提升路径研究[D].太原:太原理工大学,2020.

果,而忽略了自身在学习过程中的个人成长和收获。这种趋势可能使学习变得功利化,学习方式变得机械化,学生将注意力过多集中在如何提高考试成绩上,而忽视了思想道德品质的培养、良好的学习习惯的养成以及心理素质的塑造等其他重要方面。另一方面,这种单一的评价方式只能反映学生对某些具体知识点的理解和应用,而无法全面考量学生的综合认知水平。由于学生个体之间存在差异,以及对课程内容的理解不同,单一的评价方式难以准确反映思政教育的整体水平。

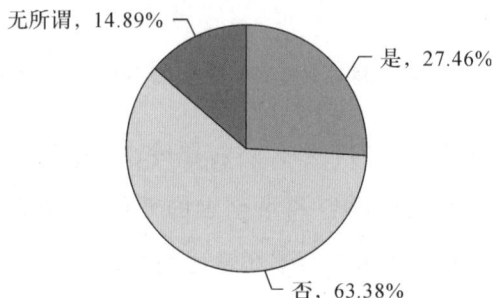

图 4.10   "您是否喜欢以考试成绩作为唯一评价的方式"调查情况

然而,在大数据时代的背景下,传统的一元化评价方式显得不尽如人意,引发了学生的不满情绪,社会更倾向于采用多元化评价主体和多样化评价方式的综合性评价。在对思政教师的访谈中发现,近年来,很多教师已经调整了单一的教学评价方式,将期末综合成绩按照一定的比例进行分配,如平时成绩占 50%,期末考试占 50%,而平时成绩的构成主要有课堂考勤、课堂发言、平时作业、慕课平台学习数据等。此外,多元化的评价主体包括教师、辅导员、班主任、学生等,从多个角度、多个方面评价学生。评价方式也更倾向于充分利用大数据技术,将教育过程性评价和结果性评价相结合,综合多方面的数据来评估学生。这种方法有助于更全面、更公正地评估学生的表现。

四、诱发思政教育伦理问题

科学技术对社会的进步产生了巨大、深远而持久的影响,甚至有可能引发社会的彻底变革。然而，与科技的迅猛发展相比，对科技伦理的思考则显得有些滞后。在各行各业，人们都积极拥抱新科技，纷纷搭乘科技发展的快车，不断探索创新。高校也不例外，面对信息时代的迅速发展，积极将大数据、云平台、智慧校园等新兴科技应用到思想政治教育领域，为思政教育带来了巨大的便利。然而，在融入这些新兴科技时，我们必须认识到科技的双重性。对科技的合理运用可以提高高校思想政治教育的实效性，但不当使用可能带来一系列伦理问题，如侵犯个人隐私、滋生唯数据主义思想以及破坏公平等。

（一）个人隐私被侵犯

在高校，以往的数据搜集主要采用问卷调查和面对面访谈等传统方法，通常在学生明确知情并同意的情况下进行。学生可以选择是否参与，也可以选择性回答问题。然而，在大数据时代，随着智能设备的广泛普及和物联网技术的快速发展，大学生产生了大量的数据信息，包括学习、生活、社交等各方面的数据。调查发现，当被问及"您是否收到过广告营销电话"时，83.20％的大学生表示"是"（如图 4.11 所示）。为什么这么多人收到过广告营销电话，大学生的数据信息是否已经被泄露？这些信息数据可能被相关的网络运营商或专业数据搜集人员所获取，并通过关联性分析技术来深入了解大学生的各个方面。这种情况下，大学生的个人空间和言论表达可能受到限制，他们成了"透明人"，这在一定程度上侵犯了他们的隐私。调查显示，当被问及"您是否介意自己的个人隐私被泄露"时，有 87.93％大学生选择了"是"。大多数大学生对个人隐私泄露是十分敏感的。如今，一些不法之徒利用互联网信息、学生使用的手机 App 信息、通信信息等，盗取学生的个人信息来获利。一些软件甚至可以通过控制手机调取照片、短信、通讯录、家庭住址、出行信息、消费记录、跟踪定位等个人信息。个人隐私在不断地被他人窃取，然而对于其窃取的目的我们不得而知。因此，这种信息的窃取就如同一颗"不定时炸弹"一般，一些大学生往往会处于惶恐不安之中，严重影响日常生活、学习。

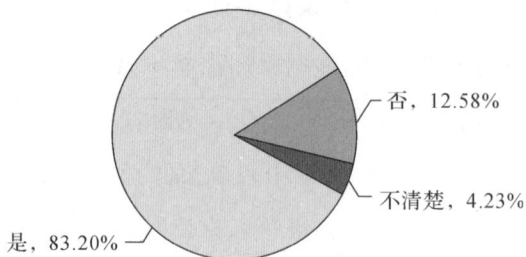

图 4.11　"您是否收到过广告营销电话"调查情况

（二）唯数据论思想产生

调查发现,当被问及"学校是否在评优、评先、党员发展中进行量化考核"时,有 58.25％的大学生选择了"是"(如图 4.12 所示)。大数据对于大学生思想政治教育带来了革命性的变化,通过数据化分析和可视化展示,思政教育工作者的教育方式变得更加具有前瞻性和针对性,从而显著提升了思想政治教育的效果。这种现代化的方法为教育工作者了解学生需求和表现提供了更深入、更全面的途径。然而,在个别访谈中发现,也有一些高校的大学生思想政治教育工作者,在实际教育过程中出现了对大数据的过度依赖。这表现在各个方面,包括评优评先、党员发展、学生干部选拔等领域,都趋向于过分强调数据指标的量化分析。这种情况下,出现了唯数据论的思维方式,过于依赖数据的分析结果来评价学生,似乎一切都可以用数字来衡量。这种偏向"一切皆可量化"的思想,有时可能让思想政治教育工作者深陷于数据的迷宫,难以自拔,产生了错误的数据至上主义观念。

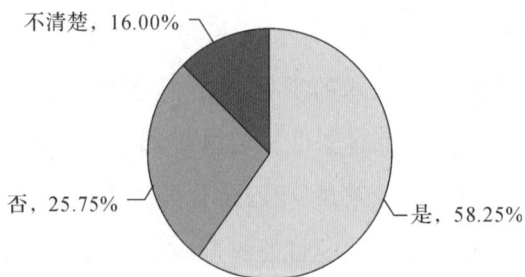

图 4.12　"学校是否在评优评先、党员发展中进行量化考核"调查情况

　　大数据旨在挖掘和分析海量数据,以揭示潜在的巨大价值。然而,过度依赖大数据对于思想政治教育工作者而言可能导致问题。完全将工作交由大数据,可能削弱教师主动思考和解决问题的能力。此外,仅凭冷冰冰的数据分析结果来评判学生也存在风险。教育对象是活生生的个体,思想和情感都会受到外界因素和内在思想变化的影响,因此难以用大数据准确捕捉大学生的思想行为发展规律。这种偏差性的评判可能破坏师生间的信任,产生严重后果。在个别访谈中,一位教师分享了一项关于大学生消费情况的数据分析项目。该项目利用大学生一卡通的数据,以探究学生的消费习惯和饮食情况。每个学生的消费记录都会在一卡通数据库中留下痕迹,而如果学生的一卡通消费数据连续半个月没有任何记录,教师会将其列为关注对象,并主动发送短信进行询问。然而,这种依赖纯粹的数据分析来评判学生的做法存在一些潜在问题。有时,学生半个月没有一卡通记录可能是因为他们正在积极减肥、选择了其他支付方式,如手机支付,或者在实习、支教等特殊情况下。这种单纯依赖数据分析的评判方式容易忽视外部因素的影响,也可能忽略了学生在不同阶段的心理变化,导致评判结果不准确,使真正需要帮助的学生没有得到足够的关注和支持,从而损害了学生对教师的信任,不利于建立良好的师生关系。因此,数据分析在教育中的应用需要综合考虑,不能仅仅依赖数字,还需要深入了解学生的个人情况和背景,以更全面的方式进行评估和关怀。这样才能真正实现教育的人性化和个性化,促进师生之间的互动和合作更加和谐。

（三）破坏公平

　　数字鸿沟造成信息差距扩大。[①] 数字鸿沟是指在数字技术的发展和应用过程中,不同群体之间技术接触、使用和掌握的差异,导致的信息获取、处理和传播能力的不平等现象。这种不平等使得那些缺乏数字技能或者无法获得适当的数字工具和资源的人群难以与数字化社会保持同步,从而使得

---

① 张锐,董志,夏鑫.大数据时代高校思想政治教育工作创新探索[J].学校党建与思想教育,2014(10):67-69.

他们在信息获取、教育、就业等方面落后,形成了信息差距的扩大。在应用大数据解决大学生思想政治教育问题的过程中,深入挖掘和详细分析获取到的数据信息至关重要,可以了解大学生思想政治教育工作的发展规律。然而,不可否认的是数字鸿沟的存在可能对学生的个人权益造成损害。因此,在运用大数据技术分析学生数据时,保障公平性变得十分复杂。

第一,教学领域的公平性难以得到确保。随着大数据时代的来临,教育者与教育对象之间出现的信息不对称的现象越发突显。在高校中,数据库对师生的开放权限不同,导致师生在获取数据资源方面存在差异。一方面,教师作为"信息富民",可以获取大量数据资源,了解学生的思想和行为变化。另一方面,学生则可能成为"信息贫民",缺乏相应的数据资源。这种差异使得教师可以基于数据库信息对学生进行分类,可能导致不公平对待,影响学生的学业发展,扰乱学生之间的交往模式,导致教学公平性难以维护。

第二,学生的个人发展可能会受到不公平的冲击。由于数据的永久性特征,数据一旦存储在网络上,就会像"烙印"一样永久存储在个人数据库中,贯穿一生。高校数据库收集了丰富的学生数据信息,如学业成绩、诚信记录、图书馆借阅情况、不良行为记录等。正面记录能够为学生增添光彩,有助于个人的发展。而不良记录则像伤疤一样持续提醒着学生。随着时间的推移,这些负面记录可能损害学生的自信心,使他们对事情感到犹豫不决,在日后的工作和人际交往中可能受到一定影响。在一些个人访谈中,有学生表示,在就业招聘中,学生的不及格记录、不良行为记录、未按时归还图书的诚信记录等可能会影响招聘人员对学生的印象,从而影响就业,不利于学生的个人发展和对美好生活的追求。因此,基于过去数据决定未来发展的情况可能会限制学生的自由选择,将其束缚在过去决定未来的困境中,妨碍学生的个人成长,同时也影响企业对优秀人才的选拔。

因此,我们在运用大数据分析时必须充分考虑数字鸿沟和隐私问题,以确保公平性和个人权益得到有效维护。

第三节　大数据时代 00 后大学生思想政治教育存在问题的原因分析

在运用大数据提升 00 后大学生思想政治教育效果的过程中,大数据的应用引发了一系列问题:大学生的认知难度增加,思政教师的主导权威受到挑战,思政教育技术面临难题,同时也引发了思政教育伦理问题。这些问题并非单一因素所致,而是社会环境、高校情境、大学生个体等多重因素综合作用的结果。

一、社会环境纷繁复杂

互联网、数字媒体、智能手机等新兴媒体,以及云计算、5G、人工智能等新技术的迅猛发展,已经深刻地改变了我们的社会环境,使其变得前所未有的复杂。这个复杂的社会环境的影响也波及运用大数据来提升思想政治教育的过程,给大学生带来了更高的认知挑战,凸显了数据收集的难题,以及潜在的个人隐私侵犯问题。这些现象的背后存在着网络环境缺乏规范、数据获取存在壁垒、大数据相关法律法规尚未健全等方面的问题。

（一）网络环境缺乏规范

大数据时代的崛起是伴随着互联网、物联网、云计算和人工智能等领域的蓬勃发展而来的。在这个时代,几乎所有内容都可以数字化编码,以数字化的形式存在于网络上。这种数字化的生存方式深刻地影响了大学生,不仅触及了他们个人行为层面,还渗透到了思维层面。网络的复杂性、虚拟性和开放性等特征,使网络环境变得错综复杂,各类数据和信息在其中交织,从而提升了大学生的认知挑战。在互联网这个战场上,能否顶得住、打得赢,直接关系国家的政治安全、文化安全、意识形态安全。[①]

---

① 中共中央宣传部.习近平新时代中国特色社会主义思想学习纲要[M].北京:人民出版社,2019:151.

　　首先,网络的虚拟性给00后大学生带来了严重的网络依赖。网络环境是一种虚拟化的环境,其中,各种行为都能以虚拟的形式存在。一些大学生可能会过度依赖虚拟的网络世界,导致难以自拔,用虚拟的身份扮演网络上的角色,在论坛上发泄情绪,在游戏中战斗成为英雄,沉迷于网络小说和网络影视作品中,出现"网络成瘾"的现象。虚拟环境与现实环境之间的强烈反差,使他们不敢面对现实生活,宁可自己沉沦在虚拟的网络世界。对网络的过度依赖直接影响了他们的现实生活、学习和社交互动,导致学业荒废、人际关系问题以及身体健康问题。

　　其次,网络的开放性对00后大学生的信息甄别能力提出了更高的要求。互联网的开放性和全球性为用户带来了无限扩展的虚拟世界,不同地区和国家的人民可以随时随地借助网络平台进行交流,也可以自由地在网络上分享和传播各种观点、创意、信息和文化。这种开放性鼓励了不同背景、兴趣和观点的人们相互交流和互动,从而促进了网络文化的多样性。然而,这种开放性也可能导致信息的混杂、虚假信息泛滥、不当言论充斥网络,如果没有足够的辨别信息真伪的能力,就很容易被不法分子蛊惑和利用。

　　最后,网络的复杂性给00后大学生的价值观塑造带来了一定的困难。高校一直是意识形态工作的前沿阵地,因为高校会聚着最多的年轻人,这个群体的思想活跃度高、知识密集度大,同时也是网络技术应用最前沿的地方。网络环境涉及一系列矛盾使得网络环境显得更加错综复杂。正因为如此,一些西方势力试图通过意识形态斗争来影响和占领高校这一重要阵地。高校教育不仅要培养学生的专业知识,还需要引导他们树立正确的价值观,帮助他们在复杂的网络环境中做出明智的决策,平衡各种矛盾,维护社会的稳定与和谐。这是一项充满挑战但又至关重要的任务。

(二)数据壁垒十分森严

　　数据壁垒是指在数据共享和利用过程中出现的限制和障碍。不同组织、部门、企业或个体之间的数据保护、隐私、安全等问题,导致数据的流动受到限制。数据壁垒可以是技术方面的,也可以是法律、政策或文化等方面的。数据壁垒的存在可能妨碍数据的有效共享和利用,从而影响了数据的整合、分析和创新应用。出于数据隐私和安全的考虑，一些组织可能不愿意将其数据共享给其他组织或第三方。此外，不同组织使用不同的数据格式、标准和技术，可能导致数据之间难以共享。政策法规的不一致也可能使得数据跨境流动受到限制，进一步加剧数据壁垒。当前，大学生思想政治教育工作也面临着数据壁垒的困境。

首先，高校与政府部门之间的数据共享面临困难。政府是国家权力的执行机构，拥有顶尖的人员和技术，掌握着大量多样化的数据资源，这些数据主要分布在政府的统计和主管部门。其中，大学生的许多数据信息被政府部门储存，如各类报名信息、考试信息、毕业生求职信息等相关信息。虽然政府拥有丰富的数据，但受政策约束、法规限制和可能涉及个人隐私保护等因素，政府部门为了信息安全起见，一般只通过政府相关部门的系统共享数据，如果不在系统内就没有访问权限。这导致高校思想政治教育工作者想从政府部门了解学生数据信息，学生想要从政府部门了解各个单位的一些情况和数据信息，几乎是不可能的。同样，高校的一些数据政府部门也只能通过到高校调研、索取、上报等途径获得相关信息数据。高校与政府部门数据共享目前还未实现，这大大影响了高校思想政治教育工作的开展。

其次，高校与企业之间的数据共享也存在障碍。高校是培养人才的摇篮，为企业输送优秀的人才。为了攻克一些技术难题以及吸引更优秀的人才到企业工作，企业积极寻求与高校的合作。高校与企业通过资源共享、人才培养、科研攻关等方式实现互利共赢，校企合作已然成为一种常态。但由于双方之间的运行机制、目标导向和价值观差异，校企合作难度较大。高校和企业之间缺乏有效的沟通渠道，导致信息孤岛现象，难以实现深度合作。企业为了寻找最优秀的岗位人才，试图通过学校获取近年来高校所有人才培养的相关数据，高校为了使优秀的毕业生能够找到合适的单位，想更了解企业近年来的经营状况、人才薪资、福利待遇等相关数据。但是，这些数据中可能涉及不便公开的信息。因此，双方可能都会有所顾忌，无法共享数据。

最后，高校与高校之间的数据共享存在较大的难度。随着大数据的蓬勃发展,各大高校均承载了不可估量的数据信息。需要注意的是,高校与高校事实上存在着一定的竞争关系,不同高校的信息化建设水平和技术设备存在差异,他们之间投入的人力、物力和财力各不相同。高校与高校之间的数据存在着一定的利益交换,数据化程度较高的学校不一定愿意无偿将本校的信息技术和数据信息提供给其他学校使用,一旦其他学校通过模仿实现赶超,便会威胁到原来学校的利益,导致数据交流和共享受限。此外,各大高校都是根据自身的需要建设信息系统的,各个高校的系统缺乏统一的数据标准,相互兼容困难。

（三）法律规范不健全

大数据时代带来的数据化生活方式深刻改变了我们的思维方式和生活模式。与此同时,法律在应对社会关系中的数据方面也经历了许多调整。大数据的收集、分析、交易、使用、存储以及监管等方面涌现出多种重要行为关系,包括数据收集行为、数据挖掘行为、数据使用行为以及数据交易行为等。然而,随着大数据应用的广泛推进,我们也明显看到了大数据应用相关法律规范的不足之处。

第一,大数据安全立法亟须完善。信息技术的飞速发展使得大数据在社会中得到了广泛应用,丰富的社会数据资源已然成为国家基本战略资源。然而,与当前数据泛滥市场相比,大数据信息安全法律规范并不完善。此外,在大学生思想政治教育工作中经常会出现数据的交换、使用、存储等问题,也存在数据审查不严格、监管不到位、数据安全与保护立法不明确和不具体等问题。

第二,数据规范方面亦存在不足。出于学校生活、学习和开展学生活动的需求,学校经常要求大学生下载各类 App、小程序并提供个人信息进行注册。然而,这些 App、小程序往往会将一些非法的广告信息推送给软件和程序的使用者,甚至一些学生在通过软件注册后,就遭到信息泄露的情况。而这些不法信息获得者主要出于商业目的,通过电话、短信、网络推送等多种方式进行骚扰,给学生的学习和生活带来了巨大困扰。这既是商家缺乏商业道德的表现,更是由数据滥用、规章制度不完善以及网络数据信息缺乏过滤而引发的。此外,出售数据信息、蓄意泄露他人隐私,不仅对他人的人身和财产安全造成威胁,而且相较于不合理数据利用所带来的破坏,这种违背法律和道德的行为的惩罚力度显然不足,导致了歪门邪气和不良风气的蔓延。无论是数据滥用,还是数据贩卖现象,都凸显了当前大数据应用规范的不足之处。

二、大数据运用仍被轻视

在大数据时代的浪潮中,一些高校积极探索如何借助大数据开展大学生思想政治教育的实践和探索。它们试图通过充分利用大数据,提升大学生思想政治教育的效果,以客观的方式全面分析大学生的思想政治状况,并根据数据提供具有针对性的教育。这样的尝试有望使思想政治教育效果更为显著。然而,一些高校在此过程中也面临一系列挑战,包括思政教师数据素养不足、思政师资队伍有待优化、教育大数据平台建设滞后以及相关机制建设不健全等问题。这些问题妨碍了大数据与思想政治教育的有效融合。

(一)思政教师数据素养不足

一些高校未充分重视大数据的运用,导致思政教师受到传统思维模式、学科背景限制和认知偏差的影响,尚未形成必要的数据意识。另外,高校在软硬件投入方面不足,造成实操培训和理论培训不足,进而影响大数据技术的进一步发展。

第一,思政教师缺乏大数据意识。在思想政治理论课教学中,教师往往习惯采用传统的教学方法,而没有充分以学生为中心来制定教学策略。[1] 一些思政教师还固守过去的教育教学经验,仅仅对因果关系进行深入分析,导致思维方式僵化。这种固步自封的做法,使得他们在大学生思想政治教育中难以形成对大数据的充分认知。对于大数据是否能够真正提升教育效果,他们抱有疑虑,也没有充分利用大数据来了解学生的思想、学习和生活等情况。他们缺乏数据意识、整体意识以及预测意识。此外,一些思政教师

---

[1]　刁生富,李香玲,刘晓慧,等.大数据时代思想政治教育新探[M].北京:知识产权出版社,2019:107.

比较担心大数据可能带来的隐私泄露风险,对大数据持有偏见。虽然大数据在正确应用时会造福社会,但若使用不慎,也可能引发问题。一些思政教师过于强调大数据的负面影响,忽略了其积极作用,继续使用传统教学方法开展大学生思想政治教育工作。此外,思政教师的学科背景限制也造成了一定的影响。思政教师多数为文科背景,习惯以定性研究方法开展思想政治教育工作。然而,思想政治教育工作的数据很多都涉及统计学、数学、逻辑学等理工学科,要求量化分析。这种学科差异导致他们在认知方式上产生一定差异,不利于充分利用大数据来提升思想政治教育的实际效果。

第二,思政教师在技术层面受指导不足。当前,我国思想政治教育工作面临着技术、工具的短缺,而这些最终归根于大数据人才的短缺。尽管人们普遍认识到大数据的重要性,但在实际应用中却难以付诸实践。思想政治教育工作与大数据属于不同的领域,要想通过大数据提升思想政治教育的效果,需要专业的技术人员对教育者进行指导。然而,由于一些高校未充分关注大数据应用,导致大数据设备的投入不足,相应的理论培训和实践操作也十分缺乏,影响了思政教师的大数据技术的培养。此外,内部人才培养缓慢以及外部人才引进不足,导致大数据人才供给不足,业务培训和技术指导不足。从内部培养来看,培养大数据专业人才需要大量时间、精力和资金,再加上思政教师本身的业务工作繁忙,通过几天的培训要求其掌握多个学科领域的知识显然是不现实的,其成材率相对较低。从外部引进来看,引进的技术人员和专业人员,只会负责数据采集、管理,缺乏对思想政治教育工作的认识和规律的把握,不懂得从什么角度、什么内容来对数据进行分析,大大阻碍了对学生数据的深层次分析。一些高校尝试加强与专业技术单位的合作,为思政教师提供技术指导,从而更好地应用大数据来提升思政教育效果。但不难发现,与专业技术单位合作虽然可以为教师提供专业指导,但合作的费用过高,时间有限,教育者一旦错过了学习培训的机会,就很难重新获得相关知识,在使用设备、机器和软件上就显得相当困难,导致一些技术问题难以解决,最终不得不放弃。

（二）思政教师队伍有待优化

　　要提升大学生思想政治教育的实效性，仅做到对大数据的资金投入是不够的，关键在人。除了引入大数据人才，还需要为思政教师和大数据专业人才提供专业知识培训。这样可以确保思政教师掌握相关的大数据技术，同时大数据专业人才也能够了解思政领域的专业知识，从而提升整个思政队伍的综合实力。因此，高校思政教师队伍依然需要进一步优化。

　　第一，大数据人才缺乏思政专业知识。以往高校数据采集依赖于辅导员、教学秘书、办公室文员等行政人员，随着大数据的发展，近年来，大数据专业人才培养已经结出硕果，越来越多的大数据人才开始走上工作岗位。一些高校开始重视技术人才的引进，安排他们对学生数据进行收集、整理和分析，以便更好地开展思想政治教育工作。但在具体操作中，这些大数据专业技术人员缺乏足够的思想政治教育知识，对问题学生的思想和行为表现不够敏感，未能及时察觉，对一些问题也不够重视，无法从思政专业的角度第一时间排查出有问题的学生，这可能导致错失教育的最佳时机。

　　第二，思政教师大数据技术水平偏低。高校思政教师专业背景多数是文科。文科思维方式和理科思维方式不一样。文科专业的思政教师习惯使用定性研究方法，倾向于通过理性和情感来进行教育。然而，大数据分析运用的是定量的方法，通过"数据说话"来预测趋势和解决问题。为了充分发挥大数据的潜力来分析问题，思政教师需要掌握一定的大数据技术，包括数据收集、数据挖掘和数据分析等。但实际上，一些思政教师只具备基本的软件操作技能，对于大数据专业技术却了解甚少，更不用说运用这些软件和技术来进行分析和研究了。再加上思政教师相对而言工作任务较重、工作压力较大，甚至还要承受来自学生家庭和社会舆论的压力，很难有足够的时间和精力去学习研究大数据技术。因此，高校思政教师大数据技术水平总体偏低，有待加强。

　　第三，高校思政教师队伍结构也存在一定的问题。除了辅导员之外，高校思政教师队伍主要是由"70 后"和"80 后"教师组成，他们习惯用传统的授课方式，主要凭借丰富的教学经验进行教育。对于像大数据这样的新兴技术和手段,他们可能不太愿意花大量的时间去学习、研究和使用,这导致他们没办法主动获取大数据方面的知识和技能。此外,创新意识相对较低,思想较为保守。这意味着在大数据技术的实践中,思政教师在应用方面可能会相对滞后。

（三）大数据平台建设滞后

大数据技术作为信息时代的核心驱动力之一,在各个领域都展现出强大的应用潜力。然而,在高校思想政治教育领域,大数据平台建设却存在滞后的问题,主要体现在思政教育资源库平台建设滞后、大学生数据库平台建设滞后以及新媒体平台使用滞后三个方面。这些问题限制了大数据技术在思想政治教育中的发挥,阻碍了高校思想政治教育的全面提升。

第一,思政教育资源库平台建设滞后。作为高校教育的重要组成部分,思政教育需要充分的教育资源支持。虽然,近年来,国家大力投入慕课资源平台的建设,取得了一定的成效,积累了一些资源。然而,大学生思想政治教育是与时俱进的,在大数据时代,这些资源的整合和共享远远没有达到应有的水平。网络上关于思想政治教育的数字资源层出不穷,但由于缺乏有效整合,优质资源往往被淹没在海量的信息中。高校思想政治教育资源库平台的建设滞后,使得教师难以及时获取到全面的、有效的资源,从而影响了教学质量。优质的思政教育内容无法充分传播,师生之间的互动和思想碰撞不足,制约了思想政治教育的深化和提升。

第二,大学生数据库平台建设滞后。随着大数据技术的不断发展,学生信息的获取、分析和应用变得更加方便。然而,在大学生思想政治教育领域,学生数据库平台的滞后建设严重妨碍了学生管理和教育的正常开展。学生信息分散在不同部门和系统中,缺乏一个统一的数据库平台来整合这些信息。这导致高校难以实现对学生全面信息的查询和分析,也限制了根据学生特点和需求制定个性化的思想政治教育方案的能力。如果不能建立完善统一的大学生数据库平台,高校势必难以深入了解学生的思想政治状况,也无法为每个学生提供更加有针对性的教育和指导。

第三,新媒体平台使用滞后。在当今社会,新媒体平台成为学生获取信息、交流和互动的主要途径。然而,在高校思想政治教育领域,新媒体平台的应用却滞后于其他领域。一些高校在开展教学过程中,拒绝接受新事物,一些思政教师反对在课堂上使用手机,拒绝利用新媒体平台,认为学生在课堂上使用手机是一种违规违纪行为,殊不知在课堂上学生可以利用手机软件开展及时的教学互动和教学反馈。这使得大学生思想政治在学生中的传播效果受限,未能有效地促进思想的交流和碰撞。思政教育内容的传递表现过于单一,难以满足学生多样化的学习需求。新媒体平台可以成为引导学生关注时事热点、社会问题的重要途径,然而,由于使用滞后,高校思想政治教育未能充分利用新媒体平台的优势,从而错失了与学生在更广泛领域进行互动的机会。

总而言之,大数据平台建设滞后制约了大数据技术在思想政治教育中的发展和应用,阻碍了高校思想政治教育的全面提升。为了解决这些问题,高校需要加大对大数据平台建设的投入,提升资源整合和共享能力,加强对学生信息的管理和利用,充分利用新媒体平台进行教育传播,从而更好地满足学生多样化需求,提升思想政治教育的水平。

（四）相关机制建设不健全

在大数据时代,思想政治教育机制建设存在多方面不健全的问题,主要包括科学管理机制不健全、监控预警机制不健全、激励评价机制不健全等。

第一,科学管理机制的提升亟待关注。随着大数据技术的广泛应用,教育机构可以收集和分析大量学生的学习和思想政治表现数据。然而,针对学生数据的使用标准,尚存在多样化的规范。在收集大学生数据信息方面,高校缺乏统一的数据使用准则。针对学生数据的申请流程、使用权限、使用期限以及保密条款等问题,尚未制定详尽规范或制度,导致存在意义模糊、表述不清晰等问题。这种情况可能导致在学生数据使用过程中产生数据滥用、数据丢失和信息泄露等隐患。而且,二次利用和倒卖学生数据信息也会增加学生的安全风险,对学生的健康发展造成不利影响。在确保信息安全的前提下,如何在保护学生隐私和合理利用学生行为数据之间找到平衡,成为高校在大数据运用于思想政治教育领域中必须解决的重要问题之一。[①]另外,相关人员的责任划分对于数据管理与应用至关重要。由于涉及学生数据的管理和应用可能牵涉到多个人员或机构部门,如果不明确责任范围,就有可能导致相关人员对数据保护缺乏意识,对数据的使用和管理产生疏忽心理,从而增加数据泄露和丢失的风险。如果引入明确的数据责任认定,将会显著改善这些不良状况。因此,在构建科学的管理机制时,必须明确每个人员的职责,确保数据得到妥善保护和合理利用。

第二,迫切需要建立有效的预警机制。近年来,全国高校偶尔会发生一些突发事件,尤其是在临近毕业季、期末时,大学生心理问题、失踪、自杀、遇害等情况明显增加。这些事件的发生已经引起了高校思想政治教育工作者的广泛关注。对于这些突发事件的深入调查可以发现一些共同问题,许多学生的网络信息中往往包含了事件发生的前兆。如果我们能够提前对这些数据信息进行预测分析,很有可能避免这些不幸事件的发生。随着大数据时代的来临,专门的预警机制可以通过对大学生数据进行问题分析,预测大学生的思想和行为趋势,从而防范突发事件的发生。然而,一方面,部分高校对大数据的应用仍然缺乏重视,仅在事件发生后才对学生数据进行分析,这往往会错过数据分析挖掘的最佳时机,导致学生陷入被动状态或造成无法弥补的后果。另一方面,一些高校的预警机制建设仅仅停留在数据收集的表面,而缺乏深入分析和综合考量。过于简单的监控可能导致误报和漏报的情况发生,无法准确地把握学生的思想动态和发展变化,从而无法做出及时的干预和指导。

第三,激励机制存在不足之处。激励机制旨在通过一系列的举措来激发教师和学生在开展思想政治教育工作中积极投入、积极参与。在大数据时代,为了推动教育信息化的发展,我们需要借助大数据来提升思想政治教育的效果。大数据作为一种新兴产物,需要高校建立相应的激励机制,以促进教育信息化的进程,推动人机协同的到来。然而,一些高校在大数据运用

---

① 逄索,魏星.大数据在高校思想政治教育工作中的运用[J].思想理论教育,2015(6):72-75.

方面缺乏必要的激励机制,导致大数据与思想政治教育的有效结合难以实现。一方面,物质激励方面存在不足。由于资源分配不均,一些高校在大数据运用方面的投入相对有限,对思想政治教育工作者的物质激励也显得不足。根据教育部印发的《新时代高等学校思想政治理论课教师队伍建设规定》,要因地制宜设立思政教师岗位津贴。全国很多高校在思政专项经费使用和教师岗位津贴发放上未能很好地落实文件精神,激励措施成为"空头支票",导致他们缺乏运用大数据进行思政教学的积极性,从而限制了大数据在高校的应用。另一方面,精神激励不充分。一些高校只看中理工科类专业建设,这些专业基础好,短时间能出效果,而且效果是看得见摸得着的。但是对于思想政治教育工作效果而言,可能需要三年、五年的时间才能出成效,因此一些高校在对待思想政治教育工作上只求不出问题便万事大吉,对于思想政治教育工作者缺乏必要的精神激励,基本上没有开展相关的活动或先进评选来表彰那些积极运用大数据进行大学生思想政治教育教学的教师。随着时间的推移,信息技术水平较高的教育者缺乏精神动力,减少了对大数据的应用,继续采用传统的教学方式进行灌输教育,不利于推动教育信息化的进展。

综上所述,大数据时代思想政治教育机制建设面临着科学管理机制和监控预警机制不健全等问题。解决这些问题需要教育机构不断完善自身的管理体系,深入挖掘大数据的潜力,从而更好地为学生提供全面的思想政治教育,培养具有坚定理想信念和正确世界观的新一代人才。

三、大学生素养有待提高

由于社会环境的复杂性以及高校在大数据应用方面的关注不足,大数据的应用在思想政治教育中不可避免地引发难以深入融合的问题。特别值得关注的是,大学生的整体素养水平对大数据在思政教育中的应用产生着深刻的影响。因为存在认知受限、数据素养不足,以及对数据隐私保护的意识相对薄弱,大学生在理解大数据方面存在缺陷,难以充分发挥大数据在解决个人问题、提高学业和职业效率方面的潜力。

（一）认知水平的局限性

个体的认知能力与其认知水平密切相关。随着大学生生理和心理的逐渐成熟，以及智力水平的日益提升，他们的认知能力也会不断增强。无论是在认知的广度还是深度方面，都将有所提升，其知识结构体系也将逐步完善。在这种情况下，大学生对自我意识的强烈感知使他们相信自己具备足够的能力，可以单独对事物进行判断和分析，因此，他们更倾向于根据个人经验做出决策，而不是依赖他人的协助。然而，随着大数据时代的到来，大量数据如潮水般涌入，给大学生带来了巨大的认知挑战。由于社会环境的复杂性以及大学生个人经验的有限性，他们在社会认知、自我认知以及未来规划等方面都存在一些不足，需要持续积累社会经验和不断提升社会技能。很多大学生对网络上的虚假信息不能进行有效甄别，对社会的复杂性认识不足。面对社会冲突或矛盾时，大学生深切感受到自己认知能力的不足以及处理问题的限制。在面对复杂事物或信息时，他们难以做出决策，容易受到外部社会的影响，被表面现象所迷惑，缺乏独立思考的能力，从而难以做出准确的价值判断。比如，近年来网络诈骗、电话诈骗频发，大学校园成了重灾区，很多学生被网络诈骗、电话诈骗骗取的金额巨大。这种有限的认知水平使得大学生的主流价值观容易动摇或失真，不利于他们树立科学的世界观、人生观和价值观。[①]

（二）大数据素养不足

大数据时代的来临，为社会带来了巨大的变革和机遇，然而，大学生在面对这个充满数据的世界时，却常常面临数据素养不足的问题，主要表现在三个方面：大数据思维缺乏、大数据意识缺乏以及数据处理能力不足。

首先，大数据思维缺乏。大数据思维作为数据素养的重要组成部分，强调用数据来观察问题、分析问题和解决问题。然而，大学生往往受到传统思维方式的影响，导致在数据思维方面存在缺陷。受到传统儒家文化的影响，中庸思想在中国文化中根深蒂固，这使得一些大学生在面对问题时表现出

---

① 王炜炜.大数据时代高校思想政治教育创新研究［D］.秦皇岛：燕山大学，2019.

模棱两可的态度,难以做出清晰的判断和决策。而在大数据时代,要求我们用数据思维去还原事物的发展轨迹,更加强调理性和逻辑性。然而,这种新的思维方式与传统思维发生碰撞,使得部分大学生难以迅速转变,难以形成相应的数据思维。他们可能更倾向于依赖传统的经验和直觉,而非用数据作为判断的依据,这阻碍了他们更好地运用大数据来分析问题和解决问题。

其次,大数据意识缺乏。大数据意识培养的速度往往跟不上互联网发展的速度。由于大学生缺乏大数据意识,往往将网络行为数据仅仅视为个人的行为表现,却无法看到这些数据背后所蕴含的巨大价值。他们可能认为这些数据只是自己的个人记录,而忽略了这些数据可能通过分析和整合深刻洞察未来的发展趋势。在大数据时代,数据的价值不仅仅体现在个人层面,还可以为社会决策和创新提供支持。然而,缺乏对大数据价值的认识,使得大学生在运用数据方面存在一定的局限性。

最后,大数据处理能力不足。数据的价值在于其可以被处理、分析和转化为有用的信息。然而,大学生的数据处理能力通常有所欠缺,主要体现在对数据资源的提取、分类、整合和管理方面存在挑战。随着互联网和智能设备的广泛应用,学生面对的数据资源变得更加丰富和多样。然而,如何高效地进行数据的提取、分类、整合,是一个需要克服的复杂难题。

大学生在数据处理能力方面的不足可能来自对数据分析工具和技术的陌生,以及对数据处理流程的不了解。他们可能缺乏对数据分析软件的掌握,或者在数据提取和整合方面缺乏必要的技能。这使得他们无法高效地利用数据资源来支持自己的学习和研究,从而影响了学习效率和工作效能。

为了更好地适应数据时代的发展,大学生需要加强对数据思维的培养,提升对大数据价值的认知,同时提升数据处理能力,以更好地应对日益复杂的数据环境。只有在这些方面取得明显的进步,大学生才能更好地利用大数据来拓展自己的学识和视野,为未来的发展做好充分准备。

(三)数据保护意识较差

安全问题至关重要。大数据时代背景下,安全问题融入了新的内涵。每一个大学生,每一次日常活动,都在为大数据贡献着信息的碎片,而这些信息的背后却隐藏着巨大的价值。然而,让人担忧的是,很多大学生未能意识到这一点。而且,高校和教育者们的引导往往显得不够,这导致学生们难以真正认识到数据的重要性。即使部分学生对大数据有了一些了解,他们很难理解和实践相应的数据保护原则。而数据保护的不足主要表现在以下两个方面。

第一,主动暴露问题。为了追求线路的便利或乘车的方便,学生们往往会毫不犹豫地打开个人位置,将自己的行踪轻易地暴露给他人。朋友圈、说说、短视频等个人动态中往往包含着位置信息,这些信息一同随着个人状态发布出去。同时,扫码领取奖品的活动也让学生的数据信息不知不觉地暴露,虽然表面上看似有所得,但实际上已经被他人掌握了足够的信息,"天下没有免费的午餐"。这些行为实际上都为个人的安全埋下了隐患。

第二,被动暴露问题。学生在浏览网页、社交互动以及日常消费中,无意识地产生的数据信息很可能被一些网络运营商所悄然收集。这些数据被用于推送相关产品或被出售,甚至可能流入不法分子的手中,一旦被滥用,就有可能将个人置于危险之中,甚至可能危及家人的人身和财产安全。

在如今这个数字化的时代,大学生需要更加敏锐地认识到数据保护的重要性,应当在使用各类网络服务时保持警觉,避免不必要的信息泄露。同时,学校和教育者也应该加强引导,让学生真正意识到每一次点击、每一次发布都可能对个人隐私产生侵害。此外,学生们也需要增强数据处理和保护的技能,学会运用隐私设置,避免数据被滥用。

综上所述,安全问题永不过时。尤其是在大数据时代,安全问题面临着更加严峻的挑战。大学生需要加强数据意识,不仅要主动保护个人信息,还要提高数据的敏感性。只有在充分认识到数据的价值和隐患后,他们才能更好地在数字化的世界中保护自己,实现自我安全的最大化。

第五章 大数据时代00后大学生思想政治教育创新的根本遵循

　　高校不仅承载着教学、科研、社会服务的功能,还承载着传播思想文化、塑造灵魂精神的重任。习近平总书记在全国高校思想政治工作会议上强调,高校立身之本在于立德树人。① 大数据时代 00 后大学生思想政治教育创新要坚持把立德树人作为根本任务,把思想政治工作贯穿教育教学的全过程,实现全程育人、全方位育人,明确培养什么人、怎样培养人、为谁培养人这一根本问题,坚持正确的原则和立场,完善法律制度,营造良好的环境,为培养一代又一代拥护中国共产党领导和中国特色社会主义制度、立志为中国特色社会主义奋斗终身的时代新人而努力奋斗。

第一节　大数据时代 00 后大学生思想政治教育创新的目标导向

一、落实立德树人根本任务

　　立德树人是我国教育领域的重要理念,强调大学教育应以培养德才兼备的为社会主义现代化建设服务的优秀人才为根本目标。它强调培养学生正确的价值观、道德观和人生观,通过教育引导学生形成健全的人格和积极向上的社会责任感。立德树人具有深厚的文化底蕴和时代意义,是中国教育的核心使命之一。

　　立德树人这个理念源自中国古代儒家思想,强调修身齐家治国平天下的个人和社会责任。它体现了中国传统文化中关于道德、伦理和人格塑造的重要价值观。在儒家思想中,"立德"意味着培养正确的道德品质,包括仁爱、诚实、忍计等。"树人"则强调教育的使命,要像栽培树木一样培养学生成长,使他们成为品德高尚、有益于社会的人。这种理念贯穿了中国古代的

---

① 习近平在全国高校思想政治工作会议上强调:把思想政治工作贯穿教育教学全过程 开创我国高等教育事业发展新局面[N]. 光明日报,2016-12-09.

教育体系,塑造了众多历史上的伟大人物。

随着时代的变迁,立德树人理念也不断演化和丰富。在大数据时代,信息技术的迅猛发展带来了前所未有的变革,对教育也提出了全新的挑战。在大数据时代的背景下,立德树人对当代大学生而言尤为重要。2020 年,习近平在学校思想政治理论课教师座谈会上指出:"思政课是落实立德树人根本任务的关键课程。"①新时代的教育搭乘上了互联网、大数据技术的"便车"。新技术给高校思想政治教育带来了许多的便利和新的机遇。

机遇与挑战往往是共生的。新技术的日新月异,使得数量庞大、种类繁杂、好坏不一的信息充斥于网络之中,这些信息来势汹汹,以不可阻挡之势冲击着大学生的思想,影响着大学生的一言一行。大数据时代,00 后大学生面临着前所未有的信息洪流。他们需要提高价值判断能力和道德选择能力,以应对信息过载带来的认知挑战。立德树人强调培养学生正确的价值观,从而帮助他们在信息泛滥的环境中筛选有效信息,避免价值观的混乱和迷失。

多元化的网络思想潮流冲击着大学生的价值观念,使大学生对历史和现实产生消极情绪,不利于大学生的健康发展。因此,高校应牢牢把握时代命题,严守关键阵地,坚持以学生为本,以马克思主义为主导。构建理念联动机制,需要保证各部门各项工作的同向同行,为落实立德树人统一育人步调。构建队伍联动机制,需要促使各类育人主体"各司其职",坚定自身使命感和责任感,为落实立德树人提供榜样示范作用。构建内容联动机制,需要确保马克思主义在高校思想政治教育中的核心地位,为落实立德树人提供理论保障。构建载体联动机制,需要补齐高校思想政治教育短板,为落实立德树人提供良好教学环境。通过落实立德树人根本任务,大学生思想政治教育可以更好地引导学生在大数据时代健康成长,为社会的可持续发展做出积极贡献。

---

① 习近平.思政课是落实立德树人根本任务的关键课程[J].新长征(党建版),2021(3):4-13.

二、构建"三全育人"教育格局

　　为了坚持党对高校的领导,加强和改进思想政治工作,培养中国特色社会主义合格建设者和可靠接班人,2017 年 2 月 27 日,中共中央、国务院印发了《关于加强和改进新形势下高校思想政治工作的意见》,提出坚持全员全过程全方位育人(简称"三全育人")的要求。"三全育人"是中国教育领域一个重要的教育理念,强调全员育人、全过程育人、全方位育人的原则,旨在培养具有健全人格、丰富知识、实际能力和创新精神的综合性人才。这一理念强调了大学教育的目标不仅仅是传授知识,更要关注学生的综合素质、道德品质、创新能力和适应社会需求的能力。

　　习近平总书记强调:"把思想政治工作贯穿教育教学全过程,实现全程育人、全方位育人。"[①]"三全育人"强调育人主体、时间、空间的全覆盖。全员育人强调的是育人的主体要素,即高校全体教职工形成育人共同体,大数据时代 00 后大学生思想政治教育不能只靠辅导员和思政教师,还包括专业教师、实训指导师、班主任、图书馆管理员、就业创业指导师、宿管教师等全体高校老师,努力打造一支愿为、敢为、有为的全员育人队伍。

　　育人不仅只停留在课堂上,还应该贯穿于课前、课中、课后全过程。高校要关注学生的全面发展,注重对学生的德、智、体、美、劳等方面的培养,包括思想道德、科学文化、体育艺术等各个领域,要培养学生的创新思维、实际操作能力和综合素质,使其能够适应社会的多样化需求。

　　大数据可以收集和分析每个学生的学习情况、兴趣爱好、个性特点等信息,使教育者能够更全面地了解学生。基于数据分析,教育者可以制订个性化的教育计划,做到教育教学更有针对性。大数据技术可以实时监测学生的学习进度、学习习惯和问题反馈,帮助教育者及时调整教学策略,进行个性化指导。同时,教育者还能够分析教育方法的有效性,从而不断优化教育流程。大数据可以综合考量学生的学术成绩、社会实践、创新能力等多个方

---

① 习近平在全国高校思想政治工作会议上强调:把思想政治工作贯穿教育教学全过程　开创我国高等教育事业发展新局面[N].光明日报,2016-12-09.

面的表现,为学生提供更全面的评估和发展建议,促进其全面发展。

通过大数据时代 00 后大学生思想政治教育创新来积极推进"三全育人"教育新格局,通过在全员、全过程、全方位的教育格局下,充分利用大数据分析和挖掘技术,更有效地培养具备综合素质和适应能力的现代化人才,促进社会的可持续发展。

三、推动思想政治教育纵深发展

思想政治教育发展是指在不同历史背景和社会需求下,不断完善和拓展思想政治教育体系,不仅包括教育内容的不断丰富和创新,还涉及教育方法的持续改进和教育体制的优化。

随着社会的不断发展和变化,思想政治教育也需要顺应时代发展,采纳新的教育理念和方法,融入现代科技和信息化手段,更好地引导人们形成正确的思想和政治态度,增强社会凝聚力和国家认同感。陈义平、王建文在《思想政治教育学原理》一书阐述思想政治教育的发展时指出,思想政治教育发展是思想政治教育在价值、目标、内容、任务、方法、载体、模式等方面不断改进的过程。[1] 思想政治教育发展具有时代性、过程性、社会性、系统性、建构性这五大特征。

时代性:大数据在思想政治教育中的时代性体现在,它与数字化时代紧密关联,提供了前所未有的信息获取和处理能力。大数据使得思想政治教育能够更加贴近时代需求,通过分析大数据可以洞察社会舆论、政治动态等,使教育更具现代性和前瞻性。

过程性:大数据在思想政治教育中的过程性体现在,它持续性对大学生思想政治教育进行数据收集、分析和反馈循环,涉及大学生早中晚、课前课中课后、进校在校出校的全过程。教育者可以根据学生的学习数据,调整教学策略、优化课程设计,实现教育过程的不断改进和升华。

社会性:大数据在思想政治教育中的社会性表现为其能够揭示社会群

---

[1]　陈义平,王建文.思想政治教育学原理[M].合肥:安徽大学出版社,2019.

体的政治参与、价值观念等特征。通过在学校与企业合作、学校与社会力量合作、学校与政府合作中,分析大数据,教育者可以更深入地了解社会需求,从而制定更精准的教育计划,增强教育的社会影响力。

系统性:大数据赋予思想政治教育更强的系统性,因为它可以整合多种教育资源和数据,构建更完善的教育体系。从学生学习情况到教育资源分配,大数据可以帮助高校开展大学生思想政治教育工作,更有效地进行资源管理和优化。

建构性:大数据为思想政治教育的建构提供了更好支撑。通过大数据分析,教育者可以创造更具有吸引力和针对性的教育内容,激发学生的学习兴趣,培养学生的批判性思维和公民素养,推动教育内容的创新和完善。

综上所述,在思想政治教育发展过程中,大数据将思想政治教育发展的时代性、过程性、社会性、系统性和建构性等特征更加凸显了出来,为大学生思想政治教育发展提供了新的视角和工具,有助于推动教育体系朝着更加个性化和有效化的方向发展。

四、培养全面发展的时代新人

在时代的浪潮中,培养全面发展的新一代人才已成为当今教育的使命。马克思主义理论的核心,即每个人的自由和全面发展,与思想政治教育的目标相契合。党的十九大报告提到,全面贯彻党的教育方针,培养德智体美全面发展的社会主义建设者和接班人。大数据时代,培养全面发展的时代新人,以适应社会的快速变革和全球化的挑战。随着信息技术的迅猛发展,大数据深刻影响着教育模式和思想政治教育的理念。在大数据时代的新背景下,大学生思想政治教育担负着更加深重的使命和责任,旨在培养具有全面素质和适应能力的新时代人才。

首先,大数据时代背景下,高校思想政治教育的目的体现在培养学生的综合素养上。综合素养的培养不仅包括知识的培养,更关乎道德情感、创新能力、领导力等多方面的培养。大数据时代要求人才具备广阔的视野和多元的能力,高校思想政治教育应通过启发式教育、讨论式教学等方式,引导学生拥有开放的思维、卓越的创新能力,使他们能够在竞争日益激烈的社会中脱颖而出。

其次,大数据时代高校思想政治教育的目的在于培养学生的社会责任感和公民素养。大数据技术的广泛应用使信息传播更加快速和广泛,同时也增加了信息的复杂度。在这个信息泛滥的时代,培养学生具备辨别真假信息的能力至关重要。高校思想政治教育应引导学生树立正确的价值观,明辨是非,培养他们对社会问题的关切和解决问题的决心,以便他们能够积极参与社会公益事业,为社会稳定和可持续发展贡献力量。

最后,大数据时代高校思想政治教育的目的也在于培养学生的国际视野和跨文化交流能力。大数据技术打破了地域限制,让人们能够更广泛地接触全球信息和不同文化。因此,新时代人才需要具备跨文化交流的能力,理解和尊重不同文化之间的差异,以更好地适应多元化的国际环境。高校思想政治教育应通过国际交流项目、多语言学习等方式,培养学生具备开放、包容的国际视野,使他们能够在全球范围内更好地融入和合作。

在这个快速变革的大数据时代,00 后大学生思想政治教育需要不断创新,以适应新时代人才培养的需求,为社会培养具有全面素质和适应能力的新一代人才。

第二节　大数据时代 00 后大学生思想政治教育创新的基本原则

一、政治性原则

道路决定方向,道路问题是首要问题。"培养什么人、怎样培养人、为谁培养人"是教育的根本问题。高校思想政治教育作为一门政治性极强的学科,需要遵循正确的政治方向,同党中央保持高度的一致。我国的社会主义国情,决定了高校思想政治教育的性质和方向。

大数据时代,00 后大学生思想政治教育应当遵守政治性原则,以确保其有效推进和实现教育目标。政治性原则强调在教育过程中注重培养学生的正确政治观念、态度和行为,引导他们坚定信仰,树立正确的意识形态,成为具有社会责任感和政治担当的优秀公民。

从微观层面来看,高校思想政治教育的目标是提升大学生的思想政治修养,引领他们树立正确的意识形态和思想观念。在大数据时代,信息传播更加广泛和快速,00 后大学生易受到各种思想观点的影响。政治性原则要求教育者通过深入的政治理论教育,引导学生正确理解和评价政治问题,从而使他们具备辨别真伪、做出正确判断的能力。通过政治性原则的引导,大学生能够形成稳定的政治信仰,坚持正确的价值观,从而在面对诱惑和挑战时能够保持定力。

从中观层面来看,高校思想政治教育的目标是营造爱党、爱祖国、爱社会主义的全民氛围。政治性原则要求在教育中强调党的领导和社会主义核心价值观,让学生深刻理解党的路线方针政策的正确性,增强对党的认同和归属感。通过开展各类主题活动、宣传教育,高校能够引导大学生热爱祖国、关心社会,从而形成积极向上、为民服务的精神风貌。

从宏观层面来看,高校思想政治教育的教育目标是培养国之栋梁。政治性原则要求高校不仅要关注学生的学术能力,更要培养他们的社会责任感和政治担当。通过组织学生参与社会实践、公益活动,让大学生能够亲身体验社会问题,培养他们的创新精神和实践能力。政治性原则还强调培养学生的领导能力和团队协作精神,使他们能够在未来成为社会发展的积极推动者和改革创新的中坚力量。

然而,确保大学生思想政治教育遵守政治性原则也面临一些挑战。其一,教育者需要具备深厚的政治理论素养,能够将抽象的政治理论转化为浅显易懂的内容,以吸引学生的兴趣。其二,政治性原则要求教育者坚持科学、客观、公正的原则,不"一刀切"地灌输,而是引导学生独立思考,形成自己的政治观点。其三,政治教育要与时俱进,紧密结合大数据时代的特点,灵活运用新媒体和技术手段,使教育更具吸引力和影响力。

大数据时代,00 后大学生思想政治教育应当遵守政治性原则。这有助于培养学生正确的政治观念、态度和行为,引导他们坚定信仰,树立正确的价值观,成为具有社会责任感和政治担当的优秀公民。只有在教育者的不懈努力下,思想政治教育才能真正实现其目标,培养出具有政治觉悟和社会担当的优秀人才。

二、实效性原则

高校思想政治教育,不仅影响着中国教育的兴衰,更关乎社会主义的明天和中华民族的未来。教育部强调,思想政治教育要切实提高实践教学的实效。[①] 在大数据时代,00 后大学生思想政治教育应当遵守实效性原则,以确保其在培养学生的思想道德素质、推动学校德育建设以及构建和谐社会方面取得实际成效。实效性原则要求教育不仅仅停留在理论层面,更要注重实际操作和实际效果,使教育更具有现实意义和实际价值。

首先,实效性原则对学生思想道德建设的效果具有重要影响。在大数据时代,信息的多样性和碎片化使学生更容易受到各种思想观点的影响,而实效性原则要求教育者关注学生的实际需求,以及时的、具体的案例来引导学生思考,使他们能够将政治理论与实际问题相结合。通过真实的社会案例,学生可以更加深入地理解政治道德,形成对社会伦理和个人道德的正确判断。这有助于提升学生的道德意识、文明素质和社会责任感。

其次,实效性原则对学校德育建设的质量具有积极的效用。大学是人才培养的重要场所,德育是学校教育的重要内容。实效性原则要求学校注重培养学生的道德情操和社会责任感,使他们在校园生活中能够践行社会主义核心价值观,形成健康的生活方式和正确的行为习惯。通过组织各类德育活动,学校可以引导学生在学术领域以外也能够形成正确的行为规范,使之成为全面发展的人才。

---

① 中央宣传部 教育部关于印发《新时代学校思想政治理论课改革创新实施方案》的通知[J].中华人民共和国国务院公报,2021(9):75-80.

最后,实效性原则对营造和谐美好的社会氛围产生显著的效益。大数据时代,社会需要有共同的道德底线和价值观念,以维护社会的稳定与和谐。实效性原则要求教育者注重培养学生的社会责任感和公民意识,使他们能够在社会中做出积极的贡献。通过德育活动和社会实践,学生可以亲身体验社会问题,从而更加关心社会热点、积极参与社会事务,形成共同的社会价值观。

然而,确保大学生思想政治教育遵守实效性原则也面临一些挑战。其一,教育者需要具备深厚的教育知识和实际操作能力,能够将政治理论与实际问题结合起来,引导学生理解和应用。其二,教育内容需要紧密结合大学生的兴趣和需求,使教育更具吸引力和影响力。其三,教育者需要不断反思和调整教育方式,关注学生的反馈,确保教育效果能够持续提升。

大数据时代,00后大学生思想政治教育应当遵守实效性原则。通过注重实际效果,使教育更具有现实意义和实际价值,提升学生的思想道德素质,推动学校德育建设,构建和谐社会。实效性原则要求教育者深刻理解思想政治教育的重要性,不断创新教育方法,引导学生在大数据时代中保持正确的价值观,为社会的繁荣稳定做出积极贡献。只有如此,大学生思想政治教育才能真正取得实效。

三、时代性原则

"人的活动及其结果无不打上时代的烙印,即具有时代性。"[①]每个时代都有自己特定的使命和追求。在大数据时代,00后大学生思想政治教育要坚持与时俱进,应当遵守时代性原则。时代性原则要求教育者紧密关注时代的发展变化,积极适应和引领时代潮流,以满足学生的发展需求,解决教育教学问题,从而推动思想政治教育的有效实施。

首先,时代变化带来与时俱进地适应时代发展的需要。大数据时代,信息技术的快速发展正在深刻改变人们的生活方式和思维方式。大学生思想

---

① 熊建生.论思想政治教育内容建构的时代性[J].中南民族大学学报(人文社会科学版),2012(6):156-160.

政治教育需要敏锐地捕捉这一变化,不断调整教育目标和方法,以适应学生在信息爆炸的环境下的成长需求。教育者应借助互联网、社交媒体等新兴平台,将政治理论有针对性地传达给学生,从而使教育更贴近他们的兴趣和需求,增强其学习的积极性。

其次,时代变化带来与时俱进地满足学生发展的需要。00后大学生在价值观、兴趣爱好等方面呈现出更多元、开放的特点。与此同时,社会对大学生的需求也在不断变化,更加强调其创新能力、实践能力等。思想政治教育需要根据学生的差异性,设计多样化的教育内容和方式,培养学生的批判性思维、创新精神以及实际操作能力,使他们能够更好地适应社会的发展和变化。

最后,时代变化带来与时俱进地解决教育教学问题的需要。大数据时代,00后大学生思想政治教育教学模式也在不断变革。教育者需要充分利用新技术,为学生提供个性化、多样化的教育体验。通过大数据分析,了解学生的学习兴趣和需求,有针对性地进行教育规划,提高教育的针对性和效果。同时,教育者也需要不断反思和改进教学方法,使之更贴近学生的学习习惯,更有利于知识的消化和运用。

大数据时代,00后大学生思想政治教育要坚持与时俱进,应当遵守时代性原则。教育者需要紧密关注时代的发展变化,积极适应新的需求和挑战,通过适应时代发展需要、满足学生发展需要、解决教育教学问题的方式,不断提升思想政治教育的实效性和针对性。只有在与时俱进的指导下,大学生思想政治教育才能更好地引导学生形成正确的价值观和思想观念,为社会的繁荣稳定做出积极贡献。

四、协同性原则

大数据时代,00后大学生思想政治教育的重要性不容忽视,而遵守协同性原则则成为确保这一教育有效推进的关键。协同性原则强调在教育过程中充分发挥学校、家庭、社会等多方面的协同作用,形成合力,共同培养具有坚定政治信仰、积极社会责任感的优秀大学生。

首先，大数据时代背景下，信息的碎片化和分散化，使大学生可以在不同平台和渠道获取信息。协同性原则要求教育者、家庭和社会协同配合，形成信息共享和传递的闭环。学校作为主要教育机构，应该针对大学生的需求，设计丰富多样的思政教育课程，帮助学生理解时事政治，形成正确的价值观。家庭则应积极参与大学生思想政治教育，与学校互通信息，共同培养学生的家国情怀和社会责任感。社会方面，可以通过各类社会活动和组织，引导大学生参与公益事业和社会实践，培养他们的公民意识和社会担当。

其次，协同性原则有助于实现全面育人目标。思想政治教育不仅仅是知识的传授，更应涵盖道德、智力、体质、美育等多个方面的培养。学校、家庭和社会的协同作用可以为大学生提供全面的成长环境。学校通过课程设置和教育活动培养学生的学术能力和综合素养，家庭关注学生的情感需求和家庭教育，社会提供实践机会和社会资源，共同助力大学生成为具有全面素养的人才。

最后，协同性原则还有助于培养大学生的团队合作和社会沟通能力。大数据时代，社会需要更多具有团队合作精神和沟通能力的人才。学校应该在教育中注重培养学生的合作意识和团队精神，通过项目合作和社团活动等形式，让学生感受到团队协作的重要性。家庭可以通过家庭活动和亲子沟通，培养孩子的沟通技巧和人际交往能力。社会可以为大学生提供交流平台和社交机会，帮助他们拓展人际网络。

然而，确保大学生思想政治教育遵守协同性原则也面临一些挑战。其一，不同教育主体之间的协同需要良好的沟通和协调机制，以确保信息的畅通和资源的共享。其二，教育者需要具备协同合作的意识和能力，能够与家庭和社会有效配合，共同培养学生。其三，家庭和社会也需要关注大学生的思想政治教育，积极参与其中，为学校提供支持和协助。

综上所述，大数据时代，00 后大学生思想政治教育应当遵守协同性原则。学校、家庭和社会的协同作用能够更好地培养学生的政治信仰、社会责任感和综合素养，帮助他们成为具有创新精神和团队合作能力的社会栋梁。然而，实施这一原则需要多方合作，需要学校、家庭和社会的共同努力，共同关注大学生的成长与发展。只有在共同协作下,大学生思想政治教育才能真正取得成效。

第三节　大数据时代 00 后大学生思想政治教育创新的制度保障

一、完善保障个人信息安全的法律法规

个人信息是指以电子或者其他方式记录的,能够单独或者与其他信息结合,识别特定自然人身份或者反映特定自然人活动情况的各种信息。诚然,大数据蕴藏着丰富的教育价值,但随之带来的安全问题同样不容忽视。教育领域的高校思想政治教育大数据建设也会面临大数据产业发展中共同存在的信息安全问题。因此,建立和完善相关法律法规来保障个人信息安全显得十分有必要。

高校思想政治教育工作者应在遵守相关法律法规前提下开展对于学生的数据信息收集工作,同时还要遵守个人隐私在法律上的相关规定,注意对学生个人数据的收集和研究权限。放眼全球,美国在教育权利与隐私领域早在 1974 年就颁布了《家庭教育权利和隐私法案》(FERPA),该法案随着近年来教育大数据的发展得到不断修正与完善。大多数国家效仿欧盟被称为"史上最严格的个人数据保护法案"——《欧盟通用数据保护条例》(GDPR),通过专项立法赋予数据被收集者更为明确的同意权、访问权、更正权、被遗忘权、限制处理权等权利,进一步让数据使用者为自己滥用数据的行为承担更多的责任;通过立法的形式对个人信息提供更周全和细化的保护,以便处理好个人价值、商业价值与公共管理价值在个人信息上的关系。

党的十八大以来,全国人大及其常委会在制定《关于加强网络信息保护的决定》《网络安全法》《电子商务法》,修改《消费者权益保护法》等立法工

中,确立了个人信息保护的主要规则;在修改《刑法》时,完善了惩治侵害个人信息犯罪的法律制度;在编纂《民法典》时,将个人信息受法律保护作为一项重要民事权利做出规定。我国个人信息保护法律制度逐步建立了。

2019 年 10 月 20 日,时任司法部副部长赵大程在论坛上介绍,个人信息保护法已列入十三届全国人大常委会立法规划,相关工作正在加快推进,数据法律保护体系将得到进一步的健全和完善。2020 年 11 月,《中华人民共和国个人信息保护法(草案)》对情节严重违法行为的处罚可高达 5000 万元。2021 年 4 月 26 日,提请全国人大常委会二次审议的《个人信息保护法(草案)》拟规定,提供基础性互联网平台服务、用户数量巨大、业务类型复杂的个人信息处理者,应成立主要由外部成员组成的独立机构,对个人信息处理活动进行监督,并要求其定期发布个人信息保护社会责任报告等。2021 年 8 月 20 日,十三届全国人大常委会第三十次会议表决通过《中华人民共和国个人信息保护法》,自 2021 年 11 月 1 日起施行。至此,我国有了专门为了保护个人信息权益、规范个人信息处理活动、促进个人信息合理利用的法律法规。

二、建立数据监管、安全防控和保密制度

大学生思想政治教育大数据建设,要以信息数据制度的制定来推动,以建立相关教育者责任负责制为前提,以对教育活动参与者的数据收集、分析、处理等环节明确管理职责来保证数据的监管、安全防控和保密工作规范进行,确保大数据时代 00 后大学生日常思想政治教育工作的有效运转。

近几年,我国促进高校大数据教育管理的相关政策陆续出台。2013 年,教育部印发了《国家教育管理公共服务平台省级数据中心建设指南》。2016 年,教育部办公厅印发《教育信息化项目管理暂行办法》。同年,由教育部牵头充分发挥教育信息化专家小组智慧,计划完成《教育数据管理办法》的起草工作,以期对数据的采集、存储、共享和开放等方面进行规范。2018 年,《教育信息化 2.0 行动计划》发布,该计划提出了推动教育信息化与深度融合发展的要求,鼓励高校积极探索大数据、人工智能等前沿技术在教育领域

的应用,推动教育创新和质量提升。

在大数据背景下,创新高校思想政治教育管理工作,必须高度重视制度建设。

首先,应明确学校党委在思想政治教育大数据建设中的领导核心地位。加强对思想政治教育小组的组织领导,学校党委要把握好思想政治教育大数据应用的总体目标,制定总体规划和关于数据处理各环节的监管、防控、保密等制度建设,明确高校教育大数据任何分析描述的有效性和使用边界,从高校顶层制度层面进行完善,针对当前所存在的主要问题和薄弱环节有序规划出相应的措施和实施办法。例如,2021年,温州大学根据《国家政务信息化项目建设管理办法》《浙江省政府投资项目管理办法》《温州市党政机关信息化项目建设管理办法》等有关规定,为进一步规范学校信息化项目建设管理,推动信息系统跨部门跨层级互联互通、数据共享和业务协同,结合学校数字化改革工作部署和工作实际情况,专门制定了《温州大学信息化建设项目管理办法》。

其次,对思想政治教育者在大数据应用过程中实行责任制。学生无论是浏览校外网站,还是使用校园一卡通等都会留下痕迹。这些数据资源如果在应用过程中没有得到妥善保管而造成数据流失,将会对教育活动的参与人的个人信息安全带来不可预估的隐患。只有落实责任制,才能让高校中从事大数据工作的管理者和实际参与者提高警惕,谨慎处理有关学生教育记录中的个人信息,应用时考虑到隐私、制度和法律等相关问题。

再次,加强校际关于构建大数据下高校信息安全管理的交流与合作。由于受多方因素影响,高校在思想政治教育领域的大数据建设参差不齐,包括清华大学、浙江大学、武汉大学等在内的一批知名高校在校园大数据建设方面走在了前列。浙江大学率先推出中国家庭大数据库,并制定了《浙江大学"中国家庭大数据库"使用管理办法(试行)》。为保障提供高质量信息服务,清华大学建立《清华大学校园计算机网络信息服务管理办法》、武汉大学建立《武汉大学数据管理办法》等,这些做法体现了这些高校在大数据管理上的规范化和科学化。[①] 高校间通过开展讲座、论坛等形式加强相互交流，共享高校大数据建设发展成果不失为一个促进自身进一步发展并完善的途径。

最后，统一制定和使用高校大数据标准化流程。标准化是指在各项社会实践活动中，通过制定、发布和实行标准，使重复性较高的概念以及事物达到统一，便于管理秩序和获取社会效益。所以标准化流程对于数据种类繁多的大数据时代是必不可少的，制定使用标准化流程可以使高校思想政治教育更合理有序地运用大数据技术手段。面对不同种类的数据信息，使用标准化流程能更有效率地处理并获取高质量的数据处理结果。高校大学生时时刻刻都在产生和创造着数据和信息，包括结构化数据和非结构化的数据，不同的人对数据信息的处理方式不一样，分析标准也不一样，容易造成最终获取的处理结果与大学生的真实数据信息不符合的结果，无法为思想政治教育提供客观的大数据结果支撑。因此，高校要统一大数据使用标准，将数据收集、数据筛选、数据整合、数据存储、数据分析等一系列环节都严格限制在标准化流程内进行操作，以达到最佳的大数据处理结果，为高校思想政治教育提供有价值的数据分析参考。

第四节　大数据时代 00 后大学生思想政治教育创新的环境依托

环境对教育的意义重大，孟母三迁看中的是学习教育的环境。孟子提出"性相近，习相远"，强调人的本性相近，但通过不同的环境和教育可以使人的品德和行为产生差异。他认为正确的教育和环境可以培养人的良好品德和道德价值观。环境育人的理念在中国的教育理论和实践中得到了进一步发展和深化，成为教育的重要理念之一。在这个大数据涌流的时代，社会

① 陈桂香.大数据对我国高校教育管理的影响及对策研究[D].武汉:武汉大学,2017.

环境产生的深远影响,不再局限于商业和科技领域,也触及了教育的根本。00后大学生思想政治教育必然会在这时代的巨大变革中经历显著的演变。因此,高校思想政治教育工作者必须敏锐地认识到大数据的重要价值,积极地探索其在教育中的潜力,为塑造00后大学生思想政治教育的新面貌创造有利条件。

一、净化思想政治教育社交网络环境

随着信息技术的迅猛发展,思想政治教育已不再局限于传统的课堂教学,社交网络逐渐成为大学生收集信息、交流信息的重要平台。然而,网络环境的复杂性和多样性也使得思想政治教育必须正确处理其所带来的问题。网络是一把"双刃剑"。网络为人们提供了获取各种信息的便捷途径,可以迅速了解全球范围内的动态和新闻。这对于学习、研究和扩展知识领域非常有益。通过社交媒体和网络平台,人们可以与世界各地的人进行交流和互动。这有助于促进跨文化理解和友谊。在线学习平台和教育资源的增加,使得人们可以通过网络获得高质量的教育,拓宽知识面。但是,网络上虚假信息和谣言的传播速度极快,容易误导大众,影响公众舆论和决策。过度使用网络可能导致成瘾,影响现实生活和学习。大量时间花在社交媒体上,可能削弱人与人之间的真实互动。网络上的个人信息容易被滥用,导致隐私泄露、身份盗窃等问题。网络上存在欺凌和仇恨言论的问题,这可能对个人和社会造成严重伤害。因此,必须净化大学生思想政治教育社交网络环境。

首先,加强网络管理,营造良好的网络环境。在社交网络上,有些不良信息和不良行为可能会对大学生的思想产生负面影响。因此,学校和相关部门需要更加积极地介入网络环境的监督和管理。这包括制定明确而严格的网络使用规定,建立完善的网络管理体系,以确保网络空间不再是虚拟世界的无序角斗场,而是一个积极向上的信息传播平台,为学生提供有价值的内容。学校可以通过发布正面信息,激励正能量传播,引导网络舆论朝着积极的方向发展。鼓励大学生在网络上传播正面价值观、正确的思想观念,从而推动网络环境向着良好方向发展。

其次，提高网络技术水平，防范不良思想的传播。00后大学生作为数字原生代，对于网络技术的熟悉程度较高。然而，面对信息泛滥和不良信息的传播，他们也需要更深入的技术知识来辨别真伪、筛选信息。学校可以加强网络素养的培训，教导学生如何正确使用网络，如何分辨虚假信息和有害信息，以提高他们的网络信息辨别能力，从而减少不良信息的传播。学生需要了解信息传播的正确途径，避免轻信不实信息。学校可以倡导以官方媒体、权威网站为主要信息来源，引导学生不盲从不负责任的言论，从而降低不良思想传播的风险。

最后，构建网络道德规范，不信谣不传谣。网络传播快速且广泛，不良信息一旦被传播，可能在短时间内对学生产生负面影响。因此，有必要建立起明确的网络道德规范，教育学生不信谣、不传谣，遵循事实真相，保持理性思考。学校可以将网络伦理教育纳入课程体系，培养学生正确使用网络、尊重他人隐私和权益的观念。通过宣传网络上的正面典型和成功案例，鼓励学生借鉴他人的良好行为，形成自我约束的意识。同时，鼓励学生积极参与网络舆论引导，传播正能量，为社会营造积极向上的网络环境。

净化思想政治教育社交网络环境是一个复杂的任务，需要各方共同努力。通过加强网络管理、提高网络技术水平、构建网络道德规范，可以有效降低不良信息传播的风险。与此同时，加强教育引导，提升学生的自我约束意识，也是塑造积极健康网络环境的重要一环。只有多方共同合作，才能为学生创造一个有益的思想政治教育社交网络环境，促进他们健康成长和全面发展。

二、营造思想政治教育智慧课堂环境

智慧课堂是指基于信息技术和大数据等先进技术，以促进互动性、个性化学习和合作探究为目标，实现教学内容的动态呈现和高效互动的教育环境。它融合了现代技术，帮助教师更好地传授知识，激发学生参与课堂的热情。

　　良好的智慧课堂环境是现代教育的一大趋势,它借助先进的信息技术和大数据分析手段,致力于提升教学效果、促进学生参与,打破传统课堂的束缚,为教师和学生创造更富有活力的学习氛围,具有以下特点。

　　首先,智慧性。良好的智慧课堂充分利用多媒体技术,将图像、视频、声音等融入课程中,丰富了课堂内容,激发了学生的学习兴趣。教师可以借助这些资源,生动形象地展现抽象概念,提高教学效果。智慧课堂不受时空限制,学生可以根据自己需求,随时随地进行学习。这种灵活性和便利性,让学生更乐于学习。

　　其次,个性化。在智慧课堂中,每个学生可以根据自己的学习风格、兴趣等制订学习计划。通过大数据分析,系统能够识别学生的弱点和优势,并根据个人情况推荐适合的学习资源,帮助学生更高效地学习。在智慧课堂中,教师可以利用技术手段,对学生的学习进度和表现进行个性化评估。根据数据分析,教师可以更准确地了解每个学生的情况,及时发现问题,进行有针对性的辅导和指导。

　　最后,互动性。智慧课堂通过在线平台实现实时互动,学生可以随时提问、回答问题,与教师和同学交流。这种互动不仅促进了学生的思考和交流,也为教师提供了实时的学生反馈,有助于调整教学策略和内容。良好的智慧课堂倡导学生之间的合作和交流,通过在线协作平台,学生可以一起解决问题、展开探究,培养团队合作和问题解决能力。在智慧课堂中,教师可以共享各类教学资源,包括课件、教案、学习资料等。这种资源共享不仅丰富了教学内容,也减轻了教师的教案准备压力。

　　良好的智慧课堂环境能够提供更富有活力和创新性的学习体验,帮助学生更好地适应信息时代的教育需求,同时也为教师提供更多工具和数据,提升教学效果。思想政治教育必须营造良好的智慧课堂环境。

　　从学校角度来讲,学校应投入足够的资源,建立稳定的网络和现代化的教学设备,确保智慧课堂的顺利运行。学校应为教师提供必要的培训,使其熟练掌握智慧课堂所需的技术和工具,帮助他们更好地运用于教学实践。学校可以建立在线教学平台,提供丰富的教学资源,包括课件、教案、习题等,以支持教师的教学工作。

从教师角度来讲,教师需要积极调整教学策略,将多媒体、互动环节和个性化学习融入课程设计,以适应智慧课堂环境。教师应充分利用多媒体资源和在线互动工具,生动地展示知识,激发学生的兴趣,并且及时回应学生的问题。教师可以利用学习数据,了解学生的学习情况,为不同学生提供个性化的辅导和指导。

从学生角度来讲,学生应积极参与课堂互动,提问、讨论和分享,与教师和同学共同构建积极的学习氛围。学生可以利用智慧课堂的资源,进行自主学习和探究,培养独立思考和问题解决能力。学生可以关注自己的学习数据和反馈,及时调整学习策略,反思自己的学习过程。

随着技术的不断发展,智慧课堂将继续引领教育的未来。打造良好的智慧课堂环境需要学校、教师和学生的共同努力。学校提供必要的技术支持和资源,教师积极创新教学方法,学生积极参与和自主学习,共同营造积极、互动和个性化的学习氛围。只有这样,才能更好地实现智慧课堂的优势,提升教育质量,营造良好的大学生思想政治教育智慧课堂环境。

三、美化思想政治教育校园文化环境

校园文化是在高校内部形成的一种特定文化氛围,包括学校的历史传统、价值观念、精神风貌、学术风气等方面的内容。它是学校内部各种文化要素相互交织、相互作用的产物,影响着学生、教师以及整个学校的行为和态度。

校园文化环境具有如下丰富的特点。

第一,独特性与传承性。每所高校都有其独特的历史传统和发展特色,校园文化环境具有鲜明的独特性。这些传统可以是学校的办学宗旨、标志性建筑、校歌、校训等,通过代代相传,构成学校文化的一部分。

第二,引领性和塑造性。校园文化环境不仅反映学校的核心价值观,还对学生和教师的价值观产生影响。学校的文化理念会在校园环境中得到体现,通过思想政治教育和文化活动,校园文化环境可以引导学生形成正确的人生观、价值观。

第三,广泛性和全面性。校园文化环境影响着学生的学习生活和社交关系。学校的学术氛围、校园活动、社团组织等都是校园文化环境的重要表现形式,它们能够影响学生的学术追求、兴趣爱好以及社会交往。

在大数据时代,美化校园文化环境需要通过智能科技、数字化手段以及多元化活动等方式,通过对寝室文化、学习文化和组织活动文化的美化,营造一个积极向上、互动融合的校园文化氛围。

首先,优化大学生寝室文化环境,营造温馨和谐的寝室氛围。寝室是学生在校园中的家,寝室文化环境对学生的思想和行为产生重要影响。在大数据时代,可以通过智能科技为寝室文化环境注入新的元素,以促进寝室的和谐发展。其一,引入智能家居设备,通过智能音箱、智能照明等,提供更便捷的生活方式,同时倡导环保和节能理念。其二,建立在线交流平台,让寝室成员能够随时在线交流、分享信息,促进彼此的了解和融合。其三,定期组织寝室文化活动,如比赛、合唱、主题晚会等,增进室友之间的友情和团结。

其次,优化大学生学习文化环境,形成积极浓厚的学习风气。在大数据时代,学习方式和环境也发生了巨大变化。为了创造一个积极的学习文化环境,学校可以采取以下措施。其一,建立数字化学习平台,提供在线课程、学术资源等,激发学生的学习兴趣。其二,鼓励创新学习方式,如小组讨论、在线学习社区等,以促进同学之间的互动和合作。其三,举办学术讲座、科研竞赛等活动,培养学生的创新思维和学术兴趣,形成积极向上的学习风气。

最后,优化大学生组织文化环境,培育团结协作的组织文化。党中央、国务院在《关于进一步加强和改进大学生思想政治教育的意见》中明确指出,要发挥学生自治组织在大学生思想政治教育中的桥梁和纽带作用。组织活动是促进学生全面发展的重要途径,构建一个丰富多彩的组织活动文化环境对大学生的成长至关重要。在大数据时代,可以充分利用数字化手段来丰富组织活动。其一,可以建立线上社交平台,鼓励学生加入各类社团、组织,方便了解和参与校园活动。其二,通过大数据分析,了解学生的兴趣和需求,有针对性地设计活动,提高参与度和满意度。其三,举办数字化文化节、创新大赛等,培养学生的综合素质和团队合作精神,促进校园文化的多样化发展。

在大数据时代美化大学生校园文化环境,学校应当充分发挥数字化技术的优势,不断创新,让学生在这个环境中能够充分展示自己的才华、发展潜能,培养正确的人生观和价值观。创造适应时代发展的新型校园氛围,促进学生全面发展和积极成长。

第六章　大数据时代 00 后大学生思想政治教育的理念创新

教育理念是关于教育的根本信念和观点,它涉及教育的本质和目的。教育理念反映了教育者对于学习和教育的看法,以及他们对于如何培养学生的认知、情感、道德和社会技能的想法。不同的教育者和教育体系可能有不同的教育理念,它们在强调个人发展、社会责任、自主学习、传统价值观等方面有所不同。教育理念在塑造教育实践和教育制度方面具有重要作用。大数据时代00后大学生思想政治教育创新要从教育理念入手,教育理念是一切高校思想政治教育活动的出发点,是制定各项具体教育教学措施的依据。只有树立科学的教育理念,以科学的教育理念为指导,才能更好地推进大数据时代00后大学生思想政治教育创新。

第一节　借助大数据实现生活教育理念

我国著名的教育家陶行知先生在1930年第9期《乡村教师》上发表文章《生活即教育》,提出"生活即教育""社会即学校"的观点。生活教育理念强调培养学生在日常生活中所需的各种技能、知识和价值观,以帮助他们在现实生活中更好地应对问题、取得成功并成为全面发展的个体。这种教育理念注重将学校教育与现实生活紧密结合,使学生能够学习实际应用的技能,以及培养他们的创新能力、合作精神和社会责任感。生活教育理念旨在培养学生成为积极、独立、适应力强的个体,为他们未来的职业生涯和社会互动提供基础。

一、大数据使教育内容更加贴近生活

当前社会,人们已经离不开网络,网络无时不有、无处不在。在网络上,每分每秒都在产生大量的数据信息,这些数据信息与我们的生活息息相关,在信息传播便捷的网络环境下,人们接触到的信息更加多样化,面临的情况也更加丰富复杂。00后大学生是一个既能灵活运用互联网,又缺乏足够辨识能力的群体。他们在互联网上获取信息、沟通交流的频率较高,但对于信息的辨别能力和价值判断的能力相对较弱。这使得他们容易受到不良思想的影响,对于西方诸如拜金主义、享乐主义等思想容易产生偏颇的认识。这就要求高校思想政治教育工作者必须从大学生的生活入手,将生活中的点点滴滴和教育内容相结合,了解学生的兴趣、关注点、思想动向以及心理状态,发现问题,解决问题。

运用大数据技术深度挖掘学生生活,为思想政治教育提供新的教学资源。大数据技术能够收集和整合学生在校园内外的各类数据,如学习成绩、社交媒体活动、图书馆借阅记录、校园卡消费等。通过分析这些数据,可以了解学生的兴趣、习惯和行为模式,从而更好地洞察他们的思想状态和生活态度。

例如,通过分析学生在社交媒体上发布的内容,可以了解他们关心的社会问题、热点事件,以及他们的观点和态度。基于深度挖掘的数据,学校可以为思想政治教育提供全新的教学资源。在课堂上,教师可以引入与学生关心的社会热点相关的讨论,以引发学生的兴趣。学校还可以设计案例研究,让学生将课堂所学知识应用到实际问题中,从而培养学生的思考和解决问题的能力。通过结合实际案例,教材不再是抽象的理论,而是与学生现实生活直接关联的内容。

以社会热点问题为例,假设某高校的学生在社交媒体上广泛关注和讨论关于环保的话题。通过大数据分析,学校发现环保成为学生关心的重要议题。为了使思想政治教育更贴近学生的生活,教师可以将环保问题引入教学内容。教材可以包括相关的环保政策、环保实践案例等内容。在课堂上,教师可以组织讨论,让学生分享自己的环保经验和想法。此外,学校还可以邀请环保专家来举办讲座,与学生互动探讨环保问题,从而让思想政治教育紧密联系到学生关心的议题上。而关于社会公益活动的教学资源,通过大数据分析,学校发现学生对社会公益活动表现出浓厚兴趣。教师可以利用这一信息,设计以社会公益为主题的教学活动。比如,学生可以参与到社区志愿服务中,通过实际行动了解社会问题、参与社会实践,从而将课堂知识与实际生活紧密结合起来。运用大数据技术深度挖掘学生生活,为大学生思想政治教育提供新的教学资源,可以使教育内容更加贴近学生的实际需求和兴趣。这种个性化和生活化的教育方式有助于提高教学效果,培养学生的全面素质和创新能力。

运用大数据技术对大学生进行生活化预测,根据学生的思想动态和实际生活需求适当调整思想政治教育内容。在教育领域,大数据不仅用于个性化教学和学习分析,还具备预测和适应性调整的潜力,特别是在思想政治教育方面,大数据技术可以发挥关键作用,通过生活化预测来更好地满足学生的需求和帮助塑造他们的思想。

大数据的预测能力源于其对大量数据的分析,从中得出对事物趋势、规律和模式的判断。在教育领域,这种能力可以应用于对学生行为的预测,从而帮助教育者更好地制定教学策略和调整教育内容。在大学生思想政治教育中,收集和分析学生的行为数据,如学习习惯、社交活动、在线互动等,可以揭示出学生的思想动态和实际需求。例如,分析学生在线讨论的话题和观点,可以了解他们的生活习惯和行为习惯。

基于大数据的生活化预测,教育者可以为每个学生定制个性化的思想政治教育内容。通过了解学生的兴趣、需求和认知差异,教育者可以根据预测结果,为学生提供更适合他们的学习材料、案例和讨论题目。例如,如果大数据分析显示某些学生生活中存在作息习惯问题、情感生活问题、饮食卫生问题等,教育者可以选择相关的案例来激发他们的思考和讨论,从而更好地引导他们的思想。

在 00 后大学生思想政治教育中,这种能力可以用来预测学生可能面临的思想困惑、疑虑和误解。通过分析学生的学习和互动数据,教育者可以提前发现学生可能出现的问题,及时调整教育内容,为他们提供相关的解答和引导。这有助于在问题产生之前就进行干预,防止学生受到错误的思想引导。举例来说,假设大数据分析显示某个学生在社交媒体上频繁讨论关于自杀、死亡的话题。这意味着这个学生可能有轻生的念头,一旦发现这种情况,必须引起高度重视,第一时间进行干预,防患于未然。同时,基于这一预测,教育者可以选择有关生命教育的案例和话题,引导学生思考生命的意义,从而使教育内容更贴近学生,更贴近生活,更有实际意义。

可见,大数据的预测不仅关注当前的情况,还能预测未来的趋势。大数据技术在 00 后大学生思想政治教育中的应用,使教育者能够通过生活化预测更好地满足学生的需求,为他们提供个性化的教育内容和思想引导。这种定制化和预测性的教育方式,有助于培养学生的积极思维和正确价值观,使他们更好地适应现实生活和社会发展。

二、大数据使教育方式更加个性化

在当今社会,传统的以课堂理论教学和实践教育为主要教育方式的大学生思想政治教育已经难以满足学生内心的真实需求。学生们生活在信息爆炸和高度互联网化的时代,他们更加渴望能够获得个性化、贴近生活的教育内容和方式。为了满足这一需求,高校思想政治教育必须与时俱进,运用大数据技术,采用更加贴近学生生活的教育方式,真正做到教学生之所想,解学生之所急,以避免给学生留下"假大空"的印象。

大学生生活在信息化时代,他们使用互联网来搜索信息,使用社交软件进行交流,这为运用大数据探索个性化、生活化的教育方式提供了契机。传统的教学方式已经不再能够满足学生的需求。而借助大数据技术,可以采用多样化的教育形式,与学生进行更加贴近生活的互动,开辟出个性化、生活化的新途径,以更富吸引力和有效性的方式进行教育。

首先,建设个性化的大学生思想政治教育网站和内容。在大数据时代,学生在网络上留下了足够多的数据,这些数据可以被分析和利用来了解学生的兴趣、喜好、习惯等。教育工作者可以运用大数据技术建设个性化的大学生思想政治教育网站,通过分析学生在网站上的浏览记录、搜索关键词等,为每个学生量身定制教育内容。例如,如果某个学生在网站上频繁搜索关于环保的内容,网站可以向他推送关于环保意识的深入文章、案例分析以及相关政策解读。这种个性化的内容推送会更加吸引学生的关注,增强他们对思想政治教育的积极性。

其次,通过社交软件开展个性化教育。微信、QQ 等社交软件已经成为大学生日常交流的重要平台。利用大数据技术，可以在这些平台上开展个性化的思想政治教育。通过分析学生在社交软件上的互动行为，了解他们的讨论话题和交流方式，可以更准确地了解学生的关注点和需求。教育工作者可以创建专门的微信群或 QQ 群，定期发布关于时事、社会问题、文化艺术等方面的话题，引导学生参与讨论。这种形式的教育更贴近学生的生活，让他们在轻松的交流氛围中进行深入的思想交流，从而更好地引导他们理解国家政策和社会热点。例如，一位学生经常在社交软件上讨论关于科技创新的话题，大数据分析显示他对未来科技发展充满热情。教师可以在微信群中组织一次与科技创新相关的线上讨论，邀请相关领域的专家参与，引导学生深入探讨科技对社会的影响和作用。通过这种方式，学生会感到思想政治教育关注他们的兴趣，从而更愿意积极参与讨论，获得知识和启发。

最后，帮助学生解决生活中的个性化问题。大数据技术为学生提供了多种实用的生活建议和智能化的生活管理方式，从智能出行到智能家居，为学生的日常生活带来了更多便利和效率。

在智能出行上，大数据技术的应用可以为学生提供更便捷的交通方式和路线规划，帮助他们提高出行效率。通过分析交通数据、实时路况等信息，系统可以为学生推荐最佳的出行方式，减少拥堵和等待时间。例如，某位学生需要出行，可以通过大数据分析探查附近公交车辆情况及交通状况。

在寝室智能家居上，大数据技术可以使学生寝室居住环境更加智能化，为学生提供更便捷、舒适的生活环境。通过智能家居系统，学生可以远程控制寝室中的照明、空调的温度湿度，以及热水器的开启等，实现能源节约和便捷管理。

在健康管理上，大数据技术可以帮助学生更好地管理健康，提供个性化的健康建议和指导。通过分析学生的生活习惯、运动量、睡眠情况等数据，系统可以为学生制订健康计划，推荐合适的锻炼方式和饮食习惯。例如，系统可以根据学生的运动数据，推荐适合的运动项目和强度，帮助他们保持身体健康。

　　在财务管理上,大数据技术可以帮助学生更好地管理财务,实现理财规划和支出控制。通过分析学生的消费习惯、支出记录等数据,系统可以为学生制定个性化的理财方案,提供节支建议。例如,系统可以根据学生的消费记录,分析出每月的消费趋势,向他们提供合理的预算安排和理财建议,帮助他们更好地管理财务。

　　在时间管理上,大数据技术可以帮助学生更有效地管理时间,合理分配学习、娱乐和社交等活动。通过分析学生的日程安排、时间分配等数据,系统可以为学生制定时间管理策略,提供优化时间分配的建议。例如,系统可以根据学生的课程安排和学习计划,推荐最佳的学习时间段,帮助他们提高学习效率。

　　大数据技术使个性化、生活化的教育方式成为现实。通过个性化的思想政治教育网站和社交软件的定制化教育,教育工作者可以更精准地把握学生的需求和兴趣,引导他们积极参与思想交流。这不仅使思想政治教育更加贴近学生的生活,也提升了教育的针对性和影响力,最终培养出更具有社会责任感和创新能力的高素质人才。

第二节　借助大数据实现精准教育理念

　　大数据的客观性等特点确实使其在 00 后大学生思想政治教育中具有重要的优势。大数据汇集了大量记录着人们行为轨迹的数据,这些数据来源于生活的各个方面,从社交媒体的互动到在线学习的记录,都能够反映出学生的思想倾向和关注点。正是因为这种数据收集的全面性和多维度,大数据能够更加准确地描绘出学生的真实状态。在 00 后大学生思想政治教育中,借助大数据可以实现更精准的教育。

一、借助大数据精准掌握学生情况

　　虽然"大数据通常用概率说话,而不是板着确凿无疑的面孔","大数据时代要求我们重新审视精确性的优劣"①,但不得不承认,大部分情况下,利用大数据的分析技术,的确可以做到精准定位。例如,短视频软件抖音可以根据用户观看的视频内容和视频停留时长记录向他们精准推荐同类型题材的用户可能比较感兴趣的视频,并且事实证明这些被推荐用户也会比较喜欢停留观看。

大数据算法中的机器学习和深度学习技术可以通过训练模型来预测和推测用户的行为习惯,从而在一些情况下提供更精准的定位。因此,借助大数据技术,可以实现对学生基本情况的精准掌握,从而更好地为他们提供个性化的支持和教育。大数据在这方面的应用可以帮助学校和教育机构更全面地了解学生,从而更有针对性地开展教育工作。

在学业表现分析上,通过分析学生的课堂情况、考试成绩以及作业表现,可以了解学生在不同学科上的强项和薄弱点,帮助教师针对性地提供辅导和指导。例如,某个学生在数学方面表现出色,但在语言类科目存在困难,教育工作者可以根据这些数据为其提供更有针对性的学习建议。在学习习惯分析上,通过分析学生的学习习惯,如学习时间、学习地点、学习方式等,可以了解学生的学习偏好,帮助他们更高效地学习。如果某个学生在晚上较晚时候学习效果较好,教育工作者可以鼓励他在这个时间段集中精力学习。通过分析学生在网络上的兴趣爱好,可以了解他们的兴趣领域,为他们提供更适合的课外活动或兴趣培训。在生活社交分析上,通过大数据分析学生在社交媒体上的互动,可以了解他们的社交圈子和兴趣爱好。这有助于更好地理解学生的人际关系和社交需求,从而提供更好的社会情感支持。

借助大数据技术,可以实现对学生基本情况的精准掌握。例如,学生在注册开通校园一卡通时,所使用的学号实质上承载着丰富的信息,包括其所属年级、专业、年龄、性别等多个方面的数据。这为我们搭建学生个人大数据库提供了便利。基于这一信息基础,高校思想政治教育工作者可以借助

---

① 迈尔-舍恩伯格,库克耶. 大数据时代:生活、工作与思维的大变革[M]. 盛杨燕,周涛,译. 杭州:浙江人民出版社,2013.

校园一卡通系统,深入了解学生的校内活动和生活状态。通过对学生的一卡通数据进行分析,我们能够获得他们出入校门、宿舍楼的频次和时间分布,以及图书馆借阅情况等重要信息。而更加引人注目的是,校园一卡通的消费记录也能为我们提供一扇了解学生消费水平的窗口。借助学生一卡通数据,我们可以迅速掌握学生的活动轨迹和行为特点。通过分析出入校门、宿舍楼的记录,我们可以描绘出学生的作息规律、活动习惯等,从而为高校的课程安排和社会活动策划提供更加精准的参考依据。另外,对于图书馆的借阅情况的监测,也使得思想政治教育工作者能够了解学生对于不同类型书籍的兴趣偏好,有助于更加针对性地推送与其兴趣相关的思政教育内容。消费记录更是一把闪亮的数据金钥匙。通过分析学生的消费水平、消费偏好和消费频次,我们能够洞察到他们的生活方式和消费观念,这为高校思想政治教育提供了有力支持。我们可以根据学生的消费行为,定制出与实际生活紧密相关的教育内容。此外,还可以通过为学生提供关于理财、消费决策等方面的思想政治教育,帮助他们更好地管理个人财务,培养健康的消费习惯。

可见,在尊重隐私和保护数据安全的前提下,通过深入挖掘和分析数据,借助大数据精准掌握学生的基本情况,我们能够更加全面地了解学生的学习、生活和价值观,为他们提供更加个性化、精准化的思想政治教育服务,真正做到心知肚明,引导他们成为有思想、有担当的社会栋梁。

二、运用大数据精准定位学生思想问题

在高校大学生思想政治教育工作中,适应学生个体差异、精准解决思想问题至关重要。借助大数据技术,可以实现精准定位学生的思想问题,从而更有效地开展思想政治教育工作。在面对日益快速变化的社会环境和多元化的价值观影响时,高校必须运用大数据来关注学生的思想状态,为他们提供准确的、个性化的引导。

大数据分析可以帮助学校识别出那些在思想上有困惑、焦虑或其他问题的学生,以便提供更有针对性的帮助和支持。通过分析学生的行为数据,

学校可以发现一些明显的信号,指示出学生可能存在的问题。例如,频繁访问与心理健康、情感问题相关的网页或社交媒体群组,或者在论坛上发布与抑郁、焦虑有关的言论,都可能表明该学生可能正面临心理问题。大数据分析可以将这些异常行为标示出来,帮助学校快速识别问题学生,并进行针对性干预。

借助大数据,高校还可以构建学生个人画像,从而更好地了解每个学生的特点。例如,学生的学习成绩、社交活动、课外兴趣等都可以被纳入考量。如果一个成绩一直优秀的学生突然出现成绩下滑,这可能暗示着他遇到了一些困扰,需要及时关心和指导。又或者,通过了解学生的兴趣爱好,学校可以在思政教育中融入更多他们感兴趣的内容,增加吸引力和有效性。

此外,大数据分析还可以综合学生的多维度数据,揭示问题学生的行为模式和趋势,从而更好地制定针对性的教育策略。比如,在特定节假日前,学生可能出现学习压力增大、情绪波动等情况,学校可以提前组织心理辅导活动;又或者,通过大数据分析学生在校内的活动轨迹,可以使思政教育活动的时间、地点等更加符合学生生活规律。再比如,学生的学习成绩下降、社交圈子变小、在校内活动减少等,都可能是学生面临问题的表现。通过对这些数据进行关联分析,学校可以更准确地识别出那些可能存在问题的学生,并进一步提供个性化的帮助和指导。

借助大数据技术精准定位学生思想问题,有助于高校更好地了解学生个体差异和发展需求,提供更加有针对性的思政教育服务。通过综合分析学生的线上、线下行为数据,学校能够准确捕捉学生的思想状态,及时采取措施,引导他们走向积极、健康的发展轨道。这样的精准思想定位有助于真正做到因材施教,使高校思想政治教育更加有力、有效。

第三节　借助大数据实现分层教育理念

早在 19 世纪末 20 世纪初,一些教育家就开始关注学生的智力和能力差异。他们认为,将学生按照智力水平划分为不同的层次,可以更好地满足他们的学习需求。20 世纪中期,差异化教学理念逐渐流行起来。教育家开始强调每个学生的差异性,提出了根据学生能力、兴趣和学习速度进行个性化教学的观点。分层教育作为差异化教学的一种实践方式,被越来越多的人认可。近年来,随着教育技术和大数据技术的发展,教育数据的积累和分析能力的提升,分层教育得以更好地实施。通过收集和分析学生的学习数据,教育者可以更准确地了解学生的学习情况,为不同层次的学生提供有针对性的教育方案,实现更精细化的教育。

一、大数据时代的分层教育理念

大数据时代的分层教育理念是将大数据技术与教育相结合,根据学生的个性、学习能力、兴趣等因素,实现更加精细化和个性化的教育。在大数据时代,教育者可以通过收集、分析和利用大量的学生数据,制定更具针对性的教育方案,以满足不同学生的需求,提升教育质量和效果。

邓小平同志曾指出:"我们在鼓励帮助每个人勤奋努力的同时,仍然不能不承认各个人在成长过程中所表现出来的才能和品德的差异,并且按照这种差异给以区别对待,尽可能使每个人按不同的条件向社会主义和共产主义的总目标前进。"①传统的"一刀切"教育方式已经不再适用于多样化的 00 后大学生群体,而大数据技术的应用为分层教育提供了更为精确和有效的手段。因此,必须充分利用大数据技术,更好地开展大学生思想政治教育的分层教育。

---

① 邓小平.邓小平文选(第二卷)[M].北京:人民出版社,1994:106.

大数据时代下的 00 后大学生思想政治教育,分层教育显得尤为重要。大数据时代分层教育的特点体现在个性化定制教育、精准化问题解答、人性化情感关怀、公平化资源分配、及时性反馈调整五个方面。

个性化定制教育:大数据时代的优势在于可以深入分析每个大学生的学习习惯、兴趣爱好、学术水平等多个维度的数据信息。这使得教育者能够根据学生的特点制订个性化的教育计划,将教育内容和方法量身定制,从而更精确地满足学生的学习需求和兴趣爱好,提升教育效果。

精准化问题解答:大数据分析能够准确洞察学生的思想关注点和问题。通过分析学生在网络平台上的讨论、提问等行为,教育者能够更准确地把握学生的疑惑和问题,从而提供更精准的解答和指导,帮助学生更好地理解和消化教育内容。

人性化情感关怀:大数据分析可以揭示学生的情感状态和心理需求。通过分析学生在社交媒体上的情感表达,教育者能够更好地了解学生的情绪波动和焦虑源。这为教育者提供了更多关心和关怀学生的机会,可以建立更紧密的师生情感联系。

公平化资源分配:大数据分析可以更好地了解学生的学术特长和潜力。这有助于高校更科学地分配教育资源,使得每位学生都能获得适合自己的学习机会和培训项目,实现资源的公平分配,促进全体学生的全面发展。

及时性反馈调整:大数据分析提供了实时的数据反馈机制。教育者可以随时了解学生对教育内容和方式的反应,从而能够及时调整教育策略,更好地满足学生的需求,提高教育效果。这种及时性反馈有助于教育者更加敏锐地把握教育方向。

在大数据时代,分层教育可以更准确地了解每个学生的个体差异,从而更精准地提供适合他们的教育内容和方式,能够让教育者更有针对性地进行教学。针对不同层次的学生,可以提供更深入、更广泛的教育内容,以及更具挑战性的任务,从而激发学生的学习兴趣,提升他们的学术水平和思想素养。可以根据学生的兴趣和潜力,提供更具挑战性的学习任务,激发学生的创新思维。分层教育促进了更具针对性、高效性和人性化的思想政治教育模式的建立,为每个学生的成长提供了更好的支持和指导。

二、大数据时代的分层教育方式

每个大学生都是不同的个体,大学生思想政治教育工作不能"一刀切"。苏联著名教育家尤·克·巴班斯基提出:"在研究学生时,要查明他们社会活动和劳动的积极性、道德修养状况、学习态度、兴趣和爱好、意志和其他性格特点、心理状况、学习劳动技能(抓重点、拟定计划、阅读和书写速度、自我检查等技能)。"[①]陈万柏、张耀灿也指出:"要提高教育的实效性,就要实施分层教育。"[②]大数据技术为高校思想政治教育实现分层教育提供了可能,充分有效地保障了分层教育的实施。因此,必须改变传统的"大水漫灌"式的教育方式,根据学生的思想特点和学生之间的差异,对他们进行分层教育。[③]

首先,根据学生的性格特点和学习风格实施分层教育。从信息加工、感知、输入、理解四个方面,学习风格可以分为四组对八种类型,即活跃型与沉思型、感悟型与直觉型、视觉型与言语型、序列型与综合型。了解不同的学习风格可以帮助教育者更好地适应学生的需求,采用多样化的教学方法。在大数据时代,教育界逐渐认识到学生在性格特点和学习风格方面存在差异。通过大数据分析,学校可以收集学生的性格测试结果、学习偏好信息等,从而更好地实施分层教育。不同性格特点的学生在学习上有不同的需求。例如,活跃型的学生可能更适合通过小组讨论和互动活动来学习,而感悟型的学生可能更喜欢独立阅读和研究。根据学生的性格特点,教育者可以设计不同的教学活动,以适应他们的学习风格。此外,根据学生的学习风格也可以更好地提供个性化的学习资源。视觉型的学生可能更喜欢图表和图像。根据学生的学习风格提供合适的学习资源,可以提升他们的学习效果和兴趣。

其次,根据学生的知识水平和学习成绩实施分层教育。大数据技术可

①　巴班斯基.论教学过程最优化[M].吴文侃,等译.北京:教育科学出版社,2001:177.

②　陈万柏,张耀灿.思想政治教育学原理[M].北京:高等教育出版社,2007:178-179.

③　刘杰.大数据时代高校思想政治教育创新研究[D].长沙:长沙理工大学,2018.

以帮助学校准确地收集和分析学生的知识水平和学习成绩。基于这些数据,学校可以实施分层教育,以满足不同水平的学生的需求。在教学开始阶段,进行诊断性评估,以了解每个学生的知识水平和学习成绩。这可以通过测验、测试和作业来实现。根据评估结果,教育者可以了解学生在不同领域的强项和薄弱点,为分层教育奠定基础。基于评估结果,教育者可以为每个学生设定个性化的学习目标。高水平学生可以被引导朝着更深入的理解和应用发展,而低水平学生可以被支持填补知识漏洞。在教学过程中,将学生分成不同的分层,根据知识水平和学习成绩,进行不同程度的教学。对于高水平学生,可以提供更复杂和挑战性的问题,培养其批判性思维和创造力。对于低水平学生,可以通过更多的练习和互动帮助他们打下扎实的基础。同时,为不同分层的学生提供个性化的学习资源和布置不同难度的作业任务。高水平学生可以获取更深入的阅读材料和扩展性的任务,而低水平学生可以获得更多的辅导和练习机会。在不同程度的分层中,可以鼓励学生之间的合作学习。高水平学生可以与其他同龄人分享知识,提升他们的领导和教学能力。低水平学生则可以从同伴的帮助中受益,减轻学习压力。通过分层教育,可以避免学生在同一班级内出现过大的知识差距,从而更好地满足每个学生的学习需求。

最后,根据学生的兴趣爱好和特长实施分层教育。学校可以利用问卷调查、兴趣测试和观察等方法,收集学生的兴趣爱好和特长信息。通过大数据分析,学校可以了解每个学生在不同领域的兴趣集中度,从而为分层教育做好准备,提供个性化的学习体验。大数据技术可以帮助学校跟踪学生在不同领域的表现和兴趣,从而为他们量身定制学习计划。基于兴趣和特长信息,教师可以为每个学生制订个性化的学习计划。高度兴趣的领域可以成为学生的专业发展方向,而特长所在领域可以用于提升自信和成就感。在实施分层教育时,可以将对同一领域感兴趣的学生放在一起,以便更深入地探讨相关主题。这可以促进学生之间的合作学习和知识分享。教师可以根据学生的兴趣,设计主题和项目学习活动。这些活动可以与学生喜欢的领域相关,使学习变得更有趣和有意义。

　　总之,在大数据时代,分层教育方式能够更好地满足学生的个性化需求。根据学生的性格特点、知识水平、兴趣爱好和特长,实施分层教育可以提高教学效果,激发学生的学习兴趣,促进他们的全面发展。

第四节　借助大数据实现管理服务理念

　　长期以来,高校思想政治教育管理大于服务,这种情况在一定程度上可能导致教育过程中学生的参与感不足,以及教育内容与学生实际需求之间的脱节。其实,服务是一种更好的管理,以更优质的服务促进更好的管理是近年来高校大学生管理的发展趋势。随着教育观念的转变和社会变革,越来越多的教育者开始关注如何更好地融合服务教育理念,使思想政治教育更加贴近学生,更有益于他们的成长和发展。服务教育理念强调个体的需求和发展,以及与学生的互动,这样的方法更有可能引发学生的积极参与和认同,让学生有更多的获得感和自豪感。

一、传统的管理理念

　　不可否认,传统的管理理念并非一无是处,相反,在高校思想政治教育工作中也发挥着积极的作用,这种管理并不是要将学生的思想束缚起来,而是通过启发、动员、说教等方式,引导学生的思想和行为朝着符合社会发展要求的正确方向发展。这种方法的目的在于传递正确的行为规范,以约束和规范学生的行为,使他们成为具有社会责任感和道德素养的公民。

　　首先,传统的管理理念有助于维持良好的纪律和秩序。传统的管理理念强调维持学校内的纪律和秩序。在这种观念下,学校被视为社会的一个小型模型,需要有规定的行为准则和标准,以保持学生的行为合规和有序。学校会建立严格的校规校纪,要求学生遵守规则,从而建立起尊重权威的意识。这种管理理念认为,纪律和秩序的维护有助于创造良好的学习环境,为教育提供稳定的基础。

其次,传统的管理理念有助于传播正能量,弘扬社会主义核心价值观。传统的管理理念强调教育者的角色,认为教育者是道德观念的传播者。教育者在课堂和教育活动中不仅传授知识,还传递社会的价值观和道德准则。通过演讲、故事、宣传等方式,教育者试图影响学生的思想和行为,使他们接受传统的道德规范和社会价值观。这种方式强调培养学生的社会责任感、道德修养和公民意识,以促使他们在日常生活中做出正确的判断和决策。

最后,传统的管理理念通过说服批评教育来达到教育目的。在传统的管理理念下,教育者通常会运用说服和批评的方式引导学生。通过讲述成功的故事、传递正面的典范,教育者试图激发学生的积极性和向上心态。与此同时,教育者也会采用批评的方式,指出学生可能存在的问题、不足之处,从而引导他们改进和进步。这种方式旨在通过正面的激励和建设性的批评,影响学生的思想和行为,使其在成长过程中不断完善自己。

虽然传统的管理理念在一定时期内取得了一定的成效,但随着社会的变革和教育观念的发展,人们开始更加强调个性化教育以及创造性思维、综合素质的培养等方面。现代教育管理理念逐渐倾向于以更加开放、多元化和灵活的方法,更好地满足学生的需求和社会的变化。在教育管理中,继承传统的管理理念的优点的同时,也需要结合现代的理念,寻找更为适宜的方法,以培养学生成为有独立思考和创新能力的社会公民。

二、大数据时代的管理服务教育理念

在大数据时代,利用数据分析和技术手段,高校思想政治教育可以更好地实施这种管理服务教育理念。教育者不仅要具备教育专业知识,还需要具备服务意识和人文关怀。要注意塑造学生独立的人格,满足学生不同层次的需要,把服务意识和人文关怀贯穿于大学教育的全过程,不断增强思想政治教育工作中人文关怀的实效性。[①] 教育者应当关心学生的成长和发展,通过与学生建立真诚的关系,帮助他们解决实际问题。教育者要了解学生

---

① 孔祥利,杨继顺.试论大学生思想政治教育工作中的人文关怀[J].当代教师教育,2009(3):81-85.

的兴趣、需求和问题,建立开放的对话平台,鼓励学生和教育者之间的互动交流,提供个性化的教育支持和引导,有助于更有效地培养学生的思想道德素质和社会责任感。

大数据时代00后大学生思想政治教育要贯彻服务育人的理念。服务育人是指通过提供服务来培养人才的一种教育理念。这种理念强调学校和教育者不仅要传授知识,还要为学生提供全面的支持、引导和关怀,帮助他们在学术、职业、心理等多个方面实现个人成长。

在大学校园,学生除了学习,还要吃喝拉撒睡,各方面都需要对他们进行管理服务。正所谓言传身教,服务的过程也是育人的过程。贯彻服务育人,是要关注学生的全面发展,包括学术、身心健康、职业规划等各个方面。教育者不仅要关注学生的学业表现,还要关心他们的情感状态、心理健康和社会适应能力,尤其是对于刚入学的新生,更是要做好服务育人这项工作,使其以最好的状态适应大学的学习生活。比如珠海科技学院为新生提供寝室床铺选号,在未到校之前就定好床位。其实,不仅珠海科技学院,还有中国传媒大学、电子科技大学等高校的学生也都能够在网上选择床铺。在选号选床铺过程中,学生还可以通过网上自选床位功能查看已选床位室友的数据信息,包括起床情况、午睡情况、晚睡情况、睡眠质量等。个人可根据自己的情况,选择合适的室友。甚至有的学生会在新生微信群里,制作"简历"找舍友。他们在简历中写明自己的爱好、作息生活方式,期望找到志同道合的室友。此外,教育者可以帮助学生制订发展计划,探索适合学生的学习和职业道路。利用大数据可以分析市场需求和行业趋势,帮助学生进行职业规划,了解自己的职业兴趣和能力,为未来的职业道路做好准备。教育者可以提供职业咨询和实践机会,帮助学生做出明智的职业选择。利用大数据可以监测学生的心理状态和情绪波动,帮助发现可能的心理问题。学校可以提供个性化的心理健康支持,为学生提供及时的心理辅导和咨询,帮助学生应对压力、情绪等问题,促进其心理健康成长。

大数据时代00后大学生思想政治教育必须树立正确的教育理念,摈弃之前错误的思想,让学生成为真正的主人,鼓励学生主动参与自我发展,培养自我管理和自我学习的能力。高校思想政治教育工作者要为学生提供全方位的支持和引导，帮助他们在学业、职业、心理等方面实现更好的发展，培养学生的自主性、创新力和社会担当意识，使他们更好地适应现代社会的需求和挑战。

第七章　大数据时代 00 后大学生思想政治教育的机制创新

00 后大学生思想政治教育融合大数据创新的过程,既是一个对大数据运用的过程,也是一个对全过程进行计划、组织、领导和调控的管理过程,这就离不开各项机制的创新。运用大数据构建包括决策机制、运行机制和约束机制在内的完善的管理机制,借助大数据完善包括舆情预警机制、舆情引导机制在内的舆情监控机制,提供大数据应用的技术保障,健全伦理保障与安全机制,利用大数据构建高校思想政治教育生成性评价机制,构建科学的评价体系,充分发挥大数据价值,助推 00 后大学生思想政治教育的创新实践。

第一节　运用大数据创新管理机制

管理机制是一套组织内部规范和程序的安排,旨在实现特定目标并保证组织运作的有效性和效率。在 00 后大学生思想政治教育中,管理机制是为了更好地加强思想政治教育而建立的一系列规章制度、流程和方法。运用大数据推进管理机制的建设能够帮助学校更好地了解学生的思想动态、关注点和问题,可以帮助发现学生在思想政治教育方面的需求和倾向,从而调整教育内容和方法,更有针对性地进行教育。

一、建立科学的决策机制

决策机制是一个组织内部用来做出决策的方法和程序的体系。它涉及决策的流程、参与者、信息收集与分析以及最终结果的执行。在教育管理中,决策机制是为了有效推进学生思想政治教育,制定合理决策并实施的规则和流程。科学的决策机制能够确保决策的科学性和合理性,避免主观随意性和偏见的影响。

(一)坚持高校党委对思想政治教育创新的统一领导

在当今大数据时代,高校党委对思想政治教育创新的统一领导显得尤为重要。

首先,高校党委的领导能够确保教育目标与党的教育方针相一致。党的教育方针强调培养社会主义建设者和接班人,要求学生不仅要具备扎实的学科知识,还要具备正确的世界观、人生观和价值观。在大数据时代,信息爆炸和价值观多元化使得学生更容易受到各种信息和观点的影响,因此,高校党委的统一领导可以确保教育不偏离正确的方向,使学生在海量信息中保持正确的价值判断力和思想认同。

其次,高校党委的领导有助于整合资源,促进教育创新。大数据时代,信息技术的不断发展使得教育方式发生了革命性的变化,如何将信息技术与思想政治教育有机结合,成为摆在高校面前的重要课题。高校党委具有整合资源的权力,可以推动教育部门与信息技术部门的合作,共同探索利用大数据技术进行个性化教育,使教育更加贴近学生的兴趣和需求,从而提高教育的吸引力和有效性。

再次,高校党委的领导能够强化教师队伍建设。在大数据时代,知识更新迅速,传统的教育模式已经不能满足学生全面发展的需求。高校党委可以推动教师不断提升自身素质,更新教育理念,采用更加灵活多样的教育方法,激发学生的学习兴趣和创造力。同时,高校党委还可以通过制定激励政策,吸引优秀的教育人才,提升整体师资水平,从而提高教育质量。

最后,高校党委的领导有助于加强思想政治教育内容落到实处。大数据时代,社会问题和矛盾错综复杂,学生需要具备更加扎实的综合素质,才能够在复杂环境中做出正确的判断和决策。高校党委可以根据时事热点和社会需求,对思想政治教育内容进行精心设计,使之更贴近学生的实际需要,增强学生的问题解决能力和社会责任感。

制定科学的决策必须坚持高校党委对思想政治教育创新的统一领导。这不仅有助于确保教育目标与党的教育方针一致,还能促进教育创新。在高校党委的有力领导下,大学生将更有可能成为德才兼备、有社会责任感的栋梁之材,为国家和社会的发展做出积极贡献。

(二)建立健全思想政治教育创新的组织机构

大数据时代,高校思想政治教育与大数据创新的融合面临一系列挑战,缺乏统一的规划部署使得各高校在这一领域的发展显得分散无序。不仅如此，不同部门和主体之间的协调沟通机制不畅，也导致了技术支持、人员参与以及数据汇集等方面的支持都显得滞后，进而影响了高校思想政治教育在大数据应用方面的效果，表现得并不尽如人意。为了有效促进创新实践的开展，我们迫切需要建立专门的思想政治教育大数据组织机构，以进行统一规划和各部门之间的协调。

高校应积极落实《关于加强和改进新形势下高校思想政治工作的意见》精神，建立学校党委统一领导下的高校思想政治教育工作领导小组。这一机构的职责包括制定详尽的规划方案，确保高校内部的各个方面都能够协同合作，充分发挥各自的优势。这一组织机构的成员应该多元化，包括高校领导、思想政治教育专家、信息技术专家等，以便汇聚各方力量，形成合力，推动大数据在思想政治教育中的应用。

首先，领导小组应吸纳高校信息化管理部门的参与。这个部门在高校内负责信息技术的规划和管理，具备丰富的技术知识和经验，可以为高校思想政治教育融合大数据提供重要的技术标准和技术能力。他们的参与将为整个计划提供坚实的技术基础，确保硬件条件得以满足。

其次，高校思想政治教育的其他相关部门也应当参与进来，负责大数据在高校思想政治教育过程中的实际运用。不同学科领域的专业人员可以根据各自的特点，探索如何利用大数据技术进行教材创新、教学方法创新等。

再次，在高校思想政治教育工作领导小组的统一规划下，还应建立思想政治教育与大数据技术部门的沟通协调机制。这可以通过定期会议、交流平台等方式实现。通过吸收大数据技术人员，建立专门的团队合作，将技术和教育有机结合，创造出更具创新性和实效性的教育方式。

最后，高校应该形成党委统一领导、思想政治教育工作领导小组统一规划部署、各部门分别实施的完善的管理体系。通过这样的组织机构，可以确保大数据时代下 00 后大学生思想政治教育融合创新能够有序进行，充分发挥信息技术在教育中的作用，提升教育质量，培养更具创新精神和社会责任感的新一代人才。这样的机制不仅有助于高校的整体发展，也有助于高校优秀人才的培养。

（三）制定以大数据促进思想政治教育创新的战略规划

战略规划是一种长期性的、全面性的管理工具,旨在通过明确的目标、方向和计划,引导组织在未来一段时间内达到预期的战略目标。战略规划从一个总体的、长远的视角出发,对组织的发展进行全面的分析、定位和规划,以确保组织在变化的环境中能够稳步前进,达到预期的成果。在大数据时代,00 后大学生思想政治教育创新成为一项迫切需要的任务。为了确保这场变革能够有序进行并实现预期效果,制定科学的战略规划至关重要。这样的规划能够从整体上把握发展方向,统筹资源配置,促进各方合作,确保高校思想政治教育融合大数据创新取得持续且有效的成果。

首先,高校应积极响应国家大数据发展战略,充分认识大数据在推动思想政治教育发展中的重要战略地位。战略规划需要从宏观层面审视国家政策,将大数据技术与高校的思想政治教育紧密结合起来,以实现高校教育现代化的目标。校内相关部门应加强与国家相关机构的沟通,确保战略规划与国家政策的一致性,从而更好地引领和支持高校的教育创新。

其次,顶层设计引领创新方向。战略规划需要采用总揽全局的战略眼光,明确推动大数据融合思想政治教育创新的总目标与发展方向。这些目标和方向应该是长远的、可持续的,既要符合高校教育发展需要,也要适应大数据技术的发展趋势。顶层设计的明确性和稳定性,有助于各部门在实施过程中保持统一的目标,减少不必要的分歧和摩擦,使创新的努力更有针对性和效率。

再次,资源配置和利益协调。大数据技术的融合需要大量的资金投入,包括数据采集、存储、分析的硬件设施,以及技术人员的培训和支持。战略规划应该明确资金来源、分配和使用的原则,确保资金的合理利用。同时,高校内涉及的多方主体,如教育部门、信息技术部门等,往往会因为各自的利益而出现协调问题。战略规划需要在资源配置和利益协调方面提供明确的指导,平衡各方的利益,形成合力。

最后,治理结构和评价体系建设。战略规划需要设计有效的治理结构和评价体系,确保推动大数据融合思想政治教育创新的各项工作有序进行。这包括建立决策机制、监测机制和评价标准,以及建立反馈机制,及时调整和改进战略规划的实施。

总之,制定科学的战略规划对于大数据时代下高校思想政治教育创新至关重要。这样的规划不仅需要响应国家政策,还需要从顶层设计、资源配置、技术与人才融合、治理结构等多个方面综合考虑,以确保战略目标的顺利实现,推动高校思想政治教育在大数据时代的创新发展。这样的努力将为培养更具创新精神和社会责任感的新一代人才提供有力支撑。

二、构建良好的运行机制

运行机制是一套规定和安排,用于指导和管理特定活动、组织或系统的正常运作。它可以包括一系列的程序、流程、协议、规定和制度,旨在确保活动或系统能够按照预定的方式进行,以达到预期的目标和效果。

在大数据时代,00 后大学生思想政治教育工作的管理需要构建良好的运行机制,需要更加智能化、个性化和数据驱动。建立数据收集系统,从多个渠道收集大学生的信息,包括学习成绩、课程选修情况、社交活动、参与学生组织等。通过大数据分析技术,深入挖掘学生的兴趣、学习风格、社交网络等信息,为管理决策提供依据。根据学生的兴趣和社交网络,推荐适合的校园活动。同时,通过数据分析了解活动的参与情况,优化活动策划和宣传。在大数据时代,将大数据运用于高校思想政治教育中,制定科学的运行机制至关重要。这个机制不仅需要确保数据的获取和运用有序,还需要充分发挥大数据的优势,促进高校思想政治教育创新的顺利进行。

首先,为保证高校思想政治教育充分获取和运用校内外数据资源,需要建立内外联动的数据获取机制。外部合作是获取多样化数据的重要途径。与政府和社会合作,共享数据资源,通过项目合作、数据交易等形式获取外部数据。内部数据的采集存储则需要协调校园网络管理部门等部门的合作,确保数据的有效收集和储存。

其次,为保证全域育人目标的实现,需要建立数据协同共享机制。高校思想政治教育涵盖众多人员和领域,涉及学生工作管理者、教师、辅导员、家庭等多个方面。在保障数据信息安全的前提下,明确数据开放共享的流程、原则和边界,使数据能够在各个领域间流通和共享。[①]

最后,为保障高校思想政治教育创新充分发挥大数据的优势,要建立科学的激励、评价、沟通、说服的运行机制。[②] 激励机制可以根据大数据扫描学生特征和需求,制定个性化的激励策略,从而更好地引导学生。评价机制可以利用大数据的动态更新能力,实现对教育效果的持续评估,优化教育方案。沟通机制应充分利用大数据的即时高效特点,确保信息传递的准确和时效,使教育工作更精准。说服机制可以通过大数据的关联分析,构建更有说服力的教育方法,促进学生的思想转变。

良好的运行机制确保了大数据在高校思想政治教育中的顺利应用,有助于降低运用过程中的阻碍,促进教育与大数据的有机融合。这种融合不仅提升了教育的质量和效率,还为学生的全面发展提供了更为丰富和个性化的支持,推动了高校教育的创新和进步。

三、完善明确的约束机制

约束机制是指在组织、系统或过程中引入的规则、准则、制度或条件,旨在限制、引导或规范行为,以实现特定的目标、维持稳定性或保障合规性。约束机制可以起到限制负面行为、激励正面行为、确保规范运作等作用,从而促使系统或组织朝着预期目标前进。法律法规是一种最基本的约束机制,通过规范的制定和实施,限制个人和组织的行为,维护社会秩序和公共利益。高校对大学生最常见的约束机制就是制定一系列规章制度,比如学生手册里的《学生学籍管理制度》《学生考勤管理制度》《学生寝室管理条例》《学生违纪处分条例》等各种管理制度。

大数据时代 00 后大学生思想政治教育在原有高校约束机制比较健全的情况下,出现了一些新的问题,需要应对大数据所带来的风险与挑战,不

①　张瑞敏.大数据背景下高校思想政治教育创新研究[D].上海:华东师范大学,2020.
②　张苗苗.思想政治教育的说服机制研究[D].重庆:西南大学,2012.

断完善约束机制。在大数据时代 00 后大学生思想政治教育创新过程中，必须建立完善的制度体系来规范数据的采集、使用和保护，以确保数据使用的规范化、科学化和安全化。

比如，建立数据采集制度，设立数据采集准则，规定数据的收集目的、范围、方法以及合法性要求，防止不合法的数据采集和滥用。制定数据使用制度，明确数据的使用范围，确保数据仅用于教育目的，避免将数据用于其他不相关的用途，保障学生的隐私权。规定哪些数据可以公开，确保透明的数据公布，增加学生对数据使用的可见性，促进信息公开。设立数据使用的审查机制，确保数据使用符合法律法规和道德标准，避免数据被滥用或歪曲。建立数据安全保护制度，加强数据存储和传输的加密与防护，保障数据不被恶意侵入和泄露。

同时，高校可以对大数据进行科学分类，对不同类型的数据实行有针对性的约束。这种分类可以从数据的性质、范围等维度进行，以确保数据的合理使用和保护。明确公开数据和隐私数据。对于公开数据，可以依照公开数据管理规则进行管理，而对于隐私数据，需要从采集到运用的全过程都做好保密工作，规定数据使用人员的范围，设置保密规定。明确全局数据和局部数据。对于全局数据，应该设立明确的使用权限和范围，避免数据被滥用，而对于局部数据，要强调数据的汇总可能带来的风险，进行全局数据的风险评估。[1]

此外，约束机制的构建应当强调信息安全和隐私保护。在大数据时代，高校应该充分认识到信息安全和隐私保护的重要性，建立内部的监督和审查机制，确保约束机制的执行和效果。

通过建立有效的约束机制，高校思想政治教育融合大数据创新可以在保障隐私和信息安全的前提下，更加深入、精准地开展。这样的机制不仅可以降低大数据运用带来的风险，还能够建立可持续的创新机制，为高校思想政治教育的发展注入活力，为学生提供更好的教育体验。

---

[1]　张瑞敏.大数据背景下高校思想政治教育创新研究[D].上海：华东师范大学，2020.

第二节　借助大数据完善舆情监控机制

舆情监控是指通过收集、分析和评估社会舆论的信息,以了解公众对特定话题、事件、品牌等的观点和情感。舆情监控涵盖了舆情预警和舆情引导。在大数据时代,舆情监控机制的建立可以帮助学校第一时间了解学生的关注点、兴趣和关切。可以帮助学校及时发现和应对可能影响学校声誉的负面事件。及早采取措施可以避免危机和事态升级,保护学校的形象。通过分析舆论,学校可以更好地把握学生的心声,更精准地满足他们的需求。因此,必须借助大数据以及大数据技术,完善高校思想政治教育的舆情监控机制。

一、完善舆情预警机制

舆情预警是指在特定事件、话题或舆论情况下,通过实时或定期的数据分析,早期识别出可能对组织、品牌、个人声誉产生负面影响的信息,以便及时采取措施应对。

大学生是学校的主人翁,学校的声誉与学生关系密切,建立舆情预警机制对大学生管理教育具有重要意义。对于学校管理而言,能够及时了解并应对问题至关重要。通过早期识别负面舆论,学校可以更迅速地制定应对策略,避免造成不必要的损失。舆情预警机制可以帮助学校及时察觉可能出现的负面事件或舆论,避免问题扩大化。

郑永廷教授在他的《思想政治教育方法论》一书中写道:"获取思想政治教育信息的时机,主要在阶段转折、事件交替、激烈竞争、矛盾冲突和偶然事件发生的时候。"[①]当个人或社会经历重要的生活阶段转折,如从学生转向职场,从单身转向婚姻等,人们的思想观念和价值取向可能会发生变化。当社

---

① 　郑永廷.思想政治教育方法论(修订版)[M].北京:高等教育出版社,2010:65.

会发生重大的政治、经济、文化等事件交替,人们会对这些事件产生不同的看法和情感。当社会中出现矛盾、冲突、意外事件或突发情况,为了取得优势,可能会对思想和策略进行调整,都可能会引发人们的思考和情感波动,这时候也就特别需要对其进行相应的思想政治教育。

随着大数据技术的快速发展,其在高校舆情预警机制中的应用正逐渐展现出重要的价值。借助大数据,高校可以更加精准地获取、分析和应对舆情,从而完善舆情预警机制,更好地维护学校声誉和稳定。以下将探讨如何借助大数据来完善高校舆情预警机制。

首先,大数据技术可以帮助高校更全面地监测舆情。传统的舆情监测主要依靠人工和少量样本数据,而大数据技术可以从多个维度、多个来源搜集海量数据,包括社交媒体、新闻、论坛等,从而形成更全面的舆情画像。这有助于高校及时了解社会舆论的动态变化,把握公众对学校的关注点和评价,从而更准确地判断潜在风险和机遇。

其次,大数据技术可以帮助高校更精准地识别和预测负面舆情。通过大数据分析,高校可以挖掘出隐藏在海量数据中的关联性和模式,从而更早地发现可能引发负面舆情的事件或趋势。例如,通过分析特定关键词的频率变化,高校可以及时察觉到一些有潜在风险的事件,从而做出预警和应对措施。此外,大数据还可以结合自然语言处理和情感分析技术,准确判断舆论的情感倾向,进一步提升预警的准确性。

再次,大数据技术可以帮助高校更快速地响应负面舆情。在大数据时代,信息传播的速度非常快,高校需要能够及时回应舆论,以避免负面舆情扩大化。借助大数据技术,高校可以迅速获取最新的舆情信息,分析学生的关切和诉求,从而制定更有针对性的应对策略。这种及时响应可以在关键时刻扭转舆论,减轻负面影响。

最后,大数据可以帮助高校实现个性化舆情预警和管理。每个高校都有不同的特点和情况,因此,通用的预警机制可能无法满足所有高校的需求。大数据分析可以根据高校的实际情况,定制个性化的预警模型和指标体系,更准确地适应学校的特点。同时,通过分析不同人群的舆论偏好和反应,高校可以更有针对性地进行舆情引导,提供更符合学生和教职员工需求的信息和服务。

借助大数据完善高校舆情预警机制是一个切实可行的方向。大数据技术可以帮助高校更全面、精准地监测舆情,更快速、准确地预测和应对负面舆情,实现个性化预警和管理。然而,同时也需要注意隐私保护和信息安全等问题,在运用大数据的过程中要遵循相关法律法规,确保数据的合法合规使用。通过充分利用大数据技术,高校可以在舆情管理方面取得更为出色的成果,提升声誉,保持稳定。

二、健全舆情引导机制

舆情引导是指,在舆情监控的基础上,根据监测到的舆情信息,制定合适的应对策略和引导措施,包括积极回应公众关切、解释事实真相,或者调整宣传、营销等策略,以更好地引导公众的观点和情感。

随着信息时代的到来,大数据技术在各个领域的应用不断扩展,在高校舆情引导机制中的作用也不断凸显。大数据的收集、分析和应用,使得高校能够更加精准地进行舆情引导,更有效地传递积极的价值观。

首先,大数据在高校舆情引导中的应用,从根本上提升了信息的获取和分析效率。传统的舆情监测常常依赖于有限的样本和手工分析,效率较低且容易遗漏重要信息。而大数据技术能够收集并分析来自社交媒体、新闻、论坛等多个渠道的大量数据,使得高校能够及时、全面地了解公众的观点、关切和态度。通过对海量数据的挖掘,可以捕捉到潜在的舆情变化,从而能够更早地做出反应,制定更有针对性的引导策略。

其次,大数据技术的情感分析和主题挖掘功能,有助于高校更准确地理解公众情感和关注的焦点。情感分析可以识别出公众对某一话题的情感倾向,是积极、消极还是中性,从而判断舆情的走向。主题挖掘则能够从海量数据中抽取出热门话题和关键词,帮助高校了解公众关心的议题,从而在引导舆论时能够更有针对性地进行内容选择和传播。

再次,大数据技术可以帮助高校更好地洞察受众特点,实现个性化引导。通过分析用户在网络上的行为数据，可以了解到不同人群的兴趣、需求和反应。高校可以根据这些数据，量身定制舆情引导内容，使之更贴近受众的实际需求，提高信息的吸引力和影响力。这种个性化引导不仅有助于提升引导效果，还能增强公众的参与感和信任感。

最后，大数据还可以帮助高校进行舆情预测，从而更早地做好准备和应对。通过对历史数据和趋势的分析，可以预测出可能出现的舆情发展方向，为高校提供更充分的时间和更多的机会来制定引导策略、调整传播内容。这种预测性的引导能够在舆情尚未爆发时就进行干预，减轻负面影响，提高引导的效果。

然而，在运用大数据进行舆情引导时，也要注意一些问题。比如，高校需要保持开放的态度，充分与公众互动，回应公众关切，建立信任，确保引导策略的有效实施。在大数据时代，高校作为信息传播的重要主体之一，需要充分利用大数据技术来进行舆论引导，以实现积极的影响和塑造积极的舆论环境。

首先，个性化内容推送是一种重要的舆论引导方式。借助大数据分析，高校可以深入了解受众的兴趣、需求、行为等信息。通过收集和分析社交媒体、网络浏览记录等数据，高校可以实现对不同受众的精准画像。基于这些画像，高校可以制定个性化的内容推送策略，将与受众兴趣相关的积极信息传递给他们。例如，如果某部分学生对学校食堂菜品有意见，高校可以联合后勤部门推出美食节活动，制作拍摄精美的美食照片和视频，宣传学校食堂美食和形象。同时，让学生参与评价和打分，也可以加入有奖活动，以优质的服务质量来平息学生对学校食堂菜品的意见。这样的个性化推送可以增强受众的参与感，提高信息吸引度，进而引导他们形成积极的思想态度。

其次，及时回应和互动是高校舆论引导的重要环节。大数据分析可以帮助高校及时获取舆论信息，了解公众的反映和关切。高校可以通过社交媒体积极回应公众关切，展开与公众的互动交流。这种互动不仅能够提高与公众的亲近感，还能让受众感受到高校的关心和倾听，从而增强信任度。在与公众的互动中，高校可以用事实和数据进行解释，消除负面信息的误解,引导公众形成客观的认知,实现信息传播的双向平衡。

再次,正面信息强化宣传是塑造积极舆论环境的重要手段。通过大数据技术,高校可以发掘出正面信息的传播路径和影响节点。高校可以有针对性地加强这些正面信息的宣传,通过不同渠道将积极的成就、创新、社会贡献等信息传递给公众。例如,高校可以制作精美的宣传资料、视频,通过校园媒体、社交媒体等途径传播,让更多人了解高校的正面形象。正面信息的强化宣传有助于在舆论中创造更多的正能量,改变公众的看法和态度。

最后,举办主题活动是高校舆论引导的有效途径。通过举办与时事热点、社会关切相关的主题活动,高校可以引导公众关注积极向上的议题,激发思考和讨论。例如,高校可以举办讲座、研讨会、展览等活动,邀请专家学者发表正面观点,从多个角度解读问题,引导公众形成更加全面的认知。主题活动的举办不仅能够引导公众思考,还能够传达高校的价值观和社会责任感,增强校园文化的影响力。

可见,大数据技术为高校的舆论引导提供了更多技术支撑。通过大数据应用,高校可以引导社会舆论的传播,更准确、更有针对性地影响公众的思想态度,传播真善美的主流价值观念,鞭挞社会中假恶丑的社会现象,塑造积极健康的舆论环境,让学生在一个更加轻松和美好的校园环境中生活、学习和成长。

第三节　运用大数据健全保障机制

保障机制是一种系统性的措施和规定,旨在确保特定活动、项目或领域的正常运行和安全性。在舆论引导中,保障机制包括技术保障和伦理保障两个方面,以确保舆论引导的有效性、合法性和安全性。在大数据时代,高校思想政治教育工作的有序进行需要健全的保障机制。其中,技术保障可以实现个性化教育、优化课程、预测需求,而安全保障可以保护个人隐私、防范信息泄露,确保大数据的合法合规应用,从而更好地促进 00 后大学生的思想政治教育。

一、提供数据应用技术保障

在大数据时代,高校面临着大量的数据产生和积累,如学生的学习成绩、课堂表现、社交媒体活动等。这些数据蕴含着丰富的信息,通过运用大数据技术,高校可以更好地理解学生需求、优化教育策略、提升教学质量。

在数据采集和存储技术方面,高校可以利用传感器技术、爬虫技术等手段,收集学生在校园内外产生的各类数据。这些数据涉及学习、生活、社交等多个方面。存储技术则能够帮助高校储存大规模的数据,确保数据的安全和高效访问。

在数据分析和挖掘技术方面,这些技术包括统计分析、机器学习、数据挖掘等,可以从海量数据中发现隐藏的模式、关联和规律。当然,收集到的原始数据可能包含噪声或错误,需要进行清洗和预处理。这些技术可以帮助高校将数据进行清洗、筛选和整合,保证后续分析的准确性。

在数据处理和数据表达方面,利用数据可视化技术,将复杂的数据结果以图表等形式展示出来,可以帮助教育工作者更直观地理解数据。可视化技术能够使高校更好地发现数据中的信息,从而做出更明智的决策。高校可以利用实时数据处理技术,迅速获取学生产生的实时数据。利用并行计算和分布式计算技术,可以帮助高校更及时地做出反应,提供个性化的支持和服务。利用人工智能技术,包括自然语言处理、图像识别等,分析学生的文字表述和图像信息,更全面地了解学生的思想和情感。

在大数据时代 00 后大学生思想政治教育创新过程中,技术方面的支持和保障是至关重要的。随着大数据技术的不断发展和应用,高校需要不断地补齐技术方面的短板,积极探索合适的技术解决方案,利用多方力量的共同努力,建立起完善的技术支持体系,以保障大数据在思想政治教育中的有效应用。

首先,来自国家层面的资金投入与政策支持是必不可少的。大数据技术的应用需要大量的资金投入,从技术研发到基础设施建设,都需要资金的支持。因此,国家层面应当提供充足的资金投入,支持高校思想政治教育领域的大数据技术创新。此外,制定明确的政策和法规,规范大数据技术在教育中的应用范围、原则和限制,为其发展提供法律保障。

其次,积极寻求外部合作与依托。高校应积极与外部机构、企业建立合作关系,借助外部力量提供的技术支持,推动大数据技术在思想政治教育中的运用。与专业的数据科技公司、研究机构合作,可以获取先进的技术和资源,共同开发适用于高校思想政治教育的大数据解决方案。这样的合作可以为高校提供更加全面的技术支持和指导,推动技术的创新和发展。

最后,开发和使用专门的数据计算平台。针对高校思想政治教育的特点和需求,可以开发专门的数据计算平台,用于针对思想政治教育大数据的分析和处理。这个平台可以集成数据采集、存储、处理、分析和可视化等功能,为教育工作者提供强大的技术支持,使他们能够更好地利用大数据进行教育工作。此举有助于强化数据分析的针对性和科学性,提升教育工作的效果。

这些保障措施在高校思想政治教育充分利用大数据技术方面起到了积极的作用。国家层面的资金投入和政策支持为技术创新提供了坚实的基础,使高校得以在技术领域不断前进。与此同时,高校与外部伙伴合作,可以充分利用外部资源和专业知识,为大数据技术的运用提供更多可能性。另外,专门的数据计算平台的开发为教育工作者提供了便捷的工具,帮助他们更好地应用大数据技术,为学生提供更个性化和精准的教育。

二、健全伦理保障与安全机制

数据伦理是指在使用、处理和共享数据时涉及的道德和法律问题。这包括确保数据隐私和安全,避免歧视性使用数据,以及透明地告知数据收集的目的和方式。数据伦理还涉及权衡数据的好处与风险,确保数据的公平和合法使用,以及遵守适用的法律和法规要求。在数据驱动的社会中,数据伦理至关重要,可以确保人们的权利和隐私得到尊重。

大数据是一把"双刃剑",其在各个领域的应用带来了巨大的机遇与挑战,而高度重视数据伦理和安全问题则是确保其正面利用的关键。随着技术的不断进步,大数据已经成为许多领域的核心驱动力,无论是教育教学企业管理,还是商业决策、医疗研究,甚至社会发展规划,都在广泛地运用着大数据分析。然而,大数据的广泛应用也引发了一系列潜在的问题,大数据集中了大量敏感信息,如个人信息、消费习惯、金融数据、医疗记录等,一旦发生数据泄露,可能引发金融损失、个人声誉受损等一系列问题。因此,保障数据安全至关重要,数据伦理和安全成为必不可少的议题。

2023 年 8 月 16 日,"南昌网警"官方公众号披露了一起高校数据泄露事件。根据通报,江西南昌公安网安部门发现,南昌某高校 3 万余条师生个人信息数据在境外互联网上被公开售卖。南昌公安网安部门立即开展调查,成功抓获犯罪嫌疑人 3 名。同时,对涉案高校不履行数据安全保护义务的违法行为开展执法检查。经查,涉案高校在开展数据处理活动中,未建立全流程数据安全管理制度,未采取技术措施保障数据安全,未履行数据安全保护义务,导致学校存储教职工信息、学生信息、缴费信息等 3000 余万条信息的数据库被黑客非法入侵,其中 3 万余条教职工、学生个人敏感信息数据被非法兜售。为此,南昌公安网安部门根据相关规定,对该校做出责令改正、警告并处 80 万元人民币罚款的处罚,对其主要责任人做出人民币 5 万元罚款的处罚。

无独有偶,2023 年 3 月,株洲某软件学校网站存在短文件名泄露漏洞;网站系统中存在大量敏感信息,未对前述数据采取应有的技术保护措施,未履行数据安全保护义务,株洲市公安局荷塘分局根据《中华人民共和国数据安全法》给予该学校警告,并责令限期改正。2023 年 7 月,国内知名高校毕业生马某,在读硕期间通过非法技术手段,盗取包含 2014—2020 级本硕博所有学生在内的个人信息,制作成颜值打分网站供人随意浏览,被海淀公安分局依法刑事拘留。清华大学智能法治研究院 2023 年 6 月 17 日发布的报告显示,公开发布依据《中华人民共和国数据安全法》做出行政处罚决定典型案例有 34 起,2021 年数据安全领域的行政执法案例共 4 起、2022 年案例共 7 起,而仅 2023 年 1 月至 6 月依据《中华人民共和国数据安全法》做出行政处罚决定案例就达 23 起。近年来,高校因数据安全防护不力,而导致大量数据泄露或被非法使用的情况屡屡发生。高校是人才培养摇篮,掌握着大量个人信息、科研数据,更需全面提升数据安全防护意识,层层压实责任,切实履行数据安全保护义务,建立健全大数据伦理保障与安全机制,采取相应的技术措施和其他必要措施保障数据安全。

首先,建立明确的数据伦理原则和指南,以规范数据的收集、处理和共享行为,是保障数据合法性和合规性的重要举措。透明的数据收集过程和知情同意机制可以确保数据主体对自己的数据有充分的了解和控制权,避免信息被不当使用。明确的数据伦理原则可以防止滥用数据、偏向性分析等不当行为,保障数据应用的公正性和准确性。

其次,完善大数据安全与个人隐私保护机制。《中华人民共和国网络安全法》规定,要"防止网络数据泄露或者被窃取、篡改"。这些都使数据保护有据可循,也为法律监管指明了方向。从学校层面来说,要完善和制定大数据应用相关的制度保障,在严格遵守法律规章的基础上,具体到高校思想政治教育,要结合自身特殊性,把握大数据应用的力度和广度,明确大数据应用界限和范围。[①] 在大数据的环境中,大量敏感信息可能被整合在一起,如果不加以保护,可能导致数据泄露、滥用等风险。采取技术手段如数据加密、脱敏处理,可以有效减少敏感信息的暴露。此外,建立严格的访问控制机制和监督体系,可以确保只有授权人员才能访问和处理敏感数据,降低数据安全风险。

最后,数据分析模型的建立需要遵循公平性和无偏性原则,避免引入不公平的偏见。由于数据可能受到历史偏见的影响,模型的结果可能反映出这些不平等。因此,构建模型时需要采用合适的算法和数据预处理方法,确保结果不歧视任何群体,维护社会的公平性和多样性。

总之,大数据的崛起为社会带来了前所未有的机遇,但其潜在的风险也不容小觑。在大数据时代 00 后大学生思想政治教育工作过程中,必须高度

---

① 张瑞敏.大数据背景下高校思想政治教育创新研究[D].上海:华东师范大学,2020.

重视数据伦理和安全问题,健全安全举措。这样,既可以确保数据的合法合规使用,维护个人隐私权益,又可以减少社会偏见和不平等,保障社会的可持续发展。通过制定明确的伦理准则、加强技术安全措施以及加强法律法规的监管,我们可以更好地平衡大数据的双刃剑效应,使之为社会发展创造更多价值。

第四节　利用大数据创新评价机制

评价机制是一种用于评估、衡量与判断特定对象、行为或系统的质量、价值与成就的系统或方法。它在各个领域都有应用,从教育到企业管理,从科学研究到绩效评估。评价机制的设计和实施直接影响着对特定事物的认知和决策。思想政治教育的成效如何,需依靠一系列评价指标和综合评价体系,运用多样化的评价手段进行客观评估。建立科学合理的评价机制,对于高校思想政治教育工作的进程和成果进行精准评判至关重要。这不仅能够准确把握高校思想政治教育的开展情况,更能及时发现存在的问题,并有助于有针对性地采取有效措施加以解决,最终实现风险的规避。

一、构建动态性评价机制

传统高校思想政治教育评价机制通常是以考试为主的静态评价机制。具体来说,高校开设一系列思想政治教育课程,如“习近平新时代中国特色社会主义思想”“毛泽东思想和中国特色社会主义理论体系概论”“思想道德与法治”等。这些课程的教学内容主要传授理论知识,学期末组织理论知识考试,根据考试成绩评价学生的思想道德水平。

然而,这种传统的评价机制存在一些弊端。传统评价机制主要关注学生对理论知识的记忆和掌握程度,而忽视了思想政治教育的实际应用和实践能力的培养。以考试成绩为主要评价标准可能导致教育过程变成应试教育,学生可能为了追求高分而刻意迎合教材和题目,忽视对思想理论的深入思考及创新。考试成绩无法全面反映学生的综合素质、社会责任感和人际交往能力等,评价机制往往只注重几个指标。当今社会对大学生的要求不仅仅是知识掌握,还包括创新能力、团队协作能力、实践能力等,传统评价机制难以满足这些需求。纯粹的考试成绩难以准确反映学生的思想道德水平和价值观,可能无法真实衡量思想政治教育的实际效果。

大数据的产生和运用可以在很大程度上弥补传统高校思想政治教育评价机制的不足之处。大数据的动态性特点允许高校实时监测学生的思想态度和行为变化。这有助于更准确地评估思想政治教育的实际效果,及时发现学生可能出现的问题,并采取相应的干预和引导措施。大数据分析可以从多个角度收集和整理信息,包括社交媒体活动、网络搜索、阅读偏好等。这种多维度的数据可以更全面地评估学生的思想发展状况,避免传统评价机制的片面性。大数据的应用可以促使高校更加注重学生综合能力的提升。通过分析学生参与社会活动、志愿服务等的数据,可以更好地了解学生的社会责任感和实际行动,弥补传统评价机制对实践能力的忽视。

2020年,中共中央、国务院印发的《深化新时代教育评价改革总体方案》提出了一系列重要的评价改革方向,方案指出改进结果评价、强化过程评价、探索增值评价、健全综合评价四项新举措,为高校教师评价改革指明了方向和路径。这些方向的核心目标是更好地反映学生全面素质的培养,促进教育的全面发展。大数据技术在教育评价改革的各个方面都有发挥作用的潜力。

首先,改进结果评价。大数据技术在改进结果评价中发挥着重要作用。传统的评价方式主要依赖于考试成绩等狭隘指标,无法全面反映学生的综合素质。通过大数据技术,可以综合考虑学生在学术、实践、社会参与等多个方面的表现,从而更准确地评价学生的综合素质。例如,分析学生参与创新项目、志愿活动、社会实践等数据,能够描绘出学生在不同领域的成就,形成更全面的评价。

其次,强化过程评价。大数据技术可以强化对教学过程的评价和改进。通过分析教学资源的使用情况、学生在线学习活动和作业完成情况,教师可以更好地了解学生的学习行为和习惯，及时调整教学策略，提供个性化的指导。同时，大数据还能揭示出教学中的潜在问题和挑战，帮助教师更精细地优化教学过程。

再次，探索增值评价。大数据技术为探索增值评价提供了更多的可能性。通过跟踪学生的学习历程和进步情况，大数据技术可以定量地分析每个学生的成长轨迹。例如，记录学生在学术成绩、实际应用、社会参与等方面的变化，帮助评价他们的成长情况。这种个体化的评价方式有助于鼓励每个学生都能够在已有基础上不断取得进步。

最后，健全综合评价。大数据技术在健全综合评价方面具有巨大潜力。通过整合不同来源的数据，如学生考勤、课堂表现、作业情况、练习测试、期中期末成绩、实践活动、团体项目等，可以形成更为全面的评价体系，避免仅仅依赖某一维度数据带来的片面性。同时，大数据技术的数据挖掘和分析能力，有助于发现数据中的隐藏信息，为评价提供更多维度的参考。

综合来看，大数据技术的应用可以让教育评价更加客观、全面、个性化。通过多源数据的分析和整合，可以实现对学生全面素质和发展进程的跟踪和评估，构建动态性评价机制。此外，大数据技术还可以帮助学校更好地了解教学过程，为教育改进提供有力支持。在探索增值评价和健全综合评价方面，大数据技术的个体分析和多维度综合能力，可以更好地反映学生在多个方面的发展。

二、建立多元化评价体系

为了对高校大学生思想政治教育进行定量化的评价，学者们从不同视角探索建立大学生思想政治教育多元化评价指标，进行了卓有成效的研究。杨永磊提出以坚守底线、理清认识、净化风气、深化改革等作为思政教育有效性的评价指标。[①] 李赛、欧安欣采用层次分析法（Analytic Hierarchy Process，AHP）和模糊数学法对大学生思想政治教育实效性进行了评价，并

---

① 杨永磊.思想政治教育视域下法治观教育实效性研究——以当代大学生为例[J].六盘水师范学院学报，2017(1)：61-64.

将评价结果划分为优秀、良好、中等、合格与不合格5个评价等级。① 吴静采用层次分析法从思想素质、政治素质、道德素质、心理素质和实践素质等五个维度构建高校大学生思想政治教育有效性评价体系。② 徐海红从政治标准、知识标准、能力标准、心理健康标准、品德标准和行为标准构建了大学生思想政治教育的实效性评价体系。③

建立全面、实际的多元化评价体系是确保高校思想政治教育科学发展的基础。尤其在大数据时代,创新和完善高校思想政治教育多元化的评价体系显得尤为迫切,这不仅有助于提高评价的准确性、全面性、公平性和科学性,还能够提升评价的说服度、可信度和引导力度。

在构建新的评价体系时,要基于科学的理论体系和实证研究,通过数据分析,发现不同指标之间的关联性和影响因素,从而更好地理解学生的发展轨迹,为评价体系的构建提供科学依据。应该综合考虑不同维度的指标,包括知识、思想觉悟、实践能力、综合素质等,确保评价的全面性。通过大数据分析可以更好地捕捉学生在多个方面的表现,从而提高评价的准确性。要注意的是,高校拥有各种背景和特点的学生,多元化的评价体系必须能够公平地考量不同学生的差异。在制定评价标准时,需要避免单一标准的片面性。可以考虑引入相对评价,将学生的表现与自身历史表现或同龄人相比较,以减少对不同背景学生的不公平对待。

第一,多维度的评价指标。构建大数据时代00后大学生思想政治教育多元化评价体系,需要设计涵盖多个维度的评价指标,以全面地了解学生的发展情况。这些指标应该从不同角度衡量学生的思想政治素养和综合能力,以确保评价的全面性和准确性。

知识层面:这一维度涵盖了大学生思想政治教育中对国家法律法规、党的路线方针政策、马克思主义理论、习近平新时代中国特色社会主义思想、

---

① 李赛,欧安欣.基于模糊数学理论的大学生思想政治教育实效性综合评价模型[J].数学的实践与认识,2015(13):299-306.
② 吴静.高校大学生思想政治教育有效性评价指标体系构建[J].科教导刊,2017(27):87-89.
③ 徐海红.大学生思想政治教育实效性评价及其标准探析[J].思想政治教育研究,2010(6):56-59.

思想道德与法治等基本知识的掌握情况。通过考核学生在相关知识领域的理解程度,可以评估他们对国家政策的了解程度。

思想觉悟:评价学生对形势与政策、国家发展战略、理想信念、价值理念等的认同和理解。通过反映学生是否积极践行社会主义核心价值观,可以了解他们对社会责任的认知。

实践能力:这一维度考查学生是否积极参与志愿服务、社会实践等活动,培养社会责任感和实践能力。通过这些活动,能够反映学生的团队合作能力和领导能力。

综合素质:评估学生的人文修养、道德情操、沟通能力、创新能力、批判思维、团队合作与领导能力等综合素质。这一维度能够揭示学生的综合素质水平,反映他们是否具备成为社会栋梁的潜力。

在多维度指标的设计中,应该充分考虑到学生的多样性和差异性,确保评价体系具有灵活性,能够更好地满足不同学生的发展需求。

第二,多源数据的整合。构建大数据时代的大学生思想政治教育多元化评价体系,多源数据的整合是确保评价全面性和准确性的关键一步。不同数据源的结合能够更好地描绘学生的综合表现,从而提供更全面的评价结果。

教师评价:教师对学生在课堂表现、思想表达等方面的评价,能够提供专业意见和指导。

同学互评:同学对彼此的评价能够反映学生在团队合作、互动交流等方面的表现。

学生自我评价:学生对自己思想政治素养的自我认知和评价能够补充评价的主观信息。

社会活动记录:学生参与的社会实践、志愿服务等活动记录能够体现他们的实践能力和社会责任感。

社交媒体分析:通过分析学生在社交媒体上的言论和互动,可以了解他们的思想观点、社会影响力和社交能力。

学习成绩:学习表现是学生思想政治教育的重要衡量指标之一。学生的学习成绩能够反映他们的知识水平和学术素养。

将这些不同来源的数据进行整合和分析,可以获得更全面、客观的评价结果。数据的整合能够帮助发现不同维度之间的关联性,进一步深化对学生发展情况的理解。

第三,评价指标体系的实施。运用大数据建模技术可以构建高校思想政治教育多元化评价体系,并确保评价指标体系的有效实施。

建立综合评价模型:基于多维度指标和多源数据,建立综合评价模型。可以采用数学模型,将不同维度的评价结果加权组合,形成综合评价分数。

定性与定量结合:定性方法可以用于评估学生的综合素质、创新能力等难以用数字衡量的方面,而定量方法则可以提供客观的数据支持,确保评价的科学性和公正性。通过定性和定量方法,获取更全面的评价信息。

反馈和结果展示:将评价结果反馈给学生、教师和学校,帮助他们了解学生在不同方面的表现。可以采用图表、报告等形式展示评价结果。同时,根据评价结果,为学生制订个性化的发展计划,明确发展目标和路径。教师可以根据评价结果,有针对性地提供指导和支持。

持续改进和优化:根据评价结果和反馈,不断改进和优化评价体系。调整指标体系、问卷设计等,以适应教育发展和学生需求的变化。

教育宣传与推广:将多元化评价体系的理念和成果进行宣传,提高师生的认知和参与度。通过培训、研讨会等形式,推广评价体系的实施经验。与社会机构、企业、社会组织等合作,充分利用各方资源,共同推进评价体系的实施和优化。

总之,大数据技术为更新高校思想政治教育评价机制提供了必要的技术支持,其不仅能够处理大量数据,也为大学生思想政治教育评价机制的成熟提供了支撑。教育工作者应积极投身大数据应用,以此为基础,更新评价机制。这不仅能够提升高校思想政治教育的信度和效度,还能够更准确地了解学生发展情况,为他们的全面成长提供更有针对性的支持和引导。

第八章 大数据时代00后大学生思想政治教育的内容创新

在大数据时代,00 后大学生思想政治教育的内容创新至关重要。大学生思想政治教育内容创新可以帮助教育更贴近学生的实际情况,激发他们的学习兴趣,增强思政教育的吸引力和有效性。同时,内容创新也有助于培养学生的信息素养,使他们能够辨别信息真伪,增强批判性思维能力,更好地参与社会和政治议题讨论。因此,大数据时代 00 后大学生思想政治教育需要顺应时代潮流,以内容创新为驱动,更好地引导学生的价值观和思维方式。

第一节　大数据时代 00 后大学生思想政治教育内容来源

如何获取思想政治教育大数据,是教育工作者首要关切的问题,也是一个令人疑惑的议题。思想政治教育大数据的获取途径涉及不同平台、技术和工具,这是创新教育内容的前提步骤。鉴于信息技术的迅猛发展,思政教育大数据的来源主要包括慕课等在线课程、门户网站的搜索结果,以及主流意识形态网络教育平台。我们需站在大数据视角审视这些应用,关注从何处获得大数据以用于教育。此外,思政教育大数据还源自国家权威统计数据、搜索引擎大数据、思想政治教育类大数据、专业在线调查平台等。这些来源呈现不同层次数据的应用可能。基于实用、易操作、高效的原则,结合经验,我们可以整理创新教育内容的大数据来源。这些渠道将为优化思政教育内容提供信息资源。[①]

一、国家权威统计数据

在这个大数据时代,数据几乎无处不在。我们能够从多个途径获取现有的大数据成果,为自己的教育工作所用。对绝大多数思想政治教育工作

---

① 张玉龙.大数据视域下思想政治教育创新研究[D].长春:东北师范大学,2021.

者而言,首要任务并非亲自运用专门技术来进行大数据的挖掘和分析,而是善于寻找并应用已有的大数据研究成果。这种方法是最为便捷的思想政治教育大数据应用途径。这就意味着思想政治教育工作者需要怀着强烈的数据意识,去探索这些已经积累的大数据研究成果。这些成果可以从各种来源中获取,对我们来说极具价值。

国家统计局的数据最具权威性,是思想政治教育大数据的首选数据源。这个网站的"发布预告""最新发布""数据解读""新闻发布会""普查数据""指标解释""统计制度""统计标准""数据查询""统计公报"等栏目,包含十分丰富的思想政治教育数据内容。这些专题以丰富翔实的数字为主要表达方式,呈现了我国经济和社会发展的基本状况。这些数据客观、权威,是大学生思想政治教育内容的重要来源。还有历年的"年度统计公报""经济普查公报""人口普查公报"等数据服务。此外,比较权威的国家统计数据还有教育部的教育发展统计公报等。经常浏览这些网站,不仅可以获得大量的关于国情、世情的数据,了解国家发展状况,而且也使得思想政治教育内容更为丰富,对于培养大学生数据意识、数据思维有着重要的作用。

专家智库的大数据研究成果具有较高的权威性。有关部门或者有关研究团队正式发布的"蓝皮书""白皮书""黄皮书"以及各种大数据分析报告是思想政治教育大数据内容的重要来源。这些数据对国际国内热点问题进行持续的观测,并以专业的角度、专家视野以及大数据的方法进行研究,具有实证性、连续性、预测性、权威性、时效性等特点。公开的出版物则是思想政治教育数据源流之一。典型代表有社会科学文献出版社出版的反映中国与世界经济社会发展情况的"皮书"系列以及皮书数据库,中国互联网络信息中心的《中国互联网络发展状况统计报告》等。

另外,一些专家智库的大数据研究成果会在政府网站、人民网、新华网、光明网等官方网站及官方微博、微信公众号等媒体上发布。教育者要做有心人,随时获取数据。在浏览网页、微博、微信公众号等内容时,随时去收集这些数据,并且结合思想政治教育内容去思考如何应用这些数据。

二、搜索引擎大数据

搜索引擎大数据就是对搜索这一行为形成的数据。由此形成的各类排行榜反映了人们所关心的热点问题，从中可以找到鲜活的价值观引导的教育内容，这对思想政治教育的作用是不言而喻的。搜索排行榜影响较大的是百度热搜。作为根据无数网民日常搜索数据建立起的大数据库，这种搜索排行榜对于大数据收集具有重要参考价值。由于百度搜索引擎是网民的主要搜索工具，基于百度搜索数据所形成的关键词排行榜具有直观性。百度热搜排行榜通过关键词、搜索指数、排名、关注度、变化率等量化指标，收集和分析网民的搜索数据。

其主要模块如下。

"热搜榜"模块：该模块以图文并茂、内容详尽、分析精准为特点，向用户呈现百度热搜榜中近日上榜的热门话题，方便用户及时获取热门信息。

"实时脉搏"模块：该模块创造性地通过脉搏图形的图像形式将实时热点呈现给用户，使得用户获取最直观的热点趋势。

"热点活动"模块：该模块以专题的形式展示热点话题，包括两会大数据、百度指数等。

这些模块能够迅速地使我们抓住当下人们所关注的问题，对思想政治教育内容而言，所挖掘出的信息具有较高的参考价值。

搜索引擎大数据的另外一种类型是针对新媒体内容的搜索引擎。以清博指数为例，这个平台是中国新媒体大数据平台，有针对性地采集微信、微博、抖音、快手、今日头条、微信视频号、小红书、哔哩哔哩视频等新媒体榜单的数据信息，并提供基于网络公开数据的产业、融媒体和舆论大数据人工智能服务。这个平台发布的指数是第三方新媒体数据搜索引擎，平台可以提供对新媒体数据进行数据采集、数据清洗、模型建设、基础应用（个性定制、创新融合）以及高级应用（解读分析、数据新闻）等服务。

清博舆情作为清博智能的重要内容之一，以境内外全网数据分析、智能语义分析、危机传播管理为技术支持，提供实时舆情分析、阶段性舆情研判、专题性舆情分析、定制化舆情会商等服务,全方位整合传统媒体、门户网站、微博、微信、论坛等舆论信息矩阵。基于数据化的舆论分析,跟踪传播路径,助力解决舆论领域传播分析、评估与决策难题。

其核心功能如下。

自设方案:自主设置事件关键词、时间段、数据载体等,追踪事件发展。

实时数据:设置好关键词后,实时分析最新舆情信息。

舆情预警:分析全网信息,多种方式及时预警。

舆论分析:多维度进行舆情筛选,丰富图标数据分析。

事件追踪:自主设置事件关键词时间段和数据载体等,追踪事件发展。

舆情报告:可以选择专业舆情分析师撰写报告,也可自主生产多种格式报告。

行业大数据:基于在大数据人才、技术和产品等方面的领先优势,清博可根据客户需求,进行私有数据的整理、脱敏、建模、分析。其垂直大数据系统包括意识形态大数据、国学大数据、名人大数据、娱乐影视大数据、传播大数据等。

可视化大屏:清博可将互联网信息与客户提供的数据相结合,为客户量身打造大数据可视化大屏,提供快捷、直观、全面、科学的决策支撑。

清博热点"以读数据看事件"为主要内容,展现不同时期的热点事件的区域分布全国地图,用不同深浅的红色表示热门程度,并展示热点事件排行榜。此外,清博热点还展示晨晚报热点事件、知识图谱、传播指数和情绪地图等板块。

三、思想政治教育专业数据库

思想政治教育专业数据库内容丰富,其中以习近平系列重要讲话数据库、中国共产党思想理论资源数据库、人民课程思政教育资源库、党的建设数据库等为主要代表。

习近平系列重要讲话数据库。该数据库重点收录了党的十八大以来习近平发表的系列重要讲话原文 300 余篇,相关重要论述、活动、会议、批示、书信、致辞、音视频等共计 6000 多件,涵盖经济、政治、文化、社会、生态、党建、国防、外交等各个领域。该数据库功能多样,兼具数据收藏、整理、检索等功能,检索学习方便、精准和快捷,为思想政治教育专业的研究者提供了直接的帮助和价值。

中国共产党思想理论资源数据库。在中央领导同志的亲切关怀和中宣部、新闻出版广电总局的有力指导下,中国共产党思想理论资源数据库由人民出版社开发建成,被党政干部和专家学者称为"用科学技术传播中国化马克思主义的重大创新工程"。主要特色如下。特色一:内容系统,实现了"四个全覆盖"。完整系统收入了党的思想理论主要著作文献,内容覆盖我国出版的所有马列经典著作;覆盖党和国家主要领导人所有著作;覆盖公开发表的所有中央文件文献;覆盖国家所有法律法规。还收入了大量代表性研究性著作、党史和国际共运史著作、重要人物资料,以及革命战争年代出版的部分重要图书等。特色二:"权威知识库,包含三大特色工具"。知识库包含党和国家重要文献专题知识库、马克思主义专题知识库和经典著作引文比对三大特色工具,为用户提供党的思想理论领域内权威知识服务。实现了文献检索方式从传统的篇目、章节和关键字词检索到知识点和语义检索的飞跃,极大地提高了检索效率、优化了检索结果。特色三:图书内容规范性、权威性强,电子书达到引用标准。数据库以经典著作、重要文件文献、法律法规、学术名著为核心内容,图书主要由人民出版社等著名出版机构出版,编校质量高。图书数字化采用三万分之一的差错率标准进行校对,保留了纸质图书的原版原式。

人民课程思政教育资源库。以"深挖思政教育资源素材,辅助课程思政教学建设"的理念研发,定位于辅助专业课教师进行课程思政备课,系统围绕高校思政教育的主要课程,从智能工具到备课资源两个方面辅助教师完成思政教育工作。从课程思政、备课资源、全景思政、"四史"学习、专题学习等几大板块服务于教师群体。

课程思政:深入研究课程思政开展过程中出现的用户痛点,延伸出以元素表为形式的思政教育资源,通过人工智能知识图谱将思政元素与专业课结构化重组,打造课程思政备课利器。

备课资源:围绕课堂教学所需资源类型提供课件库、视频库、模板库、案例库,内容深度糅合专业课与思政元素,更有课程思政示范课,解决专业课老师课程思政模式无处可学的难点。

全景思政:选取与思政课堂结合的"爱国主义教育示范基地、百家红色旅游经典景区",利用全景技术,通过实景360度展示与景区历史、精神文化的结合,实现线上思政教育实践——"游学之旅"。

"四史"学习:提供体系化视频课程、红色全景等辅助高校更好开展"四史"教育,引导师生知史爱党、知史爱国。

专题学习:将信息资源与教材知识点融合,定制相应的专题内容,使思政课堂案例常用常新。

党的建设数据库。共收录党的十八大以来党建领域的新闻、视频、图解、论述、案例等精选稿件7万余条,涵盖党的政治建设、思想建设、组织建设、作风建设、纪律建设、制度建设、反腐败斗争七大类内容。

四、专业在线调查平台

专业在线调查平台是一种专门为用户提供全方位在线问卷设计、数据挖掘、表格设计以及数据分析等服务的工具。其中涵盖了一个重要的在线平台,即问卷星。这一平台被广泛应用于社会调查、学术研究、在线报名、网络投票、信息搜集以及在线考试等多个领域。其服务范围包括问卷的设计和发布、调查数据的查看与分析,以及数据报表的设计和生成等。

具体而言,问卷星在数据收集和调查方面具有高效和高质量的优势。它为用户提供了一个便捷的平台,能够高效率收集各种数据。通过精心设计的问卷,用户能够在较短的时间内收集到大量有价值的信息。此外,问卷星平台的高质量数据挖掘工具,有助于用户从收集的数据中发现隐藏的模式、趋势和洞察力,为决策提供有力支持。

平台的另一个优势在于其精准性。问卷星具备针对不同目标人群的精确定位能力，这使得用户能够针对性地收集和分析数据。通过设定细致的调查对象，用户可以获取更加准确和有代表性的数据，进而进行更科学、更全面的分析。

问卷星不仅为数据采集和调查提供了便捷性，还有助于保障数据的有效性和科学性。用户可以根据调查的特点，自行设计问题，制作问卷，并在平台上方便地发布。平台的多样化功能，如多种题型、逻辑设置等，都有助于确保数据的收集过程符合科学方法，并能够获得具有实际意义的结论。

此外，问卷星的数据分析功能为用户提供了便利。用户可以将收集的数据导入平台，通过丰富的分析工具进行探索和挖掘。这些工具能够帮助用户揭示数据之间的关联、趋势以及可能的影响因素。数据报表的设计和生成则使用户能够将分析结果以直观的方式展现，从而更好地向他人传达调查的发现。

综上所述，专业的在线调查平台如问卷星在如今信息化的环境中发挥着不可或缺的作用。它不仅简化了数据收集和调查的过程，还提供了强大的数据分析能力，使用户能够更深入地了解调查对象，做出更加明智的决策。同时，其高效、精准和科学的特点，为用户提供了一个全面的数据解决方案，使得数据的应用不再仅仅是一个技术性问题，更是推动决策的重要工具。无论是社会调查，还是学术研究，问卷星这类在线调查平台都为用户提供了一个高效、可靠的数据分析伙伴。

五、教育者自己进行大数据挖掘

在自主进行大数据分析时，必须掌握涉及软件和硬件的相关技能，以确保对数据的高效处理和深入分析。大数据应用通常经历多个环节，包括数据采集、数据清洗、数据存储、数据建模、分析挖掘以及数据可视化等。[①] 这些环节相互关联，构成了完整的大数据处理流程。每个环节都需要依赖适

---

① 徐莉青.挖掘工业大数据蓝海 推动工业高质量发展[N]. 中国电子报，2020-06-23.

应性强的大数据工具,以便充分发挥数据的潜能。

数据采集是整个大数据分析的第一步,也是极为关键的一步。在这个阶段,我们常常会使用各种工具来从不同渠道获取数据。爬虫技术等可以帮助我们抓取网络上的信息,为后续分析提供数据基础。

数据清洗是保障数据质量的重要一环。除了传统的 Excel 表格,Data Cleaner 等工具也能在数据清洗过程中发挥巨大作用,可以有效地去除冗余信息和错误数据,确保后续分析的准确性。

数据存储是为数据提供一个安全、高效的归宿。通过存储,数据才能长期保存、有序管理。在这方面,数据库系统和云存储等技术都具有重要意义。

数据建模是对数据进行抽象和组织的过程,为后续的分析和挖掘奠定基础。在这一环节中,常常会运用到 Python 等编程语言,进行文本语义挖掘。对于大规模结构化数据,Mathematica 等工具能够帮助挖掘出数据中的重要特征。而面对更为复杂的数据,Rapid Miner 等技术能够进行多维度的挖掘,提供更全面的分析角度。

数据可视化是将分析结果以直观化的方式展示出来,使人们更容易理解和解读数据。在这方面,Matlab、PowerBI、帆软 BI、Tableau、Gephi 等工具都能够帮助我们将分析结果以更生动、有趣的方式呈现出来。例如,当教师需要分析学生的学习情况时,可以利用帆软 BI 等工具,将数据可视化输出,从而更加直观地了解学生的学习状况。这种可视化分析能够帮助教师了解学生,制定更有针对性的教学策略。

除了这些硬技术之外,还要掌握统计学、概率论等这些基础理论,常用的数据分析方法论也要掌握,如数据画像常用的模型 RFM 模型等。大数据工具掌握得越多、越熟练,基础理论越扎实,越能深入掌握大数据思维,大数据就能应用得越好。提高这些技能绝非一日之功,只有长期努力,才能精通这些应用。这就需要我们先从已有大数据研究成果应用做起,学会利用已有搜索引擎、专业大数据平台,再逐步过渡到自己生产大数据。

第二节 大数据时代 00 后大学生思想政治教育主要内容

一、突出主流意识形态的教育

习近平总书记强调,强化思想引领,牢牢把握高校意识形态工作领导权。[①] 可见,意识形态教育至关重要,在大数据时代加强 00 后大学生思想政治教育创新,更应该把主流意识形态教育摆在突出位置。

第一,要进行马克思主义中国化时代化最新理论成果的宣传教育。习近平新时代中国特色社会主义思想是马克思主义中国化最新理论成果。这一思想准确把握了新时代的历史方位,深刻分析了我国发展面临的机遇和挑战,系统回答了新时代如何坚持和发展中国特色社会主义、建设现代化强国、构建长期执政的马克思主义政党等重大课题,推动党的理论创新达到新的高度。

习近平新时代中国特色社会主义思想是党的最新理论成果,是在马克思主义基本原理的基础上,根据中国实际发展情况,形成的新时代中国特色社会主义理论体系。这一思想通过准确的马克思主义立场、观点和方法,坚持科学社会主义基本原则,借鉴和传承中华优秀传统文化,实现了马克思主义中国化的飞跃,展现了当代中国共产党人的政治立场和价值追求。

习近平新时代中国特色社会主义思想在高校思想政治教育中具有重要指导意义。它不仅回答了高校思想政治教育的根本性质和功能问题,还对培养大学生的目标、路径和归宿进行了明确阐述。无论高校思想政治教育如何创新,都必须以党和国家发展的方向为引领,坚持正确的政治立场,确

---

① 习近平就高校党建工作作出重要指示强调:坚持立德树人思想引领 加强改进高校党建工作[N].人民日报,2014-12-30.

保社会主义方向不偏离。①

习近平新时代中国特色社会主义思想也为大数据背景下的高校思想政治教育提供了重要的指引。在信息爆炸的时代,00 后大学生接触到的信息更加丰富多样,然而也可能导致价值观的迷失和困惑。通过宣传习近平新时代中国特色社会主义思想,可以引导大学生正确看待社会现象,树立正确的世界观、人生观和价值观,防止价值迷失、精神迷茫的现象发生。

习近平新时代中国特色社会主义思想还强调了网络道德教育的必要性。在网络时代,00 后大学生的日常生活和学习工作都与网络息息相关,然而网络空间并非总是清朗的,其中存在着各种信息和价值观的冲突。风清气正的网络空间对于大学生的网络行为和价值取向具有正面影响。通过加强网络道德教育,可以引导大学生培养文明自律的网络行为,强化网络是非观念,从而维护良好的网络环境。②

在高校思想政治教育的实践中,习近平新时代中国特色社会主义思想还为我们提供了坚实的理论基础和方法指导。通过深入宣传这一思想,可以帮助 00 后大学生坚定政治立场和政治信念,增强党的意识形态的凝聚力和引领力,引导 00 后大学生在大数据背景下保持清醒的头脑,做出明智的判断,成为有梦想、有担当、有作为的新时代青年。通过不断强化思想政治教育,我们可以培养更多有道德情操、责任担当、创新能力的时代新人,为我国的未来发展做出更大贡献。

第二,要强化社会主义核心价值观的教育。社会主义核心价值观在我国的意识形态教育中具有极其重要的地位。它是凝聚国民精神力量、引领社会发展方向的重要理论基石,也是培育社会主义市民道德品质、引导公民行为准则的重要精神支柱。然而,在当今社会,伴随互联网与大数据等信息技术的迅猛发展,社会思潮的碰撞与交融日益深刻,这给青年学生的价值观塑造带来了新的挑战。

互联网时代的特点是信息快速流动、多元思想碰撞,这使得青年学生在

---

① 张瑞敏. 大数据背景下高校思想政治教育创新研究[D]. 上海:华东师范大学,2020.
② 赵爱玲. 当代大学生核心价值观凝练与培育[J]. 工业和信息化教育期刊,2013(4):84-89.

形成自己的价值观时面临更广泛的选择。然而,这也容易导致他们受到不同价值观的影响,产生价值取向的混淆,甚至在多元价值观的交织下感到困惑和迷茫。正是在这个背景下,强化社会主义核心价值观的教育显得更加迫切。

社会主义核心价值观作为中华民族共有的精神家园,应该在大数据时代更加广泛地渗透到青年学生的方方面面之中。通过利用大数据和网络,我们可以更有效地传播社会主义核心价值观,讲述中国的成功故事,传递积极的中国声音,提升国家文化软实力。通过这种方式,我们可以让更多的国家了解和认同中国精神、中国特色和中国文化,从而推动国际社会对我国价值观的认知与理解。

在大数据背景下,引导00后大学生坚定理想信念和正确的价值取向,抵御多元价值的入侵,成为重要任务。高校思想政治教育在这一过程中扮演着关键角色。系统的教育和引导,可以帮助大学生更好地理解社会主义核心价值观的内涵,使之成为他们衡量事物、判断是非的重要尺度。同时,加强社会主义核心价值观的教育,使他们更好地适应社会发展的需求,培养其成为具有社会责任感和公民意识的时代新人。

在教育实践中,更应该注重将社会主义核心价值观融入课程教学中。通过各种学科的教学,引导学生从不同角度去理解社会主义核心价值观,将其融入实际问题的分析与解决中,使之真正成为大学生行为的指引。同时,也可以通过校园文化建设,创造积极向上、充满正能量的学习环境,培养大学生主动践行社会主义核心价值观的习惯和能力。

强化社会主义核心价值观的教育不仅仅是高校思想政治教育的一个重要方向,更是在大数据时代坚守意识形态阵地、引导青年学生价值观的重要途径。这一价值观的教育不仅能够引导大学生坚定正确的价值取向,还能够帮助他们在面对不同的价值选择时保持清醒头脑,不受外界干扰,坚定地走向社会主义核心价值观的光明之路。通过这样的教育,我们可以培养更多有理想信念、有道德情操、有创新精神的时代新人,为我国的未来发展贡献更多的智慧和力量。

　　第三，要加强中国梦的宣传教育。中国梦的宣传教育是高校思想政治教育领域中的重要内容。中国梦所蕴含的国家富强、民族振兴、人民幸福的内涵，对于高校教育旨在坚定学生的理想信念，引导他们树立正确的世界观、人生观和价值观，具有深远意义。大数据时代，信息技术快速发展，信息传递更加迅速广泛，但也带来了信息过载和信息真实性难以保障的问题。加强中国梦的宣传教育，可以在多方面发挥积极作用。

　　中国梦作为一种崇高的理想信念，有助于引导学生树立正确的价值观。在信息爆炸的环境下，年轻人可能会受到各种不同的价值观影响，容易迷失方向。强调中国梦的内涵，可以帮助学生认识到个人价值与国家命运息息相关，从而培养出有责任感、有担当的社会主义公民。

　　中国梦的宣传教育有助于增强学生的民族自豪感和凝聚力。中国悠久的历史文化以及取得的巨大成就，构成了中国梦的底色。通过让学生深入了解中国梦的历史渊源和实现过程，可以激发他们对中华文化的热爱与认同，从而凝聚起强大的民族力量。

　　中国梦的宣传教育还有助于学生建立崇高的人生追求。中国梦强调的不仅仅是个人的功名利禄，而是国家和人民的共同富强与富裕。在个人追求与国家目标之间找到平衡，可以帮助学生树立正确的人生观、价值观，远离过于功利主义的观念。

　　中国梦的宣传教育也应当紧密结合大数据时代的特点，采取多种形式进行有效传达。利用新媒体、社交平台等现代传播方式，可以更好地将中国梦的理念传递给学生，使其更易于理解和接受。此外，可以通过丰富多样的教育活动，如主题演讲、学术研讨、文化展览等，使学生在参与中深刻领会中国梦的内涵。在大数据时代，通过多样化的传播方式，可以更好地将中国梦的内涵传递给年轻一代，从而培养出有责任感、有担当的中国社会主义新人。

　　第四，加强网络道德教育。随着我国互联网事业的快速发展，截至 2022 年底，我国网民规模达到 10.67 亿人，较上年同期增长 3549 万人，互联网普及率达 75.6%。大学生经常上网者则占绝大部分,为 87.3%。[①] 中国互联网的快速发展让网络成为大学生不可或缺的一部分,上网已经渗透到他们的日常生活和学习中。习近平总书记指出:"网络空间是亿万民众共同的精神家园。网络空间天朗气清、生态良好,符合人民利益。网络空间乌烟瘴气、生态恶化,不符合人民利益。"[②]然而,网络世界并非一片平静的海洋,特别是在大数据时代,学生们在网络上接触到海量的信息,信息的真实性和可靠性难以保障。这种信息过载容易让大学生在道德判断方面产生迷茫,因此加强网络道德教育变得尤为必要。

高校作为信息传播的重要场所,在大数据时代面临着更开放、更迅速、更直接的网络舆论传播环境。其中既有积极的社会思想,也存在着不良的思想。这不仅影响了网络信息的安全,还对 00 后大学生产生了负面影响,使他们面临道德考验。因此,强化网络道德教育有助于维护网络道德秩序,引导学生在面对网络信息时能够正确辨别是非,远离不良影响。

一方面,能够引导 00 后大学生形成良好的网络行为习惯,培养他们尊重他人、自律自强的网络素养;另一方面,有助于培育 00 后大学生正确的网络伦理观念,引导学生在网络空间中保持良好的道德风尚,做到自觉遵守法律法规,自觉抵制低俗、虚假、不良信息的侵蚀。

网络道德教育也是规范实际道德行为的有效手段。引导大学生在网络上展现文明、理性、友善的行为,不仅有助于维护网络秩序,还能够引导网络舆论的正向发展。此外,这种教育还能引导学生远离不良网站,预防网络沉迷问题,保障他们的身心健康。

不可否认,加强网络道德教育对于 00 后大学生思想政治教育内容创新意义重大。这不仅有助于营造清朗网络环境,也能够培养大学生正确的道德观念。在大数据时代,高校的思想政治教育必须紧密结合网络道德教育,以确保 00 后大学生能够在正确的政治方向下更好地运用大数据,净化网络

① 中国网信网.国家互联网信息办公室发布《数字中国发展报告(2022 年)》[EB/OL].(2023-05-22)[2023-09-12].http://www.cac.gov.cn/2023-05/22/c_1686402318492248.htm.
② 习近平.在网络安全和信息化工作座谈会上的讲话[M].北京:人民出版社,2016:8.

空间,为社会的进步发展做出积极贡献。

二、融入大数据应用能力的教育

00 后大学生思想政治教育融合大数据创新涉及双向互动,在这个互动过程中,必须遵循高校思想政治教育的培养目标、根本目的以及基本规律等,这些是创新所需的前提和基础。同时,高校思想政治教育在吸纳和运用大数据方面,也必须关注大数据应用所需的品格和能力。[①] 对于高校思想政治教育内容而言,需要对接大数据应用的需求,不断更新和引入内容,以增强两者融合的适应性,从而推动创新过程更加顺利展开。

(一)数据素养教育

数据素养是指人们有效且正当地发现、评估及使用信息、数据的一种重要意识和能力。[②] 在大数据时代,数据素养被赋予了更具体的内涵,即还包括了对结构化数据和非结构化数据的收集能力,对数据进行清洗、转换和整理的能力,使用不同的工具和技术对数据进行分析的能力,将数据以图表或其他可视化方式呈现的能力,将数据应用到实际问题中的能力等。

在高校思想政治教育过程中强化数据素养教育,在教学环节中渗透数据素养教育对大学生而言意义重大,可以帮助学生在遵循法律法规和道德规范的前提下,充分利用大数据资源。同时,对于从事思想政治教育工作的教育者而言,进行数据素养教育也显得极为迫切。这种教育能够使他们具备收集、处理、分析数据的能力,掌握大数据技术的专业知识和操作技能。这些能力直接关系到大数据在高校思想政治教育中的应用效果。[③]

然而,需要认识到,我国高校整体上在数据素养教育方面还存在薄弱之处。尤其是在高校思想政治教育领域,数据素养教育活动开展还处在起步阶段。鉴于高校思想政治教育和大数学科属于不同的领域,单纯由思想

① 张瑞敏. 大数据背景下高校思想政治教育创新研究[D]. 上海:华东师范大学,2020.

② Mandinach E B, Gummer E S. A systemic view of implementing data literacy in educator preparation [J]. Educational Researcher,2013 (1):30-37.

③ 张瑞敏. 大数据背景下高校思想政治教育创新研究[D]. 上海:华东师范大学,2020.

政治教育部门来推动数据素养教育并不切实际。因此,需要积极寻求合作。

图书馆作为信息资源的主要承载体,可以将自身资源与数据素养教育相结合,为学生学习数据获取和处理技能提供资源支持。另外,也可以探索与专业教师的合作,将数据素养融入课程设计和教学实践中,使学生能够在实际课程中运用数据分析技能。在指导学生开展一些研究和创新项目时,将数据素养教育融入其中,培养学生的数据技能。此外,还可以考虑与数据库供应商合作,利用他们在特定数据库上的专业知识,提高学生的数据技能水平。

(二)数据伦理与责任意识教育

如今,大数据与信息网络相结合,正在使各行各业悄然发生改变。尤其是在教育行业,虽然大数据带来了巨大的机遇,但也暴露出一系列问题,这要求我们思考数据伦理和责任意识教育的重要性。在信息时代,技术的应用已不仅仅关乎科学和技术本身,还牵涉价值观和道德规范。因此,我们需要通过教育来引导人们正确使用大数据技术,确保数据应用符合伦理规范。

大数据的广泛应用带来了诸多数据伦理问题,这些问题不仅影响个人,也影响整个社会。因此,我们需要推动大数据的应用主体和客体自觉遵守数据伦理规范,以保障每个人的权益。特别是在高校思想政治教育领域,融合大数据创新也面临伦理风险,因此有必要在教育中加强数据伦理和责任意识的培养。[①]

良知是理想的自主伦理,然而它需要在教育中培养。高校思想政治教育的角色在于加强个人道德观念的培养,而在现代信息社会,数据伦理和责任意识同样重要。在教育中强调数据伦理,能够帮助学生树立正确的数据应用道德观,为良知的形成奠定基础。

数据伦理与责任意识教育不仅是简单地发布道德命令,还是一个相互作用的过程,使个人在认识和情感中逐渐形成自主的道德判断能力。高校思想政治教育可以以"善"为目标导向,通过非强制性的手段,调整人际关系

---

① 沙勇忠.信息伦理学[M].北京:北京图书馆出版社,2004:1.

的规范,从而减轻数据伦理风险。柔性和合理的教育方式可以更好地促使人们理解数据伦理,并达成共识。

推进数据伦理与责任意识教育势在必行。这不仅有助于解决大数据应用中的伦理问题,还能够让个人更好地适应信息时代的变革,为社会的可持续发展做出贡献。通过高校思想政治教育,我们能够培养出具备正确数据伦理观念和责任意识的新一代人才,为未来的社会发展铺平道德道路。

三、推进大数据与学科教学相融合教育

在大数据时代,将大数据与学科教学相融合构建起全新的教育模式,为培养具有综合实践能力的大学生提供了有益的尝试。高校思想政治教育工作者在充分尊重学科独立性的前提下,通过信息网络技术,为促进学科教学融合提供了有力支持。借助互联网和信息技术,思政教师能够在课内外活动中加强联系,整合教学内容,并与其他教师进行合作备课,还可以合作批改作业,通过学科校园网互动平台上传学生作业以及进行教学研讨,从而提高综合实践能力。每个学生都可在校园信息网平台上获得账号,便于合作学习。这种跨学科合作不仅能够迅速提升学生的综合实践能力,还能激发学生的学习兴趣,提升教学效果,更好地培养学生的学习能力和综合素养。

在推动大数据与学科教学相融合的过程中,必须充分考虑社会的需求,以及科学合理地确定综合性教学目标。学科专业的内涵与社会的需求息息相关,不同大学、专业,甚至城市的背景都会对专业教育目标产生影响。因此,在推进大数据与学科教学融合的时候,我们需要根据各大学的特点和资源状况,准确地制定发展目标,以促进多学科教学的有效实施。

学科教学的融合应当是基于现实需求和未来趋势的有机结合,以满足社会对于复合型人才的需求。在推进大数据与学科教学相融合时,我们应当考虑学科的本质,同时将其与大数据技术融为一体,为学生提供更广泛的知识和技能。学科的培养目标应当更加注重实践应用,使学生能够在实践中实际运用大数据技术分析问题和解决问题。

此外,在推进大数据与学科教学相融合时,为了确保教学质量,教师专

业培训成为关键环节。鉴于大数据技术属于新兴领域,教师需要深入学习相关技术,将其有机地融入教学实践中。思政教师在积累了自身学科知识的基础上,可以有针对性地补充大数据技术知识,从而使自己的知识结构更加丰富和多元化。这种跨领域的专业培训可以使教师更好地适应时代的发展,更好地引导学生在大数据和互联网平台上获取知识、培养技能、发展智力,以及塑造积极的人生态度和优良的品德。

大数据与学科教学相融合体系的建设为 00 后大学生综合实践能力的培养提供了新的途径。通过合作学习、跨学科融合,00 后大学生能够在现代信息技术的支持下更好地应对未来社会的挑战。同时,教师的专业培训也是推进这一体系建设的重要保障。在不断发展的大数据时代,将其与学科教学相融合,不仅有助于学生个人的发展,也能为社会的进步贡献力量。

四、组织网络互动和线上学习活动

在大数据时代,开放性和互动性已经成为思想政治教育工作的核心特点。这种新模式不仅从教与学两个方面为 00 后大学生更积极主动地参与课堂教育提供了机会,也成功地颠覆了过去以单向传递为主要特征的传统思想政治教育方式。随着科技的进步,大学生思想政治教育工作者应积极利用网络上的丰富资源,采用各种生动形式,如音像、图片等,来及时更新教育内容和素材。这不仅可以使教育内容更具时效性,也能够吸引学生的兴趣和注意力。

现代大学生愿意接受的媒介,成为大学生思想政治教育工作者与学生互动的有力工具。通过这些渠道,教育工作者可以更好地了解大学生的思想动态,及时解答他们在生活和学习中遇到的困惑。[①] 这种双向的沟通有助于建立更紧密的师生关系,促进更有效的教育。例如,超星慕课平台,为大学生思想政治教育工作者和学生提供了一个在线互动的平台。这一创新性的教育模式利用远程视频和音频,使得教育不再受限于地点。教育工作者

① 朱翠明,朱博.微信时代大学生思想政治教育创新[J].中外企业家,2017(6):161.

可以通过这种方式向学生传授课程知识,从而提高教学的效率。此外,这种方式也能够满足大学生多层次、多样化、多方面的学习需求,推动他们更全面地发展。超星慕课平台具备灵活性、实时性、整体性,以及强大的互动性。学生可以通过平台上的实时互动功能,在家中与全球的老师或同学进行互动学习。这种新型的网络教育模式紧密结合了理论知识与实际生活,更好地满足了大学生的学习需求。通过这些常用的网络媒介,教育工作者能够更深入地了解大学生的思想意识和观念,从而更有针对性地进行教育引导。

在大数据时代,00 后大学生思想政治教育工作者应充分利用网络进行调研和测评活动,以深入了解大学生的文化需求、行为动态以及思想观念,及时观测教学内容的时效性,从而确保思想政治教育的有效性。大学内部各个部门需要加强协调与配合,适当建立网络监管机制,以优化大学生交流讨论平台的环境。当然,思想政治教育的成败不仅取决于大学内部的努力,也受制于教育工作者的能力水平。面临大数据时代所带来的挑战,教育工作者需要不断提升自身的思想道德素质和文化修养。只有如此,他们才能在与大学生交流讨论的过程中,坚持正确的价值观念,将积极正面的思想传递给学生,从而确保大学生思想政治教育工作的有效进行。

大学生思想政治教育工作者应善用互联网的丰富性、交互性和便捷性等特点,将其与研究性学习有机结合,打造出基于网络的研究性学习环境,为大学生的探究活动创造更多空间。为了实现这一目标,大学生思想政治教育工作者可以与技术开发人员合作,充分利用现有网络条件,共同构建网络研究性学习平台。这个平台不仅仅是一个传统意义上的远程教育工具,更是一个集现代信息技术与教育理念于一身的创新成果。通过这个平台,教师和学生可以借助现代信息技术,共同创造出理想的教学与学习环境,从而实现教学模式的创新。这种新型的教育模式有助于培养适应时代需求的创新型人才。

大学生思想政治教育工作者应借助网络平台,更好地组织和促进研究性学习活动,并充分发挥数据库的服务作用。在现代大学中,每天都会产生大量的教学和学习数据。为此,思想政治教育工作者可以创建自己的数据库,包括大学生信息库和课题活动信息库等,将学生和教师在学习过程中产生的信息与成果存储在数据库中。例如,在开展以课程内容中的某个选题为中心的项目化研究性学习活动时,将涉及的学科、学生分组情况、研究计划、学生完成情况以及作品等存储在数据库中。活动结束后,大学生和教师都可以通过登录系统资源库,将与研究性学习相关的学习资源,如背景知识库、活动数据、音频和图像等,上传到数据库中,从而丰富研究性学习的资源。此外,在进行网络研究性学习活动管理时,资源查询功能的设置至关重要。这种查询功能可以基于课题、大学生和教师等要素,为网络研究性学习活动提供有效的支持。

通过充分利用网络平台和数据库,大学生思想政治教育工作者可以更好地组织研究性学习活动,丰富学习资源,提高活动的效果。在网络平台,学生的学习空间和交流环境被打开,在开展网络项目化学习时,教育工作者的角色变得更加具有引导性和启发性,学生的合作意识和创新能力会被大大激发。同时,这也是应对大数据时代教育挑战的一种创新方式,有望为培养更具创新能力的人才做出贡献。

五、开展大学生思想政治教育虚拟实践活动

虚拟实践活动是指在大数据时代,借助现代技术和网络平台,通过模拟现实社会生活场景,引导大学生有计划、有目的地参与各种实践活动的过程。这些活动利用虚拟技术、数据网络等工具,让学生在虚拟环境中进行自我体验、自我学习和自我管理,从而增强他们的实际操作能力、创新能力以及思想政治素养。

虚拟实践活动是大数据时代 00 后大学生思想政治教育的重要内容之一。第一,通过模拟社会场景,虚拟实践活动可以为大学生提供一个仿真的社会环境,让他们能够史加真实地感受社会的复杂性和多样性。这对于培养 00 后大学生的社会适应能力至关重要。在虚拟实践中,大学生将会面对各种情境和挑战,从而学会如何与不同背景的人相处、协调合作以及解决问题。这些经验对他们而言是宝贵的精神财富,将为他们未来美好的社会生

活做好铺垫。

第二,虚拟实践活动为大学生搭建一个将理论与实践相结合的纽带和桥梁。与传统的课堂教学相比,在虚拟实践中,大学生需要将抽象的理论知识与实际情况相结合,思考如何应对各种复杂情境。这不仅能够促使他们更深入地理解和掌握思想政治教育的内容,还能够培养他们分析问题和解决问题的能力。这种能力对于他们未来在职业领域中的发展至关重要,因为解决实际问题不仅需要理论知识,还需要实际操作能力和创新能力。

第三,虚拟实践活动是培养大学生创新意识和创造能力的重要方式。在虚拟实践中,大学生可以在相对安全的环境中进行尝试和实验,不必担心失败会产生严重的后果。这为他们提供了一个发挥想象力和创造力的舞台,鼓励他们尝试不同的解决方案和创新思路。这种创新意识和实践能力将在他们未来的职业生涯中发挥重要作用,帮助他们在快速变化的社会中保持竞争力。

第四,虚拟实践活动可以为大学生提供更丰富的学习资源。通过虚拟平台,大学生不再受限于传统的教室环境,他们可以跨越时空,接触到丰富多样的学习资源和内容。与此同时,他们可以通过与同学、教师以及网络上的其他资源进行互动,展开深入的思想交流和经验分享。这种互动不仅能够促进知识的共享和传播,还能够培养大学生的合作精神和团队意识。

第五,虚拟实践活动有助于培养大学生的信息素养和批判思维。在大数据时代,辨别信息的真实性和可信度变得非常重要。通过参与虚拟实践活动,大学生可以更好地学习如何从海量的信息中筛选出有价值的内容,如何判断信息的来源和可靠性。这种批判思维将使他们能够在日常生活和学习中做出明智的决策,并在面对各种信息时保持理性和客观的态度。

在大数据时代,高校思想政治教育工作者借助大数据技术、网络技术等手段,展开虚拟实践活动,运用现代虚拟技术和数据网络等工具,引导大学生有目的地进行模拟社会生活实践。这种方式让大学生能够在活动中自我体验和感知。通过在大学阶段开展虚拟实践活动,可以减少烦琐的步骤,提高效率。在不断更新的大数据和信息环境下,网络创新过程体现了人类的主观能动性,而虚拟实践则让大学生充分发挥想象力,实现无所不能的创造。无论是在身心感官方面,还是身心发展方面,虚拟实践让大学生享受到了现实世界无法提供的自由与开放。

大数据技术为虚拟实践教育内容的规范化和合理化提供了支持。虚拟实践教育强调通过模拟真实场景,使学习者能够在虚拟环境中进行实际操作和实践,以增强其实际应用能力。而大数据技术的引入,则使得教育内容能够更加精准地根据学习者的需求和表现进行调整,从而更好地提高学习效果。

在虚拟实践教育中,大数据技术可以对学习者的行为、反应和表现进行全面监测和分析,根据虚拟环境中的操作数据、交互数据以及学习成果数据,对学习者的学习习惯、难点问题提出建议。这为教育者提供了宝贵的信息。他们可以根据学习者的情况进行个性化的教学设计和引导。同时,大数据技术也可以对教育内容本身进行分析,找出学习者容易出错的知识点,以及可能引发误解的概念,从而对教材进行优化和改进。

虚拟实践教育应与传统课堂教学相结合。首先,虚拟实践教育能够提供更加丰富多样的学习体验。学习者可以通过虚拟环境参与到各种实际场景中,进行模拟操作和实际应用,从而更深入地理解和掌握知识。然而,虚拟实践教育也可能缺乏一些真实性和互动性,而传统课堂教学则可以通过教师的实时互动、同学之间的讨论和合作,创造更加丰富的交流氛围。

其次,虚拟实践教育可以打破原有时间和空间的限制,使学习更加灵活。学习者可以不受约束、自由安排参与虚拟实践教育,这种便利性有助于满足学习者的个性化需求。然而,虚拟实践教育也需要学习者具备一定的自律和管理能力,而传统课堂教学则能够在一定程度上引导和规范学习。

最后,虚拟实践教育和传统课堂教学相结合,可以实现更全面的学习效果。虚拟实践教育强调实际应用和操作,能够培养学习者的实际能力,而传统课堂教学则注重理论知识的传授,能够帮助学习者建立更加扎实的基础。两者相结合,能够使学习者在理论和实践中都得到充分的培养,从而更好地应对现实生活和职业发展中的挑战。

第三节　大数据时代00后大学生思想政治教育内容的生成、创新与表达

一、重构教育内容的生成方式

在传统的教育环境下，思想政治教育内容的生成、创新与表达通常没有充分考虑到数据的问题。人们更多地关注生成内容上的各种要求，如需要考虑教育内容的历史传承、与受教育者的个体特点结合、与时俱进等。这种情况造成了一个被遮蔽的场域，在内容生成的过程中忽视了数据的重要性。在获取内容的技术性问题方面，没有形成一个明确的问题域。然而，随着大数据时代的到来，数据对于大学生思想政治教育内容生成的意义和价值变得愈发凸显。

在大数据时代，数据在教育领域的价值正在不断被挖掘和应用。在大学生思想政治教育领域，大数据环境下的内容生成可以分为四个环节，即数据、信息、知识和智慧。

内容生成的第一步是数据的采集。这包括对思想政治观点的搜索引擎查询、专业数据库的检索，以及对受教育者数据的收集等。这些收集来的数据，不论是教育资源还是教育过程，不论是教育内容还是教育结果，都构成了教育的原始数据。

第二步是通过大数据技术的运用，如分词、聚类、词频统计、关系挖掘等，将原始数据转变为有用的信息。这些信息包括关于不同思想政治观点的趋势分析、学生对特定话题的反馈等。大学生思想政治教育工作者可以通过对这些信息的深入研究和分析，更好地了解学生的需求和偏好，为他们提供更有针对性的教育内容。

第三步是通过整理信息，将其转化为知识的呈现。这一过程可以通过对信息进行分类、整合，从而形成有逻辑、有条理的知识体系。教育者可以

将这些知识通过不同的媒介进行传递,如电子教材、在线学习平台等。知识的传递有助于大学生对思想政治问题的理解。

第四步是灵活应用知识,实现真正的智慧,达到思想政治教育的最终目标。在这一阶段,教育者可以根据学生的不同需求和情境,将知识应用于实际问题的解决,从而帮助学生培养批判性思维和创新能力,使其可以将知识用到社会实践中,为自己和社会创造更大的价值。

在智慧的基础上,思想政治教育内容的影响还可以进一步延伸,进而影响个体的价值观。通过持续的学习和思考,学生可以将智慧转化为对社会的责任感,从而形成更加积极向上的价值观。

通过充分利用数据和大数据技术,大学生思想政治教育工作者可以更好地了解学生需求,生成相关内容。这种生成方式不仅满足了个体需求,还有助于培养学生的批判性思维和创新能力,进而影响他们的价值观。在大数据环境下,思想政治教育内容生成的循环不断推动着教育内容体系的创新与发展,为更好地满足学生的需求和社会的发展提供了新的途径。

首先,数据在思想政治教育内容生成中发挥着基础性作用。在大数据时代,数据已经成为推动各个领域发展的巨大引擎。在思想政治教育领域,数据同样产生着重要影响。数据不仅为内容生成提供了支持,还为教育者提供了更多洞察学生需求和优化内容的机会。通过收集来自学生学习行为、观点反馈等方面的数据,教育者可以更深入地了解学生的兴趣、习惯以及学习风格。这种基于数据的了解可以让教育者量身定制内容,使其更加符合学生的需求,提高内容的针对性和实效性。数据的基础性作用还表现在为教育研究和决策提供了有力的支持。通过分析大量的数据,教育者可以发现学生在思想政治教育方面的偏好、难点等问题,从而更有针对性地进行内容创新和教学改进。数据还可以用于验证教育理论和假设,使教育实践更具科学性和可靠性。因此,数据在思想政治教育内容生成中发挥着举足轻重的作用。

其次,数据强化了思想政治教育内容的科学性。通过数据的分析和挖掘,教育者可以获得更多客观的信息,避免了个人主观偏见带来的影响。例如,通过分析大量的学生观点,可以得出更全面、客观的评价,从而为学生提供更具深度的思考材料。数据还可以帮助教育者发现和纠正具有误导性的信息,提高教育内容的客观性和准确性。

再次,数据使思想政治教育内容生成的技术含量大大提高。随着大数据技术的广泛应用,教育内容的生成在技术含量方面也得到了全面升级。大数据技术为教育者提供了更多分析工具和创新手段,使他们能够更好地将数据转化为有用的信息。此外,大数据技术还为教育内容的呈现方式带来了革命性的改变。例如,虚拟现实技术可以创造出身临其境的学习体验,增强学生的参与感和深度理解。在线教育平台利用大数据技术,可以根据学生的学习轨迹和兴趣推荐相应的教育内容,使学习更加个性化和高效。这些技术手段的应用使得教育内容更具创新性和吸引力,提高了学生的学习积极性。

最后,在大学生思想政治教育过程中,教师、学生和机器之间的互动成为内容生成的源泉。在大数据环境下,思想政治教育的内容生成不再是单向的,而是由教育者、受教育者和机器之间的互动共同推动的。教育者可以通过数据分析了解学生的学习兴趣和需求,从而更有针对性地设计和调整教育内容。学生的反馈和参与也是内容生成的重要方式。他们可以通过在线讨论、问题反馈等方式表达自己的看法,这些信息为教育者提供了改进教学内容的宝贵线索。同时,机器的参与也为内容生成带来了新的可能性。自然语言处理技术使得机器能够理解和解读大量的文字信息,从而更好地满足学生的学习需求。机器还可以通过推荐系统为学生提供个性化的学习内容,帮助他们更高效地获取知识。机器的智能化参与使得内容生成更具创造力和多样性。

当前,大数据时代 00 后大学生思想政治教育内容的生成方式正在重构。大数据和大数据技术为内容的互动性和客观性提供了支持和保障。通过大数据的运用,教育者可以更好地满足学生的需求,使得内容更贴近实际和实用。

二、拓展教育内容的创新空间

随着社会变革和大数据时代的来临,教育内容亟待创新。为了更好地引导大学生积极思考、独立判断和全面发展,我们需要拓展思想政治教育内容的创新空间,让其更具有时代性、深度和针对性。

第一,加强教育内容的创新空间需要注重多元化的教育内容。大学生群体的特点是多元的,他们来自不同的地区,具有不同的背景、兴趣和文化。[①] 因此,教育内容不能局限于传统的政治理论和历史知识,还应该包括更广泛的内容,如社会热点、科技进展、文化交流等。传授不同国家政治制度、国际关系、社会伦理等方面的知识,能够增强大学生对于全球性议题的关注和理解。引入多元化的教育内容,可以更好地满足学生的知识需求,激发他们的兴趣,增强思想政治教育的吸引力和实用性。

第二,创新空间的拓展需要充分利用信息技术和大数据。在数字化时代,大学生善于运用科技工具,因此可以通过在线学习平台、社交媒体等渠道,为他们提供更多的学习资源和互动机会。通过社交媒体平台,可以开展线上讨论、辩论,促进学生思想碰撞和观点交流。同时,大数据分析也可以为教育者了解学生的学习兴趣、习惯等提供有力支持,从而更有针对性地设计教育内容。例如,通过分析学生在平台上的学习记录,可以了解他们对哪些内容更感兴趣,从而进行内容的个性化推送和定制。通过充分利用大数据技术,可以使教育内容更贴近大学生的学习习惯,提升学习兴趣,提高参与热情。

第三,思想政治教育内容的创新需要强化实践教育。理论与实践相结合才可以使教育内容更具深度和实用性。大学生思想政治教育可以通过社会实践、参观考察等形式,让学生亲身体验社会变革和发展,增强他们的社会责任感和公民意识。实践教育不仅丰富了教育内容,还培养了学生的实际能力,使他们能够更好地将所学知识应用到实际问题中。例如,组织学生

---

① 王春杰.关于大学生思想政治教育与心理健康教育整合的思考[J].现代职业教育,2017(35):256.

参与社区服务、志愿活动,可以让他们更加深刻地理解社会问题,培养他们的合作精神和社会担当。

第四,开展跨学科的思想政治教育。现代社会问题越来越复杂,需要多学科的知识来解读和分析。因此,大学生思想政治教育的内容也可以横跨多个学科领域,如哲学、经济学、社会学、教育学、心理学、统计学等。通过跨学科的思想碰撞,帮助学生更深刻地理解社会现象,使其综合能力得到有效提升。例如,将政治学与经济学相结合,探讨国家发展战略与经济繁荣之间的关系,可以让学生更好地理解政治与经济的相互作用。跨学科的教育能够培养学生的综合思维和创新能力,为他们未来的职业发展提供更强的竞争力。

第五,文化多样性也应成为拓展创新空间的一个重要方向。大学生具有不同的文化背景,他们的思想观念、行为习惯会有所不同。因此,在思想政治教育中,应充分认可不同学生所表现出来的思维习惯和表达习惯的不同。教育者可以通过引入不同文化背景的案例、故事,帮助学生更好地理解多元文化社会中的各种观点和立场。这不仅有助于加深学生对自己文化的认同,还能够拓宽他们的视野,培养跨文化交流的能力。通过尊重和融合不同文化,思想政治教育可以更好地促进学生的全球视野和国际交往能力的培养。

拓展大学生思想政治教育内容的创新空间是一个多方面的过程,需要教育者充分理解时代特点和学生需求,注重多元化、实践教育、跨学科、文化多样性等方面的创新。通过不断拓展创新空间,可以使思想政治教育更好地适应时代发展,更有效地引导00后大学生形成积极的人生观和价值观,为社会的未来发展做出贡献。

三、创新教育内容的话语表达

第一,通过发现真实的问题创新问题话语。基于问题的思想政治教育在于发现并深入探讨真实问题,这种创新问题话语的方法对于培养学生的综合素质和思维能力具有重要意义。思想政治教育需要从现实中提炼出具有挑战性和深度的问题,而大数据在这方面发挥着独特的优势。大数据的关联性思维能力使其能够挖掘出更多的相关关系,从而引发人们关于"为什么"的疑问,而这些疑问往往成为思想政治教育的核心内容之一。

举例来说,通过企业查询平台"天眼查"对失信企业的大数据分析,我们能发现某省失信企业最多,从而引发一个值得深入探讨的问题"为什么某省失信企业最多"。这种问题很容易引起学生的兴趣和重视。这些问题不仅在于问题本身重要,而且其角度新颖,往往是复杂难解的问题,正是大数据的应用让我们更加容易将这些问题提出。

将这样的"正确"的问题提供给学生,有助于激发他们的主动思考和理论探索的积极性。如果我们将思想政治教育构建成一系列质量高、角度独特的问题链,将更有可能提升整个教育的实效性。因此,大数据在分析和提炼问题方面扮演着重要的角色。尽管问题的提炼和分析仍然需要人类的参与,但借助大数据工具,我们在发现高质量问题方面有了更为可行的途径和可靠的思维工具,从而提高了问题发现的效率。

第二,通过大数据素材丰富故事话语。大数据通过对人和事物的历时性、共时性以及变化趋势等方面数据的挖掘、分析、整合,使得故事的时间地点更精确连贯、情节更丰满细腻、脉络更清晰明确,从而增强了思想政治教育话语的故事性。

第三,通过用数字说话形成数据逻辑。对于客观情况,可以用数据量化反映。比起理论性说教,数据常常更有说服力。在大学生思想政治教育过程中,不仅要学会"摆事实、讲道理",而且要用数据说话来论证道理的正确性,让受众信服其中的道理,真正心服口服。用大数据说话,可以让学生更好地理解思想政治教育理论教学中的丰富内容。需要强调的是,大数据之所以更具说服力,是因为其所具备的"全数据"客观性。相较之下,小数据往往是样本数据,从某种意义上说,它被有意"设计"出来,因此可能带有主观性,其真实性容易受到质疑。然而,大数据则有着截然不同的特点。大数据并不依赖于"样本",也不需主观设计,它完全根据数据本身呈现的模式得出结论。因此,其数据具备较高的可信度,这也是大数据更具说服力的原因之一。大数据能够以客观的方式为依据,因此能够更好地实现"以数据取信于人"的目标。

第四,通过一系列新的逻辑丰富了逻辑话语。如今,许多大数据的逻辑已经改变了人们的思维方式,丰富了思想政治教育的逻辑体系。其中一系列新逻辑的引入,如排行榜逻辑、热词逻辑、社会化视频逻辑以及流量逻辑等,不仅丰富了教育内容,也在一定程度上转变了教育的方法。

以排行榜逻辑为例,通过诸如百度热搜榜、清博大数据等平台,我们能够得知微信、微博、头条、抖音等各种指数排行。这些排行榜不仅是对数据的呈现,更是对社会焦点的体现。这种逻辑通过量化指数,为思想政治教育内容的认识提供了一种新的途径。排行榜逻辑所揭示的热点和趋势,使教育者能够更加准确地把握学生的兴趣和关注点,从而更好地引导和传达相关价值观。

另一个例子是热词逻辑,它通过大数据统计文本词频来获取热词。这种逻辑在捕捉社会热点和关注领域方面具有突出作用。通过词频的分析,我们可以准确地把握社会的关切点,进而针对这些关切点展开思想政治教育。

而社会化视频逻辑以及流量逻辑等,也为思想政治教育带来了新的视角。社会化视频平台如抖音等成为信息传播的重要渠道,通过分析这些平台的热门视频,可以深入了解年轻人的喜好和价值观,从而更好地开展针对性教育。流量逻辑也类似,通过关注网络流量的分布和趋势,可以把握信息传播的动向,为教育内容的调整提供有力支持。

一系列新逻辑的引入丰富了思想政治教育的内涵和方法。这些逻辑不仅在数据层面提供了更多元的信息,更在方法层面引发了教育模式的创新。随着大数据技术的不断发展,我们有望在未来看到更多新的逻辑模式涌现,为思想政治教育带来更广阔的发展空间。

四、形成教育内容的可视化表达

可视化技术作为大数据应用的一项关键领域,同时,也是使思想政治教育内容更具生动性和易懂性的有效手段。通过多种形式的可视化表达，我们能够将抽象的概念和数据转化为直观的图表，从而使学生更轻松地理解和记忆。以下是关于可视化应用的不同方面：

首先，静态数据图表是常见的可视化形式之一。通过图表，可以将复杂的数据和关联关系以直观的方式呈现。以国家经济发展趋势为例，制作一份年度 GDP 增长率的折线图，能够直观地展示经济增长的变化轨迹，协助学生更好地理解国家经济发展历程。

其次，交互式可视化呈现能够增加学生的参与感和深度理解。通过交互性界面，学生可以根据兴趣和需求自主选择查看相关信息，深入挖掘某个主题。举个例子，运用地图应用展示不同地区的人口分布情况，学生可以根据个人兴趣点击各地区，深入了解人口数据和分布特点，从而更深入地领略人口变化对社会进展的影响。

再次，动态可视化呈现可赋予教育内容更强的戏剧性和张力。动画、视频等形式，能够呈现一系列事件或进程，帮助学生更生动地理解教育内容。以历史事件介绍为例，动态图像能够还原事件演进的脉络，使学生仿佛亲临现场，提升他们的体验感。

最后，可视化表达不仅能够传递信息，还能够激发学生的情感共鸣。透过图像、颜色等元素传递情感色彩，可以让学生更深刻地感受到教育内容传递的价值观和情感。

可视化技术不仅是大数据在思想政治教育中的应用，也是将抽象教育内容转化为直观生动表达的有效工具。图表、交互界面和动态呈现等形式，使抽象的内容更加具象。这种可视化表达方式不仅拓展了教育内容的表现形式，还能够激发学生的情感和兴趣，使思想政治教育更具有说服力，让学生更深受启发。

总而言之，在这个信息爆炸的时代，新消息、新发现和新趋势不断涌现，对我们构成冲击。我们不仅是数据的创造者，也是数据的消费者。然而，这些原始数据常常呈现出无序混杂的状态。为了将数据变得生动有趣且易于理解，数据可视化成为一种必要的手段。在大数据时代，00 后大学生思想政治教育可以充分利用这些技术手段传播思想政治理论知识，以新颖的形式、丰富的内容开展思想政治教育，这将赋予大学生思想政治教育更为广泛的影响力和意义。

第九章 大数据时代 00 后大学生思想政治教育的方法创新

在过去,由于受到科技发展条件的限制,传统思想政治教育方法难以全面掌握和关注学生的思想、行为动态。人的思想具有隐蔽性和动态性,导致教育者在获取精准的、真实的思想信息方面遇到困难,制约了个性化教育的开展。然而,大数据时代的到来改变了这一局面。利用大数据技术搜集和分析学生信息,预测学生思想、心理以及行为发展趋势逐渐变为可能。随着社会信息技术不断崛起,思想政治教育方法不能够再停滞不前,而应当不断进步。它需要积极吸收借鉴大数据领域的技术和知识,善于整合统计分析和量化研究等方法,以提高工作方法的科学性和实效性。只有这样,才能在大数据时代充分释放教育的潜能,不断创新思想政治教育的理念和实践,为 00 后大学生提供更有针对性、更富启发性的教育。

第一节 大数据时代 00 后大学生思想政治教育认识方法的创新

在大数据时代,00 后大学生思想政治教育的认识方法正在悄然发生变化。数据驱动的方法能够更加精准地把握学生的思想态度,数据分析技术的创新使得教育者能够从纷繁复杂的数据中发现隐含在背后的有用的信息,制定更加具有针对性的教学内容和策略,从而使思想政治教育更加贴近学生需求。教育者应当通过培训和学习,掌握数据分析的基本原理,能够独立进行数据解读,从而更好地指导学生的思想政治教育,提升大学生的综合素质和思想觉悟,使他们在日后的社会生活中能够更好地思辨、判断和决策。

一、创新获取数据的方法

在思想政治教育过程中,传统的获取数据的方法通常依赖教学活动、纸质问卷调查和面谈等手段,虽然在一定程度上能够了解学生的思想状况,但在大数据时代的要求下,其局限性逐渐凸显出来。

首先,课堂教学是传统思想政治教育的核心方法之一。通过课堂讲授教材内容、引导学生进行讨论和互动,教育者可以从学生的言论和回答中一定程度上了解他们的思想倾向和认知水平。然而,课堂教学往往只能触及表面,难以深入把握学生的个性化思想特点和观点。

其次,问卷调查和面谈是常用的数据获取手段。教育者可以设计问卷调查,了解学生对于政治、社会问题的看法和态度。此外,面谈也能让教育者更加深入地与学生交流,了解他们的内心想法。然而,由于样本数量和主观性的限制,问卷调查和面谈往往不能全面地反映学生的多样化思想状态。

最后,学生的课堂表现和作业也是获取数据的来源。教育者可以从学生的发言、写作和表现中获取一些信息,了解他们对政治议题的看法和态度。然而,这种方法仍然受限于表面现象,难以掌握学生在课堂外的思想活动。

可见,传统的思想政治教育获取数据的方法虽然在一定程度上有其可取之处,但传统方法难以应对海量数据的分析和个性化需求,而且容易受到主观性和局限性的影响,已不符合大数据时代的需求。因此,创新数据获取方法,为思想政治教育提供更精准的指导和策略迫在眉睫。在大数据时代,获取全面准确的学生信息以描绘精准的"学生画像"变得至关重要。为此,高校可以采用多种方式来获取校内校外数据,以确保学生画像的全面性和准确性。

首先,针对学生校园内网数据,高校可以通过各信息部门来获取。通过建立数据信息一体化平台,可以解决传统各机构间数据壁垒的问题,实现信息的集成和共享。原本分散的信息得以汇总,形成更有价值的数据信息资产。通过这一途径,高校能够收集到诸如学生成绩、一卡通使用情况、奖惩记录、上课出勤率、图书借阅量等多维度的信息。通过数据的共享和融通,可以进一步扩大信息来源,获取更加多元、丰富、完整的学生数据信息。

其次,针对学生在一些公共交互平台的数据,高校可以利用大数据技术进行有效采集。比如,用户可以在 Hadoop 平台上开发和运行处理海量数据的应用程序。Hadoop 平台是一个能够让用户轻松架构和使用的分布式计算平台,适用于处理大数据和实现分布式计算的需求。① 借助 Hadoop 平台,分不同方向采集并管理学生在社交媒体、在线教育平台等公共平台上的活动信息,从而进一步了解学生的兴趣、关注点和行为特点。

最后,为了更全面地获取学生信息并描绘精准的"学生画像",高校还可以借助大数据搜索和抓取技术。通过使用如 Flume、Chukwa 等软件,可以进行系统日志搜集、文本检索搜索、词语关联、网络爬虫等方式的数据采集,全面收集学生留在网络中的大量隐性数据。② 这些数据可能包括视频、图片等非结构化信息。通过运用大数据手段,高校能够全方位地收集学生的信息,用数据展现学生的思想、心理和行为发展趋势,生成翔实细致的"学生画像",以确保所获取的信息具有有效性和完整性。

为了扩展信息的获取范围和渠道,高校在新时代的思想政治教育工作中强调各个机构间的协调合作,提升工作的协同性,形成工作合力。同时,加强数据间的互动与共享,有助于更全面地获取学生信息,进一步丰富"学生画像"。

在大数据时代,高校通过学生校园内网数据、公共交互平台数据、大数据搜索和抓取技术等多种方式获取数据,从而描绘精准全面的"学生画像"。这些数据获取方式不仅能够帮助高校更好地了解学生,还可以为大学生思想政治教育工作提供有力的指导和支持。

二、巧用分析数据的方法

在高校思想政治教育过程中,传统的分析数据方法是在数据量较小、分析工具相对简单的情况下,利用统计分析方法对数据进行整理、总结和解释。这些方法主要包括描述性统计、交叉分析、趋势分析和比较分析等。

首先,描述性统计是高校常用的分析数据方法之一。通过计算平均值、中位数、标准差等统计指标,可以对数据的基本特征进行总结和呈现。例

---

① 韩龙龙,姜淦卿,王花清.大数据分析下上网行为信息特征快速挖掘仿真[J].计算机仿真,2019(6):346-349.

② 郭超,王习胜.大数据时代思想政治教育决策科学化论析[J].广西社会科学,2017(12):191-196.

如,可以利用描述性统计方法分析学生的平均学分绩点(GPA)、人数分布、课程选修情况等,从而了解学生的整体情况。

其次,交叉分析是将不同维度的数据进行交叉组合,从而揭示不同变量之间的关系。还可以通过交叉分析来了解不同专业、不同年级学生的特点,比如将学生成绩与所属专业进行交叉分析,探索不同专业的学术表现差异。

再次,趋势分析可以帮助高校追踪数据的发展趋势。通过对历史数据进行分析,可以揭示一定时间段内数据的变化情况,从而判断某种趋势是否存在。例如,分析过去几年的毕业生就业率,可以了解就业趋势的变化。

最后,比较分析是对不同群体、不同时间段或不同对象之间的数据进行对比,从而得出结论。在高校思想政治教育工作中,可以通过比较分析来了解不同年级、不同性别、不同学院之间的差异,比如比较不同学院学生的平均成绩,探讨是否存在显著性差异。

然而,传统分析数据方法也存在一些局限性。由于数据量有限,分析的深度和广度受到限制,无法揭示数据之间复杂的联系。此外,传统方法在处理大规模数据时效率较低,容易遗漏重要信息。随着大数据技术的兴起,高校思想政治教育工作逐渐转向更先进的数据分析方法,这些方法可以处理海量数据,发现更深层次的关联和模式,从而为高校思想政治教育工作决策提供更有力的支持。

自然语言处理:大数据技术的进步为高校思想政治教育带来了更深入的理解。通过自然语言处理技术,高校可以对大学生在社交媒体、论坛、博客等平台上的言论进行深度分析。这使得高校能够更准确地洞察学生在不同平台上的言辞、态度和思想倾向。通过分析学生言论的情感色彩、用词特点等,高校可以更精细地把握学生的情感波动、关注焦点,从而调整教育策略,更加贴合学生的情感需求,提升思想政治教育的效果。

情感分析:借助情感分析技术,高校可以深入学生的言论中寻找情感的线索,进而识别出他们对政治议题的态度和情感。这项技术的优势在于它可以帮助高校捕捉学生情感变化的微妙细节,从而更有针对性地制定教育策略。高校可以及时了解学生对不同议题的情感回应,根据这些信息调整教育内容和方式,使思想政治教育更具吸引力和影响力。

个性化推荐系统:该系统是一个极有潜力的教育工具,可以根据学生的个性、兴趣和需求,为他们提供定制化的思想政治教育内容和资源建议。这个系统可以结合学生的学习历史、兴趣爱好、学科倾向以及当前社会热点等因素来推荐相关教材、文章、视频和活动,以帮助他们更好地理解和参与思想政治教育,提高大学生的思考能力,提升他们的学习兴趣,了解他们的需求,改进教育方法和手段。

机器学习技术:借助机器学习力,能够轻松地从大量数据中发现隐藏的模式和关联。对学生行为、兴趣等数据进行挖掘,可以更深入地理解学生的特点和需求。通过机器学习算法,高校可以实现准确预测和个性化引导,使思想政治教育更具针对性、高效性。

这些先进的数据分析方法不仅能够处理海量数据,还能够揭示更深层次的关联和模式,为高校思想政治教育工作的决策提供更有力的支持。

三、掌握科学决策的方法

在我国高校,从事思想政治教育的工作者在获取学生的思想信息后,通过运用大数据技术进行数据分析,随后需要基于分析结果做出相应的决策。这些决策的准确性直接影响到能否实现既定的思想政治教育目标。正因如此,教育工作者必须掌握科学的决策方法,以确保取得良好的效果。

传统的思想政治教育决策程序主要包括以下几个步骤:一是明确教育内容和方向,以及重点和目标。二是生成可实施的计划,将教育目标转化为实际行动步骤。三是对不同的方案进行优选,以确定最佳的实施方案。四是策划方案的具体进展,确保教育工作按计划有序地进行。[①] 然而,传统的决策方式通常是在事情已经发生之后采取应对措施,因此具有一定的被动性。

在大数据时代的背景下,相关性分析法被视为研究的前提,用于预测是

---

① 郑永廷.思想政治教育方法论[M].北京:高等教育出版社,2018:121.

大数据应用的核心。这种决策方法着重于利用算法模型和机器学习进行预测。通过这种方式,教育工作者能够提前预测学生的思想和行为趋势,从而在事情发生之前采取积极的决策。与传统模式相比,这种方法能够更加精准地引导思想政治教育工作,使被动决策变主动决策。[①]

在当今社会,随着互联网技术的广泛应用和普及,00 后大学生对网络的依赖性极强。无论是社交、购物、娱乐还是阅读等,都可以通过网络来满足需求。对大学生在互联网上留下的数据信息进行监测、判断、分析和预测,能够针对学生潜在的异常心理和行为,引导教育者在问题发生前进行相关心理辅导和关怀教育,以做到防患于未然。

大数据预测功能作为一项重要工具,在高校大数据管理平台的应用中发挥着关键作用。在大数据时代,高校可以充分利用预测功能,借助历史数据和趋势的综合分析,预测学生的思想倾向、学术成绩等关键指标。这种方法的价值在于,它赋予高校教育者提前洞察学生可能面临的问题和困难的能力,从而采取相应的干预措施,有针对性地引导学生的发展。通过趋势分析,高校可以预见到学生的成绩波动、思想动态变化等情况,从而及早采取干预,为学生提供精准的学习指导和思想引导,确保他们能够更好地适应学习和社会生活。

例如,如果某学生的图书借阅量明显减少,但在网上花费时间显著增加,而且发表的言论较消极,这提示教育者该学生可能正面临情绪问题。在这种情况下,教育者可以提前介入干预,了解学生的具体心理和情绪状态,开展疏导和沟通工作,以避免潜在的不良事件发生。

大数据技术借助算法分析海量数据,使教育者能够提前了解每个受教育者的人生观、价值观发展趋势。这种方法可以通过及时的提示和预警,让教育者提前做出决策,采取相应的干预措施和应对方法,有助于加强教育者对学生的思想引领,提升决策的前瞻性,实现思想政治教育决策方式的创新。

---

① 迈尔-舍恩伯格,库克耶.大数据时代:生活、工作与思维的大变革[M].杭州:浙江人民出版社,2013:75.

第二节　大数据时代 00 后大学生思想政治教育实施方法的创新

大数据和大数据技术为 00 后大学生思想政治教育带来了全新的可能，"线上线下"混合式教学、"虚拟仿真"体验式实践以及"自我量化"反思式自我教育方法等都大大丰富了 00 后大学生思想政治教育实施方法的创新。这些创新方法不仅能够激发学生的学习兴趣，更能够培养他们的实际应用能力和自我管理能力，从而更好地适应日益复杂多变的社会环境。因此，大数据时代 00 后大学生思想政治教育将迎来更加广阔的发展前景。

一、"线上线下"混合式创新理论教学方法

过去，思想政治教育工作者开展理论教育的方法主要集中在教师课堂讲解、校园宣传教育活动、小组研究性学习和学生自主学习等传统教育方法上。这些方法在一定程度上强调了教师的主导地位，通过一对多的方式将知识传授给学生，促使学生在特定的学习环境中获得知识和思想政治教育。

然而，随着网络信息技术的迅速发展，如今的学生普遍拥有手机、电脑等智能设备，这些设备使他们能够自主获取各类信息，学习的途径不再依赖于传统的教师灌输。这种情况使得教师在思政教育中的主导地位逐渐下降。现代学生更倾向于通过互联网获取知识，他们有更多的选择，能够根据自己的兴趣和需求自主学习。然而，网络生态的复杂性也导致了互联网上知识的良莠不齐，教育工作者面临着教育资源的整合和准确性的挑战。

因此，教育者必须积极顺应时代的发展，以更加灵活的方法来开展教育，以应对新的任务。这就需要教育者转变教学思路，采用更多与时俱进的方法，更好地引导学生进行自主学习和思考。在这一过程中，混合式教学方法应运而生。"线上线下"混合式教学方法是一种融合了传统课堂教学和现代在线教育的教学模式。它通过结合线上教育和线下教育的优势，创造了

更加灵活和多样化的学习体验。这种方法允许学生在在线平台上自主学习,并在实际课堂中进行互动和实践活动,从而提高学习效果和参与度。

与传统的思政课教学模式相比,混合式教学方法的一个显著变化是,学习过程由教师主导的"先教后学"转变为了更强调学生的自主学习、自主管理和自主实现。① 这种方式更加符合当今受教育者的特点,他们具有信息获取途径多元、思维灵活以及知识层面广泛等特点。在这样的背景下,混合式教学方法以其新颖的模式、强烈的参与感和实时的互动反馈,深受广大师生的好评。它还能够在满足学生个性和心理需求的基础上,培养学生的质疑精神和自主学习素养,从而更好地引导学生建立正确的思维观念。

在线上教育方面,学生可以通过各种学习平台、应用软件进行学习,如慕课、微课、可汗学院、易班、SPOC 等。这些资源提供了丰富的学习材料,学生可以实现个性化学习。学生可以通过观看视频、阅读材料、参与在线讨论等方式获取知识,这为他们提供了更大的灵活性和方便性。

而线下教育方面同样也经历了转变,不再是传统的教师单向传授知识,而是利用翻转课堂、"雨课堂"等形式,在课堂时间进行讨论、小组活动、案例分析等实际操作,实现了更多的互动式、探究式和研讨式学习,从而加深学生对知识的理解和应用能力。例如,翻转课堂可以让学生在课前通过在线资源预习内容,课堂上则进行深入探讨和解答疑惑,实现知识的更好消化和吸收。这种转变使得学生在课堂上更加积极主动,他们可以通过小组讨论、问题解答等方式参与到学习过程中,从而更好地理解和消化所学内容。

混合式教学方法的优势在于它结合了线上和线下两种教育方式的长处。线上教育可以灵活适应学生的学习节奏和兴趣,让学习更加自主和便捷。而线下教育则强调实践和互动,能够促进学生的深度思考和团队合作能力。此外,教育者可以通过后台数据分析,了解学生在学习过程中的表现和需求,从而调整教学策略和内容。这种方式打破了时空的桎梏,为大学生思想政治教育教学带来了更大的灵活性。通过这种结合,学生可以在不同

① 吕杰. 高校思想政治理论课混合式教学的现状与优化研究[D]. 重庆:重庆邮电大学,2019.

的学习环境中获取全面的教育体验,从而提升自身的综合能力。

同时,借助大数据技术,教育者可以更准确地把握学生的学习需求和个性化差异,实现线上精准推送和线下个性化指导。这种个性化的教育方法可以更好地满足学生的需求,具有很强的针对性。大数据技术还能帮助教育者及时了解学生关注的热点信息和时事话题,从而紧跟时代发展,更新教育内容,引导学生正确地思考和认知。

以慕课为例,教师将授课视频、教案以及设计的思考问题等内容上传到学习平台。学生可以根据自己的学习能力和进度,自主展开学习,并通过在线与同学交流讨论解决疑惑。同时,教师可以根据学生的学习数据,如停顿和反复观看的次数、作答时间等,及时调整教学设计和内容,实现更加精准的教学。这种方式打破了时空限制,为教学提供了极大的便利。

尤其在高校,思政课肩负着立德树人的重要任务,对于学生的思维观念建立具有重要影响。借助大数据手段,高校思政教师能够汇总学生们关注的热点信息,及时调整教育内容,使教育内容更具针对性,焕发出新的活力。[①] 随着网络信息技术的发展,借助大数据技术开展"线上线下"混合式教学是促进大学生思想政治教育教学的一种很好的做法。

二、"虚拟仿真"体验式创新实践教学方法

虚拟仿真技术是一种利用计算机技术和图形学,通过创建虚拟环境来模拟真实世界或虚构世界的技术。[②] 它使用 3D 图像、声音、触觉等多种感官输入,让用户沉浸在一个虚拟的三维环境中,产生身临其境的感觉。虚拟仿真技术的关键组成部分如下。

显示设备:包括头戴式显示器(头盔)、3D 眼镜等,用于向用户呈现虚拟环境的图像。

追踪系统:用于跟踪用户在虚拟环境中的位置和动作,以实时调整虚拟

---

① 赵浚.大数据创新高校思想政治教育方法的探析与应用[J].贵州社会科学,2016(3):120-123.
② 孙田琳子.虚拟现实教育应用的伦理反思——基于伯格曼技术哲学视角[J].电化教育研究,2020(9):48-54.

图像的展示。

交互设备：如手柄、数据手套等，用于用户在虚拟环境中进行交互和操作。

计算机图形技术：用于生成逼真的虚拟环境和物体的图像。

声音技术：制造虚拟环境中的声音，增强用户的沉浸感。

虚拟仿真技术在思想政治教育领域的应用，正逐渐引起人们的广泛关注，其前景也日益展现出令人振奋的发展趋势。这项技术不仅为教育带来了全新的可能性，还为学生提供了一种更加沉浸式的学习方式，使他们可以在虚拟世界中亲身体验和感受历史、道德、实践等多个方面的教育内容。

首先，虚拟仿真技术在历史场景还原方面具有巨大的潜力。通过这一技术，可以模拟重要历史事件和场景，让学生仿佛置身其中。以思政课为例，在学习中国近现代史时，虚拟仿真技术可以让学生身临其境地参与革命战斗，亲历历史重要时刻，深刻体验历史的兴衰沧桑。这种身临其境的感受，能够激发学生的爱国情感和历史使命感，使他们更加深刻地理解历史的价值和意义。

其次，虚拟仿真技术在道德教育方面也具备显著的优势。通过模拟各种道德决策场景，学生可以在虚拟环境中面对道德抉择，从而培养他们的道德判断力和道德情感。

最后，虚拟仿真技术还可以在实践活动模拟方面发挥重要作用。在现实情况下，由于成本、时间、突发事件等限制，一些校外实践活动不能正常进行。通过虚拟仿真技术，可以在虚拟环境中模拟实际操作，如模拟企业经营、社会服务等，使学生能够获得实际操作的体验。这种模拟实践能够培养学生的实践能力和问题解决能力，为他们日后的实际生活和工作积累宝贵的经验。

虚拟仿真技术还能为情景模拟讨论提供更加丰富的平台。在虚拟环境中，可以创造出各种社会情境，供学生开展思想碰撞和讨论。学生可以扮演不同角色，相互配合，共同参与复杂问题的分析，培养辨析是非对错的能力和合作精神。这种情景模拟讨论的方式，使学生能够更加生动地体验到现实生活中的复杂情境,进而培养出全面的思考和分析能力。

2019 年,国家提出要推动人工智能等现代信息技术在思政课教学中应用,建设一批国家级虚拟仿真思政课体验教学中心。[①] 将虚拟仿真技术与思政教育实践活动相结合,创新了实践教育的模式和方法,通过创造逼真的虚拟环境,学生可以在虚拟世界中获得身临其境的体验,更加深入地理解和体验所学内容,激发学习兴趣和情感投入。与此同时,教育者需要精心设计虚拟场景和教学内容,确保虚拟仿真技术真正服务于思想政治教育目标,提升教学质量和学生的综合素养。比如,辽宁世纪教育研究院就结合虚拟仿真技术,打造虚拟仿真数字化体验中心,创设网上红色文化纪念馆,以此开展学生的虚拟实践活动。[②] 虚拟仿真体验式的实践方法,在实际运用中容易受到学生的认可和欢迎,并能够发挥良好的教育效果,为思政课实践教育方法提供新的创新发展思路。

三、"自我量化"反思式创新自我教育方法

过去,人们自我教育主要通过反省、反思和改造来提升个人修养,实现自我调控和自我管理。[③] 然而,随着电子产品的广泛应用以及消费者生活水平的不断提升,如今,当代 00 后大学生普遍配备着多部移动终端设备,如平板电脑、智能手机、笔记本电脑等。这种现状为教育者在思想政治教育中利用大数据技术引导学生进行自我量化提供了新的机遇和挑战。在这个大数据时代,思政教育工作者可以充分发挥大数据技术的优势,结合学生自带的移动设备,引导学生进行自我量化,从而协助他们在自我调控的过程中不断完善自我,达到自我教育的目标。

首先,通过对学生进行精准画像,教育者可以让学生更好地认识自己。在这个信息爆炸的时代,大数据技术的运用为教育提供了更具针对性和深入度的可能。通过对学生的认知、情感、意愿和行为数据进行精准处理和分

---

① 　关于深化新时代学校思想政治理论课改革创新的若干意见[M].北京:人民出版社,2019:13-14.
② 　傅江浩,赵浦帆.高校思政课教学媒体技术融合改革创新[J].湖北社会科学,2019(12):180-184.
③ 　郑永廷.思想政治教育方法论[M].北京:高等教育出版社,2018:154-159.

析,大数据技术能够创造性地描绘出学生的全貌数据信息,从而构建出一个更为准确、多维度的学生画像。这些数据信息能够以图形、表格等可视化方式展现在学生的个人设备上,使他们能够从不同的角度、更深层次地审视自己存在的问题,如游戏时间、消费记录、上网时长等。通过这种直观的呈现方式,学生能够更具体地了解自己的行为模式和习惯,深入认识自身的优势和劣势。这种个性化的反馈不仅能够帮助学生树立准确的自我认知,让他们看到自己存在的问题,更能够激发学生主动参与到教育者的工作中,积极进行自我反思和自我调整,进而更好地实现自我教育的效果。

其次,通过个性化推送,教育者可以协助学生进行自我教育与管理。借助大数据技术,我们可以深入挖掘学生的特点、习惯和行为偏好,实现更加精准的内容推送。在现代社会,信息已经成为无处不在的资源,而大数据技术的应用正是将这一资源进行了更有效的整合和利用。通过对"学生画像"的分析,我们可以了解到不同学生的问题和需求,从而推送量身定制的内容,包括与学生问题相关的文章、视频、音频等,或者是成功案例、教育经验等,旨在帮助学生改正错误的思想观念和不良的行为习惯,培养更加健康积极的价值观和行为方式。例如,对于学习习惯不佳的学生,我们可以推送相关学习方法的资料,引导他们反思自己的学习方式,从而提高学习效果。通过这样的个性化内容推送,教师能够在学生的移动设备上为他们提供及时、有针对性的指导,帮助他们更好地实施自我教育与管理,逐步提升自我发展的能力。

最后,教育者还可以构建相关的网络设施,进一步帮助学生进行自我调控。在现代社会中,人们的生活方式和交往方式都发生了巨大变化,而网络作为其中的重要组成部分,为人们提供了更广阔的交流和表达平台。建立在线校园心理咨询服务平台,是大数据技术在思想政治教育中的又一创新应用。通过这样的平台,学生可以通过自己的设备进行心理咨询和交流,解决心理困扰,调整情绪,实现自我调适的目标。这种在线心理咨询服务不仅能够为学生提供方便、快捷的渠道,更能够让学生在网络环境中得到专业的心理指导,培养更加积极健康的心理状态。同时,开发网络严肃游戏也是一种有益的尝试。① 在这类游戏中,娱乐与教育相结合,使得学生在游戏的过程中能够学会情感表达、情绪宣泄,并培养自我调控和管理的能力。严肃游戏不仅具有娱乐性,更能够在不知不觉中传达思想政治教育,引导学生纠正错误的思想观念和行为方式。通过这些网络设施的构建,我们能够更加全面地满足学生的需求,帮助他们更好地实现自我调控和自我教育的目标,从而提升个人的综合素质和发展水平。

　　总之,大数据技术在思想政治教育中的应用,尤其是与学生的自带设备相结合,引导学生进行自我量化,代表着一种创新的教育方式。通过精准画像、个性化推送和网络设施的构建,教育者可以更好地引导学生实现自我教育与管理,帮助他们认识自身问题,调整行为方式,从而更好地实现思想政治教育的目标。这不仅有助于学生的个人成长,也为培养全面发展的新时代青年打下了坚实基础。

第三节　大数据时代 00 后大学生思想政治教育评价方法的创新

　　信息反馈与评价在教育工作中的地位举足轻重。通过信息反馈与评价,教育者可以了解学生的思想动态、情感体验和知识水平,发现教育过程中的问题和困难,从而更好地调整教育策略。教学评价有助于检验教育效果,教育者可以根据学生的表现和成长情况,进行定性和定量的评估,从而判断教育目标是否达成。

一、利用信息反馈方法实现让数据说话

　　传统的大学生思想政治教育信息反馈方式多样,包括汇报、抽查、访谈以及大众传媒等。② 这些方式在过去发挥了重要的作用,帮助教育者了解学

① 范丽君.大学生网络思想政治教育创新研究——以接受理论为借鉴[D].济南:山东大学,2020.
② 郑永廷.思想政治教育方法论[M].北京:高等教育出版社,2018:257-260.

生的思想动态、情感体验以及教育效果,从而指导教育工作的调整和改进。

第一,汇报是一种常见的信息反馈方式。在汇报会议中,学生可以向教育者汇报自己在思想政治教育过程中的学习情况、思考和感受。这种方式能够让学生主动表达自己的意见和看法,使教育者更好地了解学生的需求和想法。

第二,抽查是一种随机性较强的信息反馈方式。教育者可以通过随机选取一部分学生进行抽查,了解他们的学习情况、思想倾向等。抽查的优势在于能够从学生群体中获得一定的代表性信息,但由于抽样范围有限,反映的情况可能不够全面。

第三,访谈是一种深入了解学生思想状况的信息反馈方式。教育者可以与学生进行深度访谈,探讨他们对思想政治教育内容的理解和反应。访谈能够帮助教育者更加深入地了解学生的思想动态和心理状态,但也容易受到访谈双方主观因素的影响。

第四,大众传媒也是传统信息反馈的重要途径之一。通过报纸、杂志、电视等媒体,教育者可以了解社会舆论和学生群体对思想政治教育的看法。大众传媒的广泛覆盖性使得教育者能够从更广泛的角度了解教育效果,但信息的真实性和客观性可能受到媒体的选择和编辑。

传统的大学生思想政治教育信息反馈方式多样,每种方式都有其独特的优势和局限性。这些方式在一定程度上满足了教育者获取信息的需求,但也存在信息不全面、主观性强、人工和物质投入较多、反馈时间有延迟等问题。随着信息技术的发展和社会的变革,新的信息反馈方式不断涌现,其获取信息量大、覆盖群体广、反馈及时和全面等优势逐渐凸显,大大弥补了传统的大学生思想政治教育信息反馈不足。

第一,网络信息反馈法。网络信息反馈法是一项具有创新性的方法,为大学生思想政治教育注入了新的活力。通过这一方法,教育者能够深入了解学生在网络空间的行为和思维活动,从而更好地洞察他们的思想倾向和心理状态。为了实现这一目标,教育者可以充分运用各种高科技手段,例如传感器、射频识别以及数据检索工具,从学生的上网行为中搜集有关信息。

这些数据汇集后,经过模糊化或聚类分析,有助于过滤出具有价值的信息,同时排除不必要或不准确的数据。通过这个过程,教育者可以对学生的思想、心理状态进行更为精准的分析。[①] 这些海量数据还可以以生动的可视化形式展现在思想政治教育工作者面前,帮助他们更加全面地掌握学生的思想变化轨迹,从而更有针对性地开展教育工作。

第二,信息追踪反馈法。信息追踪反馈法借助大数据技术,有助于教育者全面了解学生的网络活动,进而对思想政治教育的成效进行更加细致入微的观察和跟踪。通过运用大数据定位与追踪技术、数据挖掘分析与管理技术,以及无感采集与主动辨识技术,思政工作者可以实时抓取学生的网络行为数据。这些数据涵盖了诸如浏览网站、学习网络资源,以及在网络上发表言论和观点等方方面面。[②] 将这些数据及时传递给思政教育工作者,使其能够更准确地把握学生的实际需求,也能够更加灵活地调整教育策略,以更好地迎合学生的需求,从而进一步提高教育的成效。

第三,对比反馈法。对比反馈法充分利用大数据技术,不仅能够对学生的思维动态进行全面分析,还能够将这些分析结果与之前的反馈信息进行对比,从而协助受教育者更加科学地认知自己。通过智能采集和分析学生的思维动态,结合过去的反馈信息,能够创造出直观的数据图表和个人画像,帮助受教育者更加清晰地认知自己的变化和进步。这种积极的自我认知有助于激发受教育者更加积极地提升自我。同时,对比反馈法还能够为思政工作者提供一种有效的评估方式,通过对比反馈信息,他们能够及时进行教育反思,更加准确地识别学生需求,因地制宜地制定相关措施,从而不断提升教育工作的实效性。

信息反馈方法的关键在于将抽象的数据转化为有意义、易于理解的形式,以引起受众的兴趣并传达数据的核心信息。通过信息反馈方法,我们可以让数据发挥出更加生动和有力的"声音",从而更好地传达信息和洞察问

---

① 殷凤春,韩笑艳.大数据时代学生思想政治教育方法创新研究[J].盐城工学院学报(社会科学版),2019(4):111-115.

② 崔建西,邹绍清.论大数据时代思想政治教育方法的创新[J].思想理论教育,2016(10):83-87.

题。如此,便可以实现让数据"说话",让数据真正"活"起来,更好地发挥其作用。

二、运用检测评估方法全面评估教学效果

传统的思想政治教育效果监测评估方法以学生学习成绩作为唯一的评价指标,来判断思想政治教育的效果。这种方法的主要特点是简单明了,易于实施,但同时也存在一些局限性。一是传统的成绩评估方法过于单一。它只关注学生在考试中的得分,忽视了教育的多维度目标。思想政治教育的目标不仅仅是知识的传授,还包括培养学生的思想道德素养、创新能力、团队合作等方面的能力。传统的成绩评估方法无法全面反映这些方面的教育效果。二是成绩评估方法容易引发应试教育。由于成绩成为唯一的评价标准,学生和教师可能会过于注重追求分数,而忽视了综合素质的培养。这可能导致教育过程中的机械记忆和应试训练,而忽略了培养学生的创新思维和综合能力。三是传统的成绩评估方法也难以评估学生的综合素质和道德品行。思想政治教育的目标之一是培养学生的道德品质和社会责任感,然而这些方面往往难以通过成绩来量化和评价。

传统的思想政治教育效果监测评估方法存在单一性、应试倾向和难以评价多维素质等问题。思想政治教育检测评估的实质是对于其价值进行判断的过程,即它必须对思想政治教育引发的社会反应做出相关价值判定。在大数据时代,需要借助更多的信息和数据来源,采用更加综合、动态、科学的评估方法,以更好地了解学生的发展情况和教育效果。

第一,教育效果的综合评估。综合评估方法在大数据时代显现出更加全面、多元的特点。通过运用大数据技术,教育效果的评价考虑了主体、环体、介体因素,将多个影响因素纳入评估范围,实现了综合性的评估结果。[①]这个评估方法,涵盖了多个方面的检测评估要素,不再局限于单一的学习成绩,还包括学生的网络互动情况、实践活动成果、兴趣爱好等多个维度。同

---

① 吴满意,景星维. 精准思政:内涵生成与结构演化[J]. 学术论坛,2019(5):133-139.

时,也考虑了教师的教学质量、教学效果以及科研成就等因素。这种评估方法通过建立大数据评估指标体系、权重系数和评价分析模型,由专业评估人员根据数据反馈和分析,得出综合评估结果。这种方法旨在充分尊重学生的个体差异,评估学生全方位的发展指标,从而实现个性化教育。同时,教育者也可以根据学生和个人教学方面的评估结果,更好地了解学生的发展状况和需求,提供精准的教育内容和教学手段,实现教育的优化。

第二,教育效果的动态评估。动态评估方法在大数据时代充分展现了其实时性和全面性的优势。通过大数据技术,实现了对师生在网络环境下的评估因素进行实时的、动态的监测和识别。这种方法能够全方位地覆盖教育过程的各个领域以及全过程。通过详细地描述师生网络数据信息的变动轨迹,为评估提供即时的决策支持,确保评估结果具备实时性、直观性、有效性以及真实性。此外,大数据技术还能利用智能计算和深度学习等,预测教育过程和效果的动态发展趋势。这使得教育者能够提前获得前瞻性的指导,以便及时地进行教学设计的优化,更好地服务于学生的全面发展。

第三,教育效果的科学评估。科学评估方法在大数据时代呈现出更高的精确性和可视化特点。通过运用数据统计和分析算法,教育者能够对海量的评估数据进行有效的归纳和整理,从中挖掘出与教育效果相关的隐藏因素,以便更好地把握数据发展变化的内在规律。同时,借助大数据技术,那些难以量化的传统评估结果也可以以可视化的形式进行呈现。这种可视化方式为评估人员提供了一个更清晰的视角,使其能够更全面地评价评估对象的行为表现和思想状况,更准确地综合评估教育教学过程和实际效果。整个监测评估的过程和结果都以数字化、智能化的方式进行,这不仅可以有效地减小评估数据的偏差,同时也进一步提升了评估的科学性和可靠性。

检测评估方法是大数据时代为 00 后大学生思想政治教育提供的一项强大工具。这种方法不仅可以更准确地了解教育效果,还可以促进教育的优化和改进,为学生的全面发展提供更有力的支持。在未来,随着科技的不断进步,这种方法将会变得越来越重要,为教育事业的发展带来更多的机遇。[1]

综上所述,教育效果的动态评估方法以其实时性和全面性的特点得到突显,而科学评估方法则通过精确性和可视化特点提升了价值。这些方法的运用将进一步支持教育的优化和发展,为教育者提供更多精准的指导,以更好地满足学生个性化、全面化的发展需求。

---

[1] 李玉凤.大数据时代高校思想政治教育方法论研究[D].湘潭:湖南科技大学.2021.

结　语　在实践中不断推进大学生思想政治教育工作

　　时代是思想之母,实践是理论之源。如今,一个以数字化为特征的崭新的时代已经到来。迈尔-舍恩伯格和库克耶在《大数据时代:生活、工作与思维的大变革》一书中具有前瞻性地指出,大数据开启了一次重大的时代转型,数据带来的信息风暴正在变革我们的生活、工作和思维。大数据技术广泛应用于社会管理、公共服务、安全保障、教育教学等方面,并且已经取得了良好的效果,尤其对大学生思想政治教育创新产生了重大影响。

　　万物互联、万物皆可量化。大数据技术应用于大学生的思想政治教育正在进行之中,要牢牢把握大数据的时效性和彼此之间的关联性,更重要的是要客观总结传统大学生思想政治教育的经验,依托大数据技术不断创新大学生思想政治教育。借助数据资源和网络教育平台,既能提升高校思想政治教育工作者的政治素养和引领能力,也能够提高大学生政治思想觉悟,使大学生由被动式学习向主动式学习转变,真正实现学为己用与学以致用。

　　科学技术的进步成为大数据运用于大学生思想政治教育的坚强后盾。在大数据时代,创新大学生思想政治教育面临着各种机遇与挑战,大数据技术为大学生思想政治教育提供了更多的可能,在应对信息泛滥、不良网络社会思潮侵蚀、数据意识落后、教育环境复杂时,应该充分发挥大数据技术的有利条件,克服大数据带来的问题,转变思路,更新理念,创新教育的机制、内容、方法等,让大数据发挥积极作用,全面推进大学生思想政治教育的创新发展。

　　理论来源于实践,随着实践的发展而深化。大学生思想政治教育在积极投身于大数据浪潮的过程中不断地进行着理论的发展与实践探索,追求着传统与现代的契合。展望未来,面对变幻莫测的大数据时代、日渐成熟的大数据技术及日渐融洽的大数据与思想政治教育,大学生思想政治教育发展的可能性在于理论与实践进一步发展,大数据平台不断建设,大数据工具被普遍使用,大数据在高校思想政治教育当中被广泛应用,如此,高校思想政治教育队伍的大数据素养和大学生的核心素养将大大提升。面对复杂的教育对象,大数据的精准性将得到极大的发挥,大学生思想政治教育实效性也将得到极大提升。

受限于自身的理论水平和学术功底,本书对于大数据技术与大学生思想政治教育工作实际结合运用的掌握仍处在浅层的研究阶段,还存在一些不足与缺陷,望各位同行批评指正,一起研究探讨,共同推进大数据与大学生思想政治教育的融合,在实践中不断发展和创新大学生思想政治教育理论,为大学生思想政治教育增添一份绵薄之力。

参考文献

［1］巴班斯基.论教学过程最优化［M］.吴文侃,等译.北京:教育科学出版社,2001.

［2］操菊华,康存辉.大数据作用于思想政治教育引领力的内在机理与推进机制［J］.学校党建与思想教育,2019(6):76-78.

［3］陈桂香.大数据对我国高校教育管理的影响及对策研究［D］.武汉:武汉大学,2017.

［4］陈理.深刻认识习近平新时代中国特色社会主义思想的核心要义和理论品格［N］.光明日报,2019-07-11.

［5］陈明.大数据概论［M］.北京:科学出版社,2015.

［6］陈万柏,张耀灿.思想政治教育学原理［M］.北京:高等教育出版社,2007.

［7］陈雪珍,李丹.中国共产党思想政治教育话语体系建设的百年探索［J］.温州职业技术学院学报,2021(1):38-42.

［8］陈雪珍.信息化背景下高职思政课SPOC模式教学改革探讨［J］.中国教育信息化,2020(8):56-58.

［9］程仕波.大学生思想政治教育方法信息化实现途径探析［J］.北京青年研究,2016(4):86-92.

［10］崔建西,邹绍清.论大数据时代思想政治教育方法的创新［J］.思想理论教育,2016(10):83-87.

［11］大数据治国战略课题研究组.大数据领导干部读本［M］.北京:人民出版社,2015.

［12］邓小平.邓小平文选(第二卷)［M］.北京:人民出版社,1994.

［13］邓小平.邓小平文选(第三卷)［M］.北京:人民出版社,1993.

［14］刁生富,李香玲,刘晓慧,等.大数据时代思想政治教育新探［M］.北京:知识产权出版社,2019.

［15］范丽君.大学生网络思想政治教育创新研究——以接受理论为借鉴［D］.济南:山东大学,2020.

［16］逄索,魏星.大数据在高校思想政治教育工作中的运用［J］.思想理论教

育,2015(6):72-75.

[17]付杨.大数据时代高校学生思想政治教育存在的问题与应对策略研究[D].四平:吉林师范大学,2017.

[18]傅江浩,赵浦帆.高校思政课教学媒体技术融合改革创新[J].湖北社会科学,2019(12):180-184.

[19]高庆丰.欧美统计学史[M].北京:中国统计出版社,1987.

[20]关于深化新时代学校思想政治理论课改革创新的若干意见[M].北京:人民出版社,2019.

[21]郭超,王习胜.大数据时代思想政治教育决策科学化论析[J].广西社会科学,2017(12):191-196.

[22]郭文富.现代治理视角的高等职业教育质量保障研究[D].上海:上海师范大学,2018.

[23]郭芸,冯海伦.大数据时代高校思想政治教育的困境与应对[J].中北大学学报(社会科学版),2017(6):77-80.

[24]国家互联网信息办公室发布《数字中国发展报告(2022年)》[EB/OL].(2023-05-22)[2023-09-12].http://www.cac.gov.cn/2023-05/22/c_1686402318492248.htm.

[25]韩龙龙,姜淦卿,王花清.大数据分析下上网行为信息特征快速挖掘仿真[J].计算机仿真,2019(6):346-349.

[26]胡水星.基于Web的研究性学习平台的设计与开发[J].电化教育研究,2008(5):40-43.

[27]胡昱东,胡高权.大数据应用于高校思想政治教育的现状、困境与探索[J].重庆理工大学学报(社会科学),2019(6):143-151.

[28]胡子祥,余姣.大数据时代思想政治教育载体变革及对策研究[J].思想教育研究,2015(2):74-77.

[29]黄仁宇.万历十五年[M].北京:中华书局,2007.

[30]黄蓉生.新中国70年大学生思想政治教育发展的理论与实践逻辑[J].思想政治教育研究,2020(1):110-116.

[31]黄文玉.大数据时代高校思想政治教育实效性研究[D].成都:电子科技大学,2021.

[32]姜奇平.大数据的时代变革力量[J].互联网周刊,2013(1):34-37.

[33]教育部社会科学研究与思想政治工作司.思想政治教育学原理[M].北京:高等教育出版社,2010.

[34]孔祥利,杨继顺.试论大学生思想政治教育工作中的人文关怀[J].当代教师教育,2009(3):81-85.

[35]李怀杰.现代思想政治教育大数据研究范式变革的逻辑理路与实践路径[J].学校党建与思想教育,2017(1):67-70.

[36]李文姬.大数据的现在及未来发展趋势[J].电子技术与软件工程,2014(8):25.

[37]李玉凤.大数据时代高校思想政治教育方法论研究[D].湘潭:湖南科技大学,2021.

[38]刘建军.中国共产党人"理想信念"概念的形成史[J].山东大学学报(哲学社会科学版),2021(1):1-8.

[39]卢岚.大数据时代思想政治教育过程研究探微[J].湖北社会科学,2020(3):156-161.

[40]吕杰.高校思想政治理论课混合式教学的现状与优化研究[D].重庆:重庆邮电大学,2019.

[41]吕宁.数字中国战略背景下高校三全育人工作探赜[J].高校辅导员学刊,2023(2):43-48,98.

[42]罗红杰,平章起.大数据驱动:思想政治教育现代化的重要引擎[J].重庆大学学报(社会科学版),2020(4):257-266.

[43]马建堂.大数据在政府统计中的探索与应用[M].北京:中国统计出版社,2013.

[44]马克思.1844年经济学哲学手稿[M].北京:人民出版社,2000.

[45]毛泽东.毛泽东文集(第六卷)[M].北京:人民出版社,1999.

[46]毛泽东.毛泽东文集(第七卷)[M].北京:人民出版社,1999.

[47]毛泽东.毛泽东选集(第三卷)[M].北京:人民出版社,1991.

[48]毛泽东.毛泽东选集(第一卷)[M].北京:人民出版社,1991.

[49]倪万,唐锡光.大数据应用于社会科学研究的价值与悖论[J].东南学术,2017(4):68-78,247.

[50]宁先江.大数据时代00后大学生思想政治教育创新研究[D].成都:西南石油大学,2016.

[51]邱启照,孙鹏.大数据时代高校思想政治教育的机遇和挑战[J].教育理论与实践,2016(9):35-37.

[52]沙勇忠.信息伦理学[M].北京:北京图书馆出版社,2004.

[53]十二大以来重要文献选编(上)[M].北京:人民出版社,1986.

[54]宋广军."大数据"时代构建高校思想政治教育网络平台的可行性分析[J].思想政治教育研究,2018(2):155-157.

[55]孙丽芝.价值理性回归:大学教师教学发展的必由之路[J].黑龙江高教研究,2018(4):96-99.

[56]陶雪娇,胡晓峰,刘洋.大数据研究综述[J].系统仿真学报,2013(A1)142-146.

[57]涂新莉,刘波,林伟伟.大数据研究综述[J].计算机应用研究,2014(6):1612-1616+1623.

[58]托夫勒.第三次浪潮[M].朱志焱,等译.北京:生活·读书·新知三联书店,1984.

[59]王丽鸽.思想政治教育精准化发展的阈论分析[J].思想理论教育,2020(9):58-63.

[60]王炜炜.大数据时代高校思想政治教育创新研究[D].秦皇岛:燕山大学,2019.

[61]王文宏,王凤蕊.网上研究性学习过程构建研究[J].电化教育研究,2004(10):56-60.

[62]王兴波.大数据时代高校思想政治教育改革探析[J].学校党建与思想教育,2018(3):60-61.

［63］吴朝文.大数据视阈下高校马克思主义大众化研究［D］.成都：电子科技大学，2017.

［64］吴满意，景星维，唐登蕓.网络思想政治教育理论前沿问题研究［M］.成都：四川大学出版社，2019.

［65］吴满意，景星维.精准思政：内涵生成与结构演化［J］.学术论坛，2019（5）：133-139.

［66］习近平.习近平谈治国理政（第二卷）［M］.北京：外文出版社，2017.

［67］习近平.习近平谈治国理政（第三卷）［M］.北京：外文出版社，2020.

［68］习近平.习近平谈治国理政（第一卷）［M］.北京：外文出版社，2018.

［69］谢国祥.思想政治工作大辞典［M］.天津：天津人民出版社，1992.

［70］薛彦华.高等教育质量应追求工具理性与价值理性的耦合［J］.大学教育科学，2019（2）：15-17.

［71］杨方旭.大数据时代背景下大学生思想政治教育新思路［M］.长春：东北师范大学出版社，2017.

［72］杨晓宏，梁丽.全面解读教育信息化［J］.电化教育研究，2005（1）：27-33.

［73］杨晓琼.大数据时代高校数据素养教育的合作路径［J］.情报资料工作，2015（3）：98-102.

［74］殷凤春，韩笑艳.大数据时代学生思想政治教育方法创新研究［J］.盐城工学院学报（社会科学版），2019（4）：111-115.

［75］苑光明，任福全，高雁，等.大学生思想政治教育要坚持"三贴近"［J］.河北师范大学学报（教育科学版），2005（6）：93-97.

［76］张东，吕杰.精准供给：大数据时代高校思想政治教育创新［J］.重庆邮电大学学报（社会科学版），2019（1）：75-81.

［77］张静波.大数据时代的数据素养教育［J］.科学，2013（4）：29-32.

［78］张魁，张粤磊，刘未昕，等.自己动手做大数据系统［M］.北京：电子工业出版社，2016.

［79］张苗苗.思想政治教育的说服机制研究［D］.重庆：西南大学，2012.

［80］张锐，董志，夏鑫.大数据时代高校思想政治教育工作创新探索［J］.学

校党建与思想教育,2014(10):67-69.

[81]张瑞敏,王建新.大数据时代我国数据意识培养路径探析[J].大连理工大学学报(社会科学版),2020(1):109-116.

[82]张瑞敏.大数据背景下高校思想政治教育创新研究[D].上海:华东师范大学,2020.

[83]张晓强,杨君游,曾国屏.大数据方法:科学方法的变革和哲学思考[J].哲学动态,2014(8):83-91.

[84]张新宝.我国个人信息保护法立法主要矛盾研讨[J].吉林大学社会科学学报,2018(5):45-56.

[85]张耀灿,钱广荣.思想政治教育研究范式论纲——思想政治教有研究方法的基本问题[J].思想教育研究.2014(7):3-9.

[86]张玉龙.大数据视域下思想政治教育创新研究[D].长春:东北师范大学,2021.

[87]赵琛.大数据时代高校思想政治教育研究[D].大庆:东北石油大学,2018.

[88]赵浚.大数据创新高校思想政治教育方法的探析与应用[J].贵州社会科学,2016(3):120-123.

[89]赵思璇.大数据视阈下高校思想政治教育现状及对策研究[D].石家庄:石家庄铁道大学,2022.

[90]郑永廷.思想政治教育方法论[M].北京:高等教育出版社,2018.

[91]中共中央办公厅、国务院办公厅印发《关于进一步加强和改进新形势下高校宣传思想工作的意见》[EB/OL].(2015-01-19)[2023-05-22].https://www.gov.cn/xinwen/2015-01/19/content_2806397.htm.

[92]中共中央关于坚持和完善中国特色社会主义制度　推进国家治理体系和治理能力现代化若干重大问题的决定[N].人民日报,2019-11-06.

[93]中共中央关于新形势下党内政治生活的若干准则[M].北京:人民出版社,2016.

[94]中共中央马克思恩格斯列宁斯大林著作编译局.马克思恩格斯全集(第

42 卷)[M].北京:人民出版社,1979.

[95]中共中央马克思恩格斯列宁斯大林著作编译局.马克思恩格斯全集(第
　　4 卷)[M].北京:人民出版社,1958.

[96]中共中央马克思恩格斯列宁斯大林著作编译局.马克思恩格斯选集(第
　　1 卷)[M].北京:人民出版社,1955.

[97]中共中央马克思恩格斯列宁斯大林著作编译局.马克思恩格斯选集(第
　　3 卷)[M].北京:人民出版社,2012.

[98]中共中央宣传部.习近平新时代中国特色社会主义思想学习纲要[M].
　　北京:人民出版社,2019.

[99]朱皆笑,陈耀,何兴.大数据视域下高校网络意识形态治理格局
　　研究[J].浙江工业大学学报(社会科学版),2018(1):106-110.

[100]朱永新.中国教育思想史[M].上海:上海交通大学出版社,2011.

[101]Big Data for Development:Challenges & Opportunities[EB/OL].
　　(2012-05-29)[2023-11-12].https://unglobalpulse.org/wp-content/up-
　　loads/2012/05/BigDataforDevelopment-UNGlobalPulseMay2012.pdf.

[102]Mandinach E B,Gummer E S. A systemic view of implementing data
　　literacy in educator preparation[J]. Educational Researcher,2013(1):
　　30-37.

[103]Vijendra S. Big data characteristics,challenges,architectures,analytics
　　and applications:A review [J]. Interuational Journal of Social
　　Computing and Cyber-Physical Systems,2016(4):356-386.

[104]West D. Big data for education:Data mining,data analytics and web
　　dashboard [EB/OL],(2016-06-04) [2023-04-26]. https://www.
　　brookings. edu/wp-content/uploads/2016/06/04-education-technolo-
　　gy west. pdf.

附　录
大数据背景下 00 后大学生思想政治
教育现状问卷

亲爱的同学：

　　您好！我们正在进行一项大数据应用于大学生思想政治教育的现状调查，您的匿名填答将为我们的科学统计分析提供宝贵资源。请标注您所选择的选项。

1.您的性别：

　　A 男　　　　B 女

2.您的文化程度：

　　A 专科生　　　　B 本科生　　　　C 研究生及以上

3.您的学科专业：

　　A 文科类　　　　B 理科类　　　　C 工科类　　　　D 艺术类

　　E 其他

4.您使用互联网的动机［多选题］：

　　A 在网络上查找学习所需的资料

　　B 使用社交软件与人交流

　　C 浏览网络热门的新闻和信息

　　D 网上购物

　　E 玩游戏、观看视频娱乐

　　F 其他

5.您喜欢通过何种方式与老师交流：

　　A 课堂互动　　　B 课后答疑　　　C 微信　　　　　D QQ

　　E 邮箱　　　　　F 其他方式

6.根据您所知,您的学校的校园网络工具有哪些功能［多选题］：

　　A 教务行政网络系统

　　B 多媒体教学资源

　　C 电子图书预览检索

　　D 电子论坛

　　E 其他

7. 您所在学校信息化教育开展程度：

　　A 很好　　　　　　B 一般　　　　　　C 未进行过信息化教育

8. 您对大数据的了解程度：

　　A 没有了解

　　B 听过，但了解不深

　　C 一般了解

　　D 比较了解

　　E 非常了解

9. 您如何定义大数据：

　　A 大数据是大量的数据

　　B 大数据包含结构化、非结构化和半结构化的数据

　　C 大数据是大体方向

　　D 大数据是相互关系

　　E 大数据不局限于数据本身，还包括对数据的分析、挖掘和利用等

10. 您认为大数据对我们的生活有什么影响：

　　A 提高了网购便利性，促进电子商务转型升级

　　B 提高了出行效率，为制定更好的交通方案提供科学依据

　　C 协助医生实施更准确的治疗方案，推动医疗创新

　　D 有助于企业进行精准营销，提高市场竞争力

　　E 建立全方位的信用评估系统，促进和谐社会的建设

　　F 其他

11. 您是否在网络上接触过一些不实信息：

　　A 是　　　　　　B 否　　　　　　C 不清楚

12. 您是否在网上遇到过信息选择困难的问题：

　　A 是　　　　　　B 否　　　　　　C 不清楚

13. 您可以比较轻松地对网络信息进行分析：

　　A 十分赞同　　B 比较赞同　　C 中立　　　　　D 比较不赞同

　　E 不赞同

14.您是否收到过广告营销电话：

　　A 是　　　　　B 否　　　　　C 不清楚

15.您是否介意自己的个人隐私被泄露：

　　A 是　　　　　B 否　　　　　C 不清楚

16.您认为自己坚定信仰马克思主义：

　　A 十分赞同　　B 比较赞同　　C 中立　　　　D 比较不赞同

　　E 不赞同

17.您认为传统文化已经过时：

　　A 十分赞同　　B 比较赞同　　C 中立　　　　D 比较不赞同

　　E 不赞同

18.您认可人生的意义在奉献而不在索取：

　　A 十分赞同　　B 比较赞同　　C 中立　　　　D 比较不赞同

　　E 不赞同

19.您认可活在当下，及时享乐：

　　A 十分赞同　　B 比较赞同　　C 中立　　　　D 比较不赞同

　　E 不赞同

20.您认可宁坐宝马车里哭，不坐自行车上笑：

　　A 十分赞同　　B 比较赞同　　C 中立　　　　D 比较不赞同

　　E 不赞同

21.遇到问题时，您会向谁寻求答案：

　　A 父母　　　　B 亲朋　　　　C 老师　　　　D 同学

　　E 网络　　　　F 其他

22.您在校园里使用的相关信息填报系统的数量：

　　A 没有　　　　B 1 个　　　　C 2—3 个　　　D 4—5 个

　　E 6 个及以上

23.您是否遇到过一些学校系统登不上去的情况：

　　A 总是　　　　B 经常　　　　C 偶尔　　　　D 没有

24.您的最重要的知识获取的渠道:

　　A 教师　　　　　B 父母　　　　　C 亲朋　　　　　D 同学

　　E 网络　　　　　F 其他

25.您喜欢思政课哪些教学方式[多选题]:

　　A 灌输式　　　　B 启发式　　　　C 讨论式　　　　D 探究式

　　E 参与式　　　　F 其他

26.您认为大数据时代是否有利于高校学生管理工作的开展:

　　A 是,帮助很大,有主导作用

　　B 是,有帮助,起到辅助作用

　　C 是,只在有限方面起到作用

　　D 不是,没有帮助

　　E 不清楚

27.学校是否在评优评先、党员发展中进行量化考核:

　　A 是　　　　　　B 否　　　　　　C 不清楚

28.您是否喜欢以考试成绩作为唯一评价的方式:

　　A 是　　　　　　B 否　　　　　　C 无所谓

29.你对大数据背景下大学生思想政治教育有什么建议:

　　_____

　　_____

　　_____

　　_____